权威·前沿·原创

皮书系列为
"十二五""十三五""十四五"时期国家重点出版物出版专项规划项目

B

BLUE BOOK

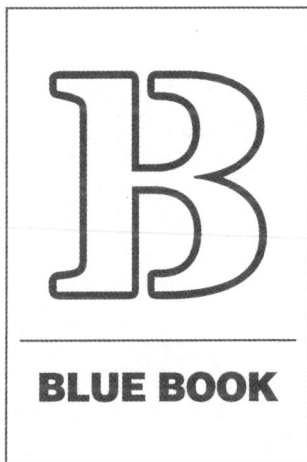

智库成果出版与传播平台

湖南蓝皮书
BLUE BOOK OF HUNAN

2023 年湖南经济发展报告
REPORT ON ECONOMIC DEVELOPMENT IN HUNAN (2023)

产业图谱研究

湖南省社会科学院（湖南省人民政府发展研究中心）
主 编／钟 君
副主编／侯喜保 蔡建河

社会科学文献出版社
SOCIAL SCIENCES ACADEMIC PRESS (CHINA)

图书在版编目（CIP）数据

2023 年湖南经济发展报告／钟君主编；侯喜保，蔡
建河副主编 . --北京：社会科学文献出版社，2023.10
（湖南蓝皮书）
ISBN 978-7-5228-2501-4

Ⅰ.①2···　Ⅱ.①钟···　②侯···　③蔡···　Ⅲ.①区域经
济发展-研究报告-湖南-2023　Ⅳ.①F127.64

中国国家版本馆 CIP 数据核字（2023）第 172644 号

湖南蓝皮书
2023 年湖南经济发展报告

主　　编／钟　君
副 主 编／侯喜保　蔡建河

出 版 人／冀祥德
责任编辑／侯曦轩　薛铭洁
责任印制／王京美

出　　版／社会科学文献出版社·皮书出版分社（010）59367127
　　　　　地址：北京市北三环中路甲 29 号院华龙大厦　邮编：100029
　　　　　网址：www. ssap. com. cn
发　　行／社会科学文献出版社（010）59367028
印　　装／天津千鹤文化传播有限公司

规　　格／开 本：787mm×1092mm　1/16
　　　　　印 张：21.25　字 数：318 千字
版　　次／2023 年 10 月第 1 版　2023 年 10 月第 1 次印刷
书　　号／ISBN 978-7-5228-2501-4
定　　价／168.00 元

读者服务电话：4008918866

主要编撰者简介

钟　君　湖南省社会科学院（湖南省人民政府发展研究中心）党组书记、院长（主任），十三届省政协常委，研究员、博士生导师。国家"万人计划"青年拔尖人才、文化名家暨"四个一批"人才、国家"万人计划"哲学社会科学领军人才，享受国务院特殊津贴专家。曾担任中国社会科学院办公厅副主任、中国社会科学杂志社副总编辑、中国历史研究院副院长和中共永州市委常委、宣传部长，曾挂职担任内蒙古自治区党委宣传部副部长。主要研究领域为马克思主义大众化、中国特色社会主义、公共服务等。出版学术专著多部，在各类报刊发表论文、研究报告多篇，先后主持省部级课题多项，多次获省部级优秀科研成果奖励，曾获中国社会科学院优秀刘策信息对策研究类特等奖。代表作为《马克思靠谱》《读懂中国优势》《中国特色社会主义政治价值研究》《社会之霾——当代中国社会风险的逻辑与现实》《公共服务蓝皮书》等，参与编写中组部干部学习教材。

侯喜保　湖南省社会科学院（湖南省人民政府发展研究中心）党组成员、副院长（副主任），在职研究生。历任岳阳市委政研室副主任、市政府研究室副主任、市委政研室主任，湖南省委政研室机关党委专职副书记、党群处处长，宁夏党建研究会专职秘书长（副厅级，挂职），湖南省第十一次党代会代表。主要研究领域为宏观政策、区域发展、产业经济等，先后主持"二大世界级产业集群建设研究""促进市场主体高质量发展""数字湖南建设"等重大课题研究，多篇文稿在《求是》《人民日报》《中国党政干部论坛》《红旗文稿》《中国组织人事报》《新湘评论》《湖南日报》等央省级刊物发表。

蔡建河 湖南省社会科学院（湖南省人民政府发展研究中心）二级巡视员。长期从事政策咨询研究工作，主要研究领域为宏观经济、产业经济与区域发展战略等。

摘　要

　　本书是由湖南省社会科学院（湖南省人民政府发展研究中心）组织编写的年度性发展报告。本书分为总报告、优势产业篇、传统产业篇、新兴产业篇、现代服务业篇、部门篇、专题篇。总报告是湖南省产业图谱研究，系统梳理了湖南产业竞争格局，对湖南产业发展提出了全局性、战略性论述和思路建议；优势产业篇、传统产业篇、新兴产业篇、现代服务业篇从四个层面对湖南的产业进行分类，从中观层面研究各产业的发展现状和问题；部门篇是湖南省部门主要领导从区域和宏观层面对 2022~2023 年湖南经济进行的分析；专题篇是专家对湖南省相关行业领域的分析和研判。

　　2022 年，湖南省工业增加值突破 1.5 万亿元，全省规模工业增加值同比增长 7.2%，其中制造业增加值同比增长 7.5%，分别比全省 GDP 增速快 2.7 个和 3.0 个百分点；工业对经济增长贡献率保持在较高水平，由 2016 年的 31.6% 上升到 2022 年的 42.6%。研究分析并对比湖南和全国 2018~2022 年规模以上工业企业的营业收入发现：从产业规模看，湖南有 15 个行业大类营业收入过千亿元；从内部结构看，湖南行业集中度有待提高，部分重点行业占比与全国有差距；从行业地位看，湖南有 13 个行业大类营收全国占比超 5%；从占比变动看，湖南有 7 个行业全国占比提升明显，3 个下降明显；从行业增速看，湖南超八成行业实现正增长，部分行业与大势背离。

　　关键词：　湖南　经济发展　产业发展

Abstract

This book is an annual development report organized and compiled by the Hunan Academy of Social Sciences (Development Research Center of the Hunan Provincial People's Government). This book is divided into General Report, Advantageous Industry Reports, Traditional Industry Reports, Emerging Industry Reports, Modern Service Industry Reports, Department Reports, Special Reports. The General Report is a study on the industrial graph of Hunan Province, which systematically summarizes the competitive landscape of Hunan's industries and proposes comprehensive, strategic discussions and suggestions for the development of Hunan's industries; The Advantageous Industry Reports, Traditional Industry Reports, Emerging Industry Reports and Modern Service Industry Reports in Hunan are classified from four levels, and the development status and problems of each industry are studied from a meso level, and opinions and suggestions are put forward. The Department Reports are an analysis conducted by the main leaders of Hunan Province's departments from the regional and macro levels on the Hunan economy from 2022 to 2023, and proposes development ideas. The Special Reports are the analysis and judgment of experts on relevant industries in Hunan Province.

In 2022, the industrial added value of Hunan Province exceeded 1.5 trillion yuan, and the added value of large-scale industries in the province increased by 7.2% year-on-year. Among them, the added value of manufacturing industry increased by 7.5% year-on-year, 2.7 and 3 percentage points faster than the GDP growth rate of the province, respectively; The contribution rate of industry to economic growth has remained at a high level, rising from 31.6% in 2016 to 42.6% in 2022. Research, analysis, and comparison of the operating revenue of industrial enterprises above designated size in Hunan and the whole country from

2018 to 2022 found that in terms of industrial scale, there are 15 major categories of industries in Hunan with operating revenue exceeding 100 billion yuan; From the perspective of internal structure, the concentration of industries in Hunan needs to be improved, and there is a gap in the proportion of some key industries compared to the whole country; From the perspective of industrial status, there are 13 major industries in Hunan that account for over 5% of the national revenue; From the perspective of fluctuations, there are 7 industries in Hunan that have significantly increased their national share, while 3 industries have significantly decreased; From the perspective of industry growth rate, over 80% of industries in Hunan have achieved positive growth, while some industries have deviated from the overall trend.

Keywords: Hunan; Economic Development; Industry Development

目 录 ⟍⟍

Ⅰ 总报告

Ⅱ 优势产业篇

Ⅴ　现代服务业篇

VI 部门篇

VII 专题篇

皮书数据库阅读**使用指南**

CONTENTS ⎌

I General Report

II Advantageous Industry Reports

III Traditional Industry Reports

Ⅳ Emerging Industry Reports

V Modern Services Industry Reports

VI Department Reports

Ⅶ　Special Reports

总 报 告
General Report

B.1

新时代区域竞争格局下的湖南产业图谱
与产业发展策略研究[*]

湖南省社会科学院（湖南省人民政府发展研究中心）调研组[**]

摘　要： 通过对湖南省2018~2022年的工业数据进行全国视角下的分析比较，从五个方面梳理出湖南产业发展格局：从产业规模看，有15个行业大类营业收入过千亿元；从内部结构看，湖南省行业集中度有待提高，部分重点行业占比与全国有差距；从行业地位看，有13个行业大类营业收入全国占比超5%；从占比变动看，有7个行业全国占比提升明显，3个下降明显；从行业增速看，超八成行业实现正增长，

---

[*] 本文研究对象产业为狭义上的产业，特指工业产业。

[**] 调研组组长：钟君，湖南省社会科学院（湖南省人民政府发展研究中心）党组书记、院长（主任），研究员。调研组副组长：侯喜保，湖南省社会科学院（湖南省人民政府发展研究中心）党组成员、副院长（副主任）。执行组长：左宏，湖南省社会科学院（湖南省人民政府发展研究中心）产业经济研究部部长、一级调研员。调研组成员：文必正，湖南省社会科学院（湖南省人民政府发展研究中心）社会发展研究部副部长；戴丹，湖南省社会科学院（湖南省人民政府发展研究中心）产业经济研究部副部长；闫仲勇，湖南省社会科学院（湖南省人民政府发展研究中心）财政金融研究部副部长；李银霞，湖南省社会科学院（湖南省人民政府发展研究中心）产业经济研究部二级调研员。

部分行业与大势背离。再借鉴波士顿矩阵（市场增长率—相对市场份额矩阵）四象限分析法，将全省38个工业行业的分化情况分为重点优势行业、高度预警行业、相对滞后行业、未来潜力行业四类。

关键词： 工业　现代化产业体系　"产业跃升计划"　湖南

二十届中央财经委员会第一次会议强调"加快建设以实体经济为支撑的现代化产业体系，关系我们在未来发展和国际竞争中赢得战略主动"。当前湖南省产业正处于新旧交替的关键阶段，传统产业面临市场"天花板"和转型压力，新兴产业蓄势待发。为此，调研组对湖南省2018~2022年的工业数据进行了全国视角下的分析比较，梳理了湖南产业发展格局，提出了"产业跃升计划"的思路，为湖南加快打造国家重要先进制造业高地、构建现代化产业体系提供参考。

一　从横向和纵向对比中看湖南产业竞争格局

工业是实体经济的主体，也是先进制造业的主体，湖南省38个工业行业大类中①，31个属于制造业。全省工业实力不断增强。1999年，全省工业增加值突破千亿元，2015年突破万亿元，2022年突破1.5万亿元（见图1）。2022年，全省规模工业增加值同比增长7.2%，其中制造业增加值同比增长7.5%，分别比全省GDP增速快2.7个百分点和3.0个百分点；工业对经济增长贡献率保持在较高水平，由2016年的31.6%上升到2022年的42.6%。

（一）产业规模：15个行业大类营业收入过千亿元

2022年，湖南省规模工业实现营业收入47644.84亿元，其中，15个

---

① 与全国41个工业行业大类相比，湖南缺少石油和天然气开采业、开采专业及辅助性活动，近几年其他采矿业没有规模以上工业企业，无相关数据，故本文按38个工业行业大类展开分析。部分行业情况见文末附表。

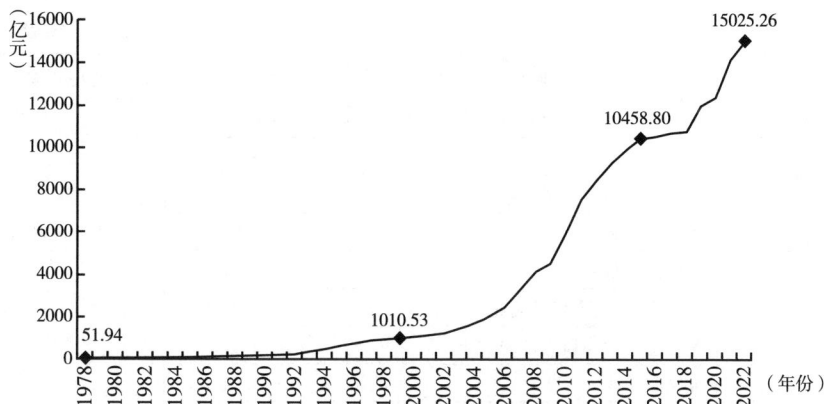

图 1　1978~2022 年湖南省工业增加值总量

资料来源：湖南省统计局、中国经济信息网。

行业大类营业收入过千亿元。一是 3000 亿元以上行业有 4 个，包括非金属矿物制品业，农副食品加工业，计算机、通信和其他电子设备制造业，有色金属冶炼和压延加工业。其中，计算机、通信和其他电子设备制造业，有色金属冶炼和压延加工业是 2022 年新增的 3000 亿元行业。二是 2000亿~3000 亿元行业有 7 个，包括化学原料和化学制品制造业，汽车制造业，电气机械和器材制造业，通用设备制造业，专用设备制造业，电力、热力生产和供应业，黑色金属冶炼和压延加工业。其中，汽车制造业，电力、热力生产和供应业是 2022 年新增的 2000 亿元行业。三是 1000 亿~2000 亿元行业有 4 个，包括金属制品业、食品制造业、医药制造业、烟草制品业（见表 1）。

表 1　2022 年湖南省营业收入过千亿元的规模以上工业行业

排名	行业名称	营业收入（亿元）	行业规模
1	非金属矿物制品业	3939.07	3000 亿元以上
2	农副食品加工业	3905.93	
3	计算机、通信和其他电子设备制造业	3524.99	
4	有色金属冶炼和压延加工业	3123.75	

续表

排名	行业名称	营业收入（亿元）	行业规模
5	化学原料和化学制品制造业	2848.57	
6	汽车制造业	2598.02	
7	电气机械和器材制造业	2504.79	
8	通用设备制造业	2325.00	2000亿~3000亿元
9	专用设备制造业	2192.39	
10	电力、热力生产和供应业	2110.40	
11	黑色金属冶炼和压延加工业	2102.61	
12	金属制品业	1975.94	
13	食品制造业	1654.73	1000亿~2000亿元
14	医药制造业	1134.81	
15	烟草制品业	1069.18	

资料来源：湖南省统计局、中国经济信息网。

（二）内部结构：行业集中度有待提高，部分重点行业占比与全国有差距

从工业内部规模结构来看，前十大行业营业收入占全省工业比重为61.2%，比全国低3.1个百分点，行业集中度有待提高。与上年相比，内部结构出现调整，通用设备制造业和专用设备制造业排名下跌明显，已经低于5%，汽车制造业占比提高1.6个百分点，从第12位提升至第6位，重新回到前十行列。与全国相比，全国位列前三的行业分别为计算机、通信和其他电子设备制造业，电气机械和器材制造业，汽车制造业，湖南相应行业占比分别比全国同行业低3.8个、2.2个、1.2个百分点，未来发展潜力巨大（见表2）。

（三）产业地位：13个行业大类营收全国占比超5%

行业营业收入占全国比重超过5%的属于有相对竞争力的行业。湖南省38个工业行业大类中，有13个行业营业收入占全国比重超过5%，它们在全国统一大市场中具有较高的市场份额、拥有一定的话语权和影响力、具备

较强的市场竞争力。与上年相比，通用设备制造业从上述行列中出列（见表3）。

表2　2022年湖南省营业收入前十的工业行业与全国对比

单位：%

湖南		全国	
前十行业	占比	前十行业	占比
非金属矿物制品业	8.3	计算机、通信和其他电子设备制造业	11.2
农副食品加工业	8.2	电气机械和器材制造业	7.5
计算机、通信和其他电子设备制造业	7.4	汽车制造业	6.7
有色金属冶炼和压延加工业	6.6	电力、热力生产和供应业	6.7
化学原料和化学制品制造业	6.0	化学原料和化学制品制造业	6.6
汽车制造业	5.5	黑色金属冶炼和压延加工业	6.3
电气机械和器材制造业	5.3	有色金属冶炼和压延加工业	5.5
通用设备制造业	4.9	非金属矿物制品业	4.9
专用设备制造业	4.6	石油、煤炭及其他燃料加工业	4.7
电力、热力生产和供应业	4.4	农副食品加工业	4.2

资料来源：湖南省统计局、中国经济信息网。

表3　2022年湖南省营业收入全国占比超过5%的行业情况

序号	行业名称	营业收入（亿元）		占比（%）
		全国	湖南	
1	其他制造业	2082.2	266.48	12.8
2	非金属矿采选业	4432.6	444.65	10.0
3	烟草制品业	12792.4	1069.18	8.4
4	有色金属矿采选业	3631.3	275.88	7.6
5	皮革、毛皮、羽毛及其制品和制鞋业	11339.9	860.15	7.6
6	食品制造业	22541.9	1654.73	7.3
7	木材加工和木、竹、藤、棕、草制品业	10161.0	729.40	7.2
8	农副食品加工业	58503.0	3905.93	6.7
9	印刷和记录媒介复制业	7645.2	483.74	6.3
10	铁路、船舶、航空航天和其他运输设备制造业	13479.9	807.09	6.0
11	非金属矿物制品业	66835.7	3939.07	5.9
12	专用设备制造业	38076.9	2192.39	5.8
13	水的生产和供应业	4448.7	228.75	5.1

资料来源：湖南省统计局、中国经济信息网。

（四）升降变动：7个行业全国占比提升明显，3个下降明显

一是全国占比上升的行业有25个，其中7个行业占比提升1个百分点以上。2018~2022年，营业收入占全国比重上升的工业行业大类有25个。其中，皮革、毛皮、羽毛及其制品和制鞋业，其他制造业，废弃资源综合利用业，食品制造业，文教、工美、体育和娱乐用品制造业，通用设备制造业，纺织服装、服饰业等7个行业的营业收入全国占比提升1个百分点以上，在全国市场中表现出较强的竞争力（见表4）。二是全国占比下降的行业有13个，其中3个行业占比下降明显。其中，专用设备制造业，造纸和纸制品业，铁路、船舶、航空航天和其他运输设备制造业等3个行业的营业收入全国占比下降幅度排前三，需引起重视（见表5）。

表4 2018~2022年湖南省营业收入占比明显上升的工业行业

序号	行业名称	营业收入占全国比重（%）		变动（个百分点）
		2018年	2022年	
1	皮革、毛皮、羽毛及其制品和制鞋业	5.35	7.59	2.24
2	其他制造业	10.72	12.80	2.08
3	废弃资源综合利用业	2.84	4.82	1.98
4	食品制造业	5.85	7.34	1.49
5	文教、工美、体育和娱乐用品制造业	2.69	4.18	1.49
6	通用设备制造业	3.53	4.85	1.32
7	纺织服装、服饰业	1.68	2.99	1.31

资料来源：湖南省统计局、中国经济信息网。

表5 2018~2022年湖南省营业收入占比出现下降的工业行业

序号	行业名称	营业收入占全国比重（%）		变动（个百分点）
		2018年	2022年	
1	专用设备制造业	8.84	5.76	−3.08
2	造纸和纸制品业	5.05	3.69	−1.36
3	铁路、船舶、航空航天和其他运输设备制造业	6.90	5.99	−0.91

续表

序号	行业名称	营业收入占全国比重（%）		变动
		2018 年	2022 年	（个百分点）
4	烟草制品业	9.15	8.36	-0.79
5	黑色金属矿采选业	1.26	0.64	-0.62
6	煤炭开采和洗选业	0.87	0.26	-0.61
7	燃气生产和供应业	2.12	1.63	-0.49
8	化学原料和化学制品制造业	3.55	3.11	-0.44
9	木材加工和木、竹、藤、棕、草制品业	7.52	7.18	-0.34
10	石油加工、炼焦和核燃料加工业	1.79	1.50	-0.29
11	电力、热力生产和供应业	2.44	2.28	-0.16
12	医药制造业	3.98	3.90	-0.08
13	农副食品加工业	6.69	6.68	-0.01

资料来源：湖南省统计局、中国经济信息网。

（五）行业增速：超八成实现正增长，部分行业与大势背离

一是湖南省超八成的行业实现正增长，4 个行业的年均增速达到 20%以上。2018~2022 年，38 个行业大类中，营业收入实现正增长的有 31 个，即 81.6%的行业实现正增长（见表6）。其中，废弃资源综合利用业，化学纤维制造业，金属制品、机械和设备修理业，计算机、通信和其他电子设备制造业等 4 个行业的营收年均增速在 20%以上。二是负增长的行业有 7 个，5 个行业逆势下滑。有 5 个行业在全国总体正增长的情况下逆势下滑，分别是煤炭开采和洗选业，黑色金属矿采选业，专用设备制造业，造纸和纸制品业，铁路、船舶、航空航天和其他运输设备制造业。三是 25 个行业大类增速领先于全国，占比约 2/3，其中 6 个行业领先幅度超过 10 个百分点，分别为化学纤维制造业，废弃资源综合利用业，纺织服装、服饰业，金属制品、机械和设备修理业，文教、工美、体育和娱乐用品制造业，计算机、通信和其他电子设备制造业。四是增速低于全国年均水平的有 13 个行业，煤炭开采和洗选业、黑色金属矿采选业、专用设备制造业、

造纸和纸制品业、燃气生产和供应业等5个行业年均增速比全国低5个百分点以上（见表6）。

表6 2018~2022年湖南省工业行业营业收入年均增速与全国对比情况

序号	行　　业	年均增速(%)		差值 (个百分点)
		湖南	全国	
1	化学纤维制造业	29.0	6.8	22.2
2	废弃资源综合利用业	46.2	28.0	18.2
3	纺织服装、服饰业	10.3	-4.4	14.7
4	金属制品、机械和设备修理业	24.1	11.2	12.9
5	文教、工美、体育和娱乐用品制造业	13.8	1.9	11.9
6	计算机、通信和其他电子设备制造业	20.3	9.4	10.9
7	皮革、毛皮、羽毛及其制品和制鞋业	7.3	-1.7	9.0
8	通用设备制造业	14.5	5.7	8.8
9	汽车制造业	10.7	2.7	8.0
10	家具制造业	8.9	1.9	7.0
11	橡胶和塑料制品业	11.4	4.6	6.8
12	食品制造业	10.9	4.8	6.1
13	其他制造业	10.4	5.6	4.8
14	非金属矿采选业	9.3	6.8	2.5
15	电气机械和器材制造业	14.9	12.5	2.4
16	酒、饮料和精制茶制造业	4.4	2.2	2.2
17	非金属矿物制品业	9.9	8.1	1.8
18	黑色金属冶炼和压延加工业	8.5	6.7	1.8
19	水的生产和供应业	15.3	13.7	1.6
20	印刷和记录媒介复制业	5.6	4.3	1.3
21	纺织业	-0.9	-1.6	0.7
22	金属制品业	9.6	8.9	0.7
23	有色金属冶炼和压延加工业	10.6	10.0	0.6

续表

序号	行 业	年均增速（%）		差值
		湖南	全国	（个百分点）
24	仪器仪表制造业	5.0	4.6	0.4
25	有色金属矿采选业	−0.3	−0.7	0.4
26	农副食品加工业	5.1	5.2	−0.1
27	医药制造业	4.1	4.7	−0.6
28	木材加工和木、竹、藤、棕、草制品业	1.3	2.5	−1.2
29	电力、热力生产和供应业	8.5	10.4	−1.9
30	烟草制品业	2.8	5.1	−2.3
31	化学原料和化学制品制造业	2.7	6.1	−3.4
32	铁路、船舶、航空航天和其他运输设备制造业	−0.3	3.3	−3.6
33	石油加工、炼焦和核燃料加工业	3.4	8.0	−4.6
34	燃气生产和供应业	12.3	19.9	−7.6
35	造纸和纸制品业	−5.6	2.1	−7.7
36	专用设备制造业	−4.6	6.2	−10.8
37	黑色金属矿采选业	−7.2	10.0	−17.2
38	煤炭开采和洗选业	−16.4	13.0	−29.4

资料来源：湖南省统计局、中国经济信息网。

二 从四个象限剖析湖南重点行业分化情况

借鉴波士顿矩阵（市场增长率—相对市场份额矩阵）四象限分析法，以行业营业收入占全国比重为纵坐标、营业收入年均增速与全国的差值为横坐标，将全省 38 个工业行业分到四个象限（见表 7）。第一、第四象限所在行业的年均增速高于该行业的全国平均水平；第二、第三象限所在行业的年均增速低于该行业的全国平均水平；第一、第二象限所在行业在全国该行业中的比重大于 5%；第三、第四象限所在行业在全国该行业中的比重小于 5%。

表7　2022年湖南工业行业波士顿矩阵分布

第二象限	第一象限
➢ 农副食品加工业 ➢ 专用设备制造业 ➢ 烟草制品业 ➢ 铁路、船舶、航空航天和其他运输设备制造业 ➢ 木材加工和木、竹、藤、棕、草制品业	➢ 非金属矿物制品业 ➢ 食品制造业 ➢ 皮革、毛皮、羽毛及其制品和制鞋业 ➢ 印刷和记录媒介复制业 ➢ 非金属矿采选业 ➢ 有色金属矿采选业 ➢ 其他制造业 ➢ 水的生产和供应业
第三象限	第四象限
➢ 化学原料和化学制品制造业 ➢ 电力、热力生产和供应业 ➢ 医药制造业 ➢ 石油加工、炼焦和核燃料加工业 ➢ 造纸和纸制品业 ➢ 燃气生产和供应业 ➢ 煤炭开采和洗选业 ➢ 黑色金属矿采选业	➢ 计算机、通信和其他电子设备制造业 ➢ 有色金属冶炼和压延加工业 ➢ 汽车制造业 ➢ 电气机械和器材制造业 ➢ 通用设备制造业 ➢ 黑色金属冶炼和压延加工业 ➢ 金属制品业 ➢ 橡胶和塑料制品业 ➢ 酒、饮料和精制茶制造业 ➢ 纺织业 ➢ 文教、工美、体育和娱乐用品制造业 ➢ 废弃资源综合利用业 ➢ 纺织服装、服饰业 ➢ 家具制造业 ➢ 仪器仪表制造业 ➢ 化学纤维制造业 ➢ 金属制品、机械和设备修理业

　　根据上述波士顿矩阵表，可将各行业划分到一个二维四象限矩阵图中，行业规模由球面积的大小体现（见图2）①。球由浅到深分别表示3000亿元以上的行业、2000亿～3000亿元的行业、1000亿～2000亿元的行业、其余行业，千亿元以上行业名称加粗显示，数字指代的行业名称见注释。

---

　　① 图2为了美观，X轴取值范围为±25个百分点，Y轴取值范围为0%～10%，38个行业大类只有3个不在图内，分别为第一象限的其他制造业、非金属矿采选业和第三象限的煤炭开采和洗选业，这3个行业营收规模较小，2022年在全省工业行业中排名分别为第31位、第27位和第35位。

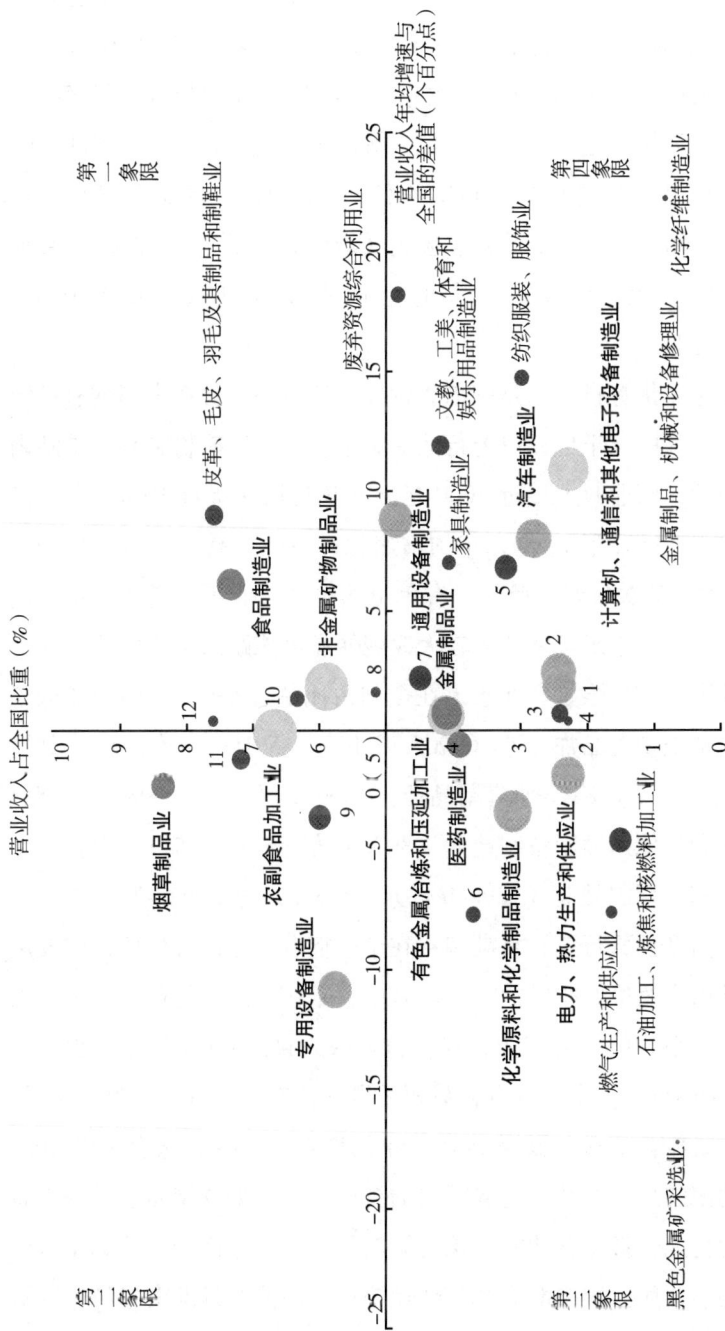

图 2　2022 年湖南省工业行业波士顿矩阵（营业收入）

营业收入占全国比重（%）

营业收入年均增速与全国的差值（个百分点）

第一象限　　第四象限

第二象限　　第三象限

皮革、毛皮、羽毛及其制品和制鞋业

废弃资源综合利用业

文教、工美、体育和娱乐用品制造业

纺织服装、服饰业

化学纤维制造业

汽车制造业

家具制造业

通用设备制造业

金属制品业

非金属矿物制品业

食品制造业

计算机、通信和其他电子设备制造业

金属制品、机械和设备修理业

农副食品加工业

烟草制品业

专用设备制造业

有色金属冶炼和压延加工业

化学原料和化学制品制造业

医药制造业

电力、热力生产和供应业

燃气生产和供应业

石油加工、炼焦和核燃料加工业

黑色金属矿采选业

3000亿元以上的行业　2000亿~3000亿元的行业　1000亿~2000亿元的行业　其余行业　● 营业收入

黑色金属冶炼和压延加工业。

注：1. 黑色金属冶炼和压延加工业；2. 电气机械和器材制造业；3. 纺织业；4. 仪器仪表制造业；5. 橡胶和塑料制品业；6. 造纸和纸制品业；7. 酒、饮料和精制茶制造业；8. 水的生产和供应业；9. 铁路、船舶、航空航天和其他运输设备制造业；10. 印刷和记录媒介复制业；11. 木材加工和木、竹、藤、棕、草制品业；12. 有色金属矿采选业。

——第一象限。该象限是营业收入在全国占比超过 5%、年均增速高于全国的行业。包括非金属矿物制品业（2022 年营业收入 3939.07 亿元、2018~2022 年年均增长 9.9%，以下表述年份相同），食品制造业（1654.73 亿元、10.9%），皮革、毛皮、羽毛及其制品和制鞋业（860.15 亿元、7.3%），印刷和记录媒介复制业（483.74 亿元、5.6%），非金属矿采选业（444.65 亿元、9.3%），有色金属矿采选业（275.88 亿元、-0.3%），其他制造业（266.48 亿元、10.4%），水的生产和供应业（228.75 亿元、15.3%）等 8 个行业。

此象限属于重点优势行业，是湖南省发展态势较好，且在全国拥有一定优势地位的行业。其中，千亿元以上行业有 2 个。非金属矿物制品业是湖南省最大的工业行业，营业收入接近 4000 亿元，年均增速接近 10%；食品制造业营业收入居工业行业第 13 位，年均增速超过 10%，高于全国年均增速 6.1 个百分点，发展势头较好。此外，有色金属矿采选业年均增速为负，高于全国 0.4 个百分点，未来发展若无较大改观便有可能跌入第二象限。

——第二象限。该象限是营业收入在全国占比超过 5%、年均增速低于全国的行业。包括农副食品加工业（3905.93 亿元、5.1%），专用设备制造业（2192.39 亿元、-4.6%），烟草制品业（1069.18 亿元、2.8%），铁路、船舶、航空航天和其他运输设备制造业（807.09 亿元、-0.3%），木材加工和木、竹、藤、棕、草制品业（729.40 亿元、1.3%）等 5 个行业。

此象限属于高度预警行业，是湖南省在全国拥有一定优势地位，但发展速度出现相对下滑、竞争力减弱的行业。其中，千亿元以上行业有 3 个。农副食品加工业是湖南省第二大工业行业，营业收入接近 4000 亿元，年均增速为 5.1%，比全国低 0.1 个百分点，只要稍微加快发展便可进入第一象限；专用设备制造业是湖南省传统优势行业，年均增速-4.6%，比全国低 10.8 个百分点，是湖南省少有的几个逆势下滑的行业之一；烟草制品业是湖南省纳税贡献最大的行业，近年营业收入保持微增长状态，略低于全国烟草行业整体水平。铁路、船舶、航空航天和其他运输设备制造业是湖南省特色优势行业，2021 年营收接近 1000 亿元，但 2022 年出现较大幅度的负增长

（-17.3%），2018~2022 年年均增速为-0.3%，低于全国 3.6 个百分点。

——第三象限。该象限是营业收入在全国占比低于5%、年均增速低于全国的行业。包括化学原料和化学制品制造业（2848.57 亿元、2.7%），电力、热力生产和供应业（2110.40 亿元、8.5%），医药制造业（1134.81 亿元、4.1%），石油加工、炼焦和核燃料加工业（976.77 亿元、3.4%），造纸和纸制品业（561.89 亿元、-5.6%），燃气生产和供应业（251.78 亿元、12.3%），煤炭开采和洗选业（104.84 亿元、-16.4%），黑色金属矿采选业（31.47 亿元、-7.2%）等 8 个行业。

此象限属于相对滞后行业，是湖南省发展相对较慢，且在全国竞争大格局中处于相对不利地位的行业。其中，千亿元以上行业有 3 个，另外石油加工、炼焦和核燃料加工业营业收入接近千亿元。除电力、热力生产和供应业，燃气生产和供应业 2 个行业有较高的年均增速外，其他 6 个行业处于微增长或负增长状态；煤炭开采和洗选业、黑色金属矿采选业属于典型的相对滞后行业，营业收入占全国市场份额仅为 0.26% 和 0.64%，年均增速分别低于全国 29.4 个和 17.2 个百分点；医药制造业年均增速略低于全国整体水平，加快发展有望跃升至第四象限。

——第四象限。该象限是营业收入在全国占比低于5%、年均增速高于全国的行业。包括计算机、通信和其他电子设备制造业（3524.99 亿元、20.3%），有色金属冶炼和压延加工业（3123.75 亿元、10.6%），汽车制造业（2598.02 亿元、10.7%），电气机械和器材制造业（2504.79 亿元、14.9%），通用设备制造业（2325.00 亿元、14.5%），黑色金属冶炼和压延加工业（2102.61 亿元、8.5%），金属制品业（1975.94 亿元、9.6%），橡胶和塑料制品业（955.41 亿元、11.4%），酒、饮料和精制茶制造业（818.39 亿元、4.4%），纺织业（630.5 亿元、-0.9%），文教、工美、体育和娱乐用品制造业（603.7 亿元、13.8%），废弃资源综合利用业（528.75 亿元、46.2%），纺织服装、服饰业（434.09 亿元、10.3%），家具制造业（309.19 亿元、8.9%），仪器仪表制造业（225.08 亿元、5.0%），化学纤维制造业（90.35 亿元、29.0%），金属制品、机械和设备修理业

（16.33 亿元、24.1%）等 17 个行业，是工业行业最集中的象限。

此象限属于未来潜力行业，是湖南省在全国不具备优势地位但发展态势较好的行业。其中，千亿以上行业有 7 个，另外橡胶和塑料制品业营业收入接近千亿元。计算机、通信和其他电子设备制造业是全国市场规模最大的工业行业（2022 年全国营业收入超过 15 万亿元），湖南省该行业规模位列全省第三，占 7.4%，低于全国 3.8 个百分点；2018～2022 年年均增速为 20.3%，比全国高 10.9 个百分点，是湖南省规模较大、增速较快的骨干型行业。湖南省金属制品、机械和设备修理业营业收入为 16.33 亿元，是湖南省规模最小的工业行业；废弃资源综合利用业和化学纤维制造业年均增长分别为 46.2% 和 29.0%，是湖南省增速最快的两个工业行业。通用设备制造业，酒、饮料和精制茶制造业，废弃资源综合利用业等 3 个行业占全国市场份额都接近 5%，只要保持现有发展态势，有望跃升至第一象限。

三 从四个维度分析重点产业发展情况

从优势产业、传统产业、新兴产业和后劲产业四个维度来具体分析湖南重点产业。

（一）从优势产业来看，三大世界级产业晋级动能不足

2018～2022 年，湖南省以工程机械为主导的专用设备制造业（第二象限）以及以轨道交通、航空动力为主的铁路、船舶、航空航天和其他运输设备制造业（第二象限）占全国的比重均出现下降，四年分别下降了 3.08 个百分点和 0.91 个百分点，且增速不及全国平均水平。

1. 工程机械：全国占比不断下降，国内市场空间不足

工程机械产业与基础设施建设等固定投资关联密切，具有特殊的周期性，一般为 10 年左右。2021 年下半年以来，行业进入下行周期，2022 年国内市场延续低迷态势，行业规模出现了较大幅度的下滑。2022 年，全省 199 家规模以上工程机械企业实现营业收入 1274.8 亿元，同比下降 27.9%，实

现利润 39.9 亿元，同比下降 64.1%，拖累以工程机械为主导的专用设备制造业营业收入同比下降了 21.4%。与此同时，海外市场需求高景气，工程机械出口量大幅增长，各大主机企业纷纷加速拓展海外市场，如三一集团、中联重科、山河智能海外收入分别增长 45.0%、100.0%、70.0%。

2. 轨道交通装备：市场规模收缩，全国占比下降，内部呈现分化态势

受国铁投资趋缓、国内城市轨道交通建设审批转严、海外市场开拓受限等因素影响，电力机车等部分业务需求出现不同程度收缩，产业发展后劲不足。2022 年全省规模以上轨道交通装备企业实现营业收入 643.6 亿元，同比增长 2.7%，但是较 2018 年下降 8.4%，四年年均增速为-2.17%。从细分行业来看，轨道交通装备产业呈现一定的发展分化态势。2022 年铁路运输设备制造业务营收 591 亿元，同比下降 0.1%，较 2018 年下降 14.3%，四年年均增速为-3.8%；城市轨道交通设备业务实现营业收入 52.4 亿元，同比增长 77.7%，2018~2022 年年均增长 43%。

3. 中小航空发动机及航空航天设备：产业规模较小，市场占有率下降，受制于民用市场尚未打开，难以迅速增长

2022 年，全省通航产业实现年营业收入 510 亿元，但其核心制造产业规模较小，航空航天及设备制造营业收入仅为 32.13 亿元。且湖南省航空航天产业主要集中在军工领域，军品产值占比约为九成。受制于军工保密制度要求和军民技术标准互通性不足，高端技术难以向普通制造业扩散，未能实现产业化和民用化。潜力巨大的民用市场尚未打开，也制约了产业发展。

（二）从传统产业来看，三大传统产业转型成效显著

根据汽车制造业、食品制造业、有色金属冶炼和压延加工业、黑色金属冶炼和压延加工业等行业所在位置，可以发现近年这几大传统产业转型升级效果显著。

1. 汽车产业：借新能源车成功转型，产量居全国第4位

2022 年，湖南省汽车制造业实现营业收入 2598 亿元，同比增长 49.74%，其中新能源汽车营业收入突破千亿元大关；实现利润约为 82 亿元，同比增长

31 倍。全省汽车总产量为 95.3 万辆，其中新能源汽车 49.6 万辆，占比超过一半，加速推动了湖南省汽车生产由传统动力向新能源汽车转型；湖南省产量位居全国第 4，同比增长 248.8%，高出全国平均水平近 152 个百分点，占全国同期新能源汽车总产量的 7.0%，推动湖南省成为国内重要新能源汽车生产基地。

2. 食品产业：逐步向精深加工转型，休闲食品等子行业发展势头迅猛

食品产业主要包括农副食品加工业，食品制造业，酒、饮料和精制茶制造业，以及烟草制品业等行业。其中，农副食品加工业为初加工，其他三者为精深加工。2018~2022 年，湖南省农副食品加工业营业收入年均增速低于全国平均水平，占全省食品产业比重下降到 52.4%；食品制造业以及酒、饮料和精制茶制造业等精深加工行业年均增速均高于全国平均水平，精深加工占全省食品产业比重上升到 47.6%，尤其是食品制造业近四年年均增速达 10.9%，比全国平均水平高 6.1 个百分点，四年间占全国比重提高了 1.49 个百分点，2022 年达到 7.34%。通过调研了解到，近年来湖南休闲食品和预制菜等子行业迎来了爆发式增长，湖南休闲食品产业营业收入近 1000 亿元，湖南预制菜产业的整体规模在 300 亿元左右。这些反映了湖南省食品产业转型升级加快、食品产业结构不断优化。

3. 钢铁有色：借周期波动发展进入上升通道

前几年，受环保要求、经济下行、原材料价格震荡等因素的影响，湖南省部分钢铁和有色金属企业订单锐减，生产经营一度陷入困境。2018~2020 年，全省钢铁和有色金属产业营业收入逐年下滑。但从 2021 年起，随着市场需求量明显加大，产业发展迎来新的契机。2022 年，全省有色金属产业实现营业收入 3399.63 亿元，同比增长 22.6%，比全国高 15.1 个百分点，对全省规模工业营业收入增长的贡献率为 14.8%，拉动规模工业增长 1.3 个百分点。2022 年全省钢铁产业实现营业收入 2134.08 亿元，在全国钢铁行业营业收入同比下降 6.35% 的情况下，与上年基本持平，显现出强劲的韧性。

（三）从新兴产业来看，三大产业发展势头迅猛

计算机、通信和其他电子设备制造业，电气机械和器材制造业这两大新

兴行业均位于第四象限，近四年年均增速均高于全国平均水平，营业收入均在 2500 亿元以上。

1. 电子信息：稳中快进，同比增长超两成

2022 年，全省电子信息产业规模达到 6330.08 亿元，其中电子信息制造业营业收入 4314.08 亿元，增长 20.25%，两年内先后迈上 3000 亿、4000 亿元台阶。从细分领域来看，得益于自主可控计算、新一代半导体、新型显示等产业的布局及项目的落地与投产，2018~2022 年计算机制造业营业收入年均增速为 34.17%，电子器件制造业营业收入年均增速为 55.42%，电子元件及电子专用材料制造业年均增速为 24.98%。

2. 新型储能：行业增长进入爆发期

随着储能材料及动力电池产业从行业培育期进入爆发期，行业呈现倍增式增长。全省目前拥有规模以上企业近 100 家，2022 年集群实现营业收入 1300 亿元，比上年增长 44%。集群核心产业电池制造业 2022 年实现营业收入 702.49 亿元，较上年增长了 1 倍，2018~2022 年四年间翻了两番，年均增长 39.9%，产业发展驶入快车道。

3. 电力装备：产业发展步伐加快

近年来，在"双碳"目标驱动下，全省新型能源及电力装备产业发展步伐加快，目前已形成以输变电装备、风电装备、新能源装备为核心的千亿元级产业集群。2022 年，行业实现营业收入 2693.2 亿元，同比增长 21.9%，实现利润 140.8 亿元，同比增长 56.1%。从细分行业来看，新能源电力装备行业营业收入 1170.7 亿元，同比增长 7.0%，实现利润 44.8 亿元，同比增长 23.5%；输配电及控制设备行业实现营业收入 584.8 亿元，同比增长 11.4%，2018~2022 年年均增速 12.5%，实现利润 27.4 亿元，同比增长 16.7%。

（四）从后劲产业来看，两类产业具备增速优势

在图 2 第一、第四象限中，有部分产业虽然规模不大，但是势头很好，增速跑赢全国，发展后劲较足，可分为以下两类。

1. 后劲类新兴产业

废弃资源综合利用业是节能环保产业的主力军，2022年营业收入为528.75亿元，近四年年均增速高达46.2%，在所有行业中增速最快，比全国平均水平高18.2个百分点；占全国的比重由2.84%提升到4.82%，提高了1.98个百分点。医疗器械产业增速全国领先，2022年全省医疗仪器设备和器械制造业实现营业收入255.76亿元，比2018年增长了2倍，四年年均增速高达31.8%。

2. 后劲类传统产业

纺织产业中，纺织服装、服饰业2022年营业收入为434.09亿元，近四年年均增速10.3%，比全国平均水平高14.7个百分点；皮革、毛皮、羽毛及其制品和制鞋业2022年营业收入为860.15亿元，年均增速7.3%，比全国平均水平高9个百分点；化学纤维制造业2022年营业收入为90.35亿元，年均增速高达29.0%，比全国平均水平高22.2个百分点。家具产业中，家具制造业2022年营业收入为309.19亿元，四年年均增速8.9%，比全国平均水平高7个百分点。

四 实施"产业跃升计划"的对策建议

总体思路：紧盯增速和占比两个核心指标，多措并举、精准施策，围绕"三条路径"、强化"四个着力点"、建立"三个体系"，推动产业提质升级、集聚上规，使产业实现从低能级象限向高能级象限跃升，打造具有湖南特色的现代化产业体系。

通过波士顿矩阵划分可见，位于第一、第二、第三象限的行业分别为8个、5个、8个，营业收入总额各占比约17%。位于第四象限的行业高达17个。2022年营业收入总额为22766.89亿元，占比47.78%，其中千亿元以上行业7个，是千亿元行业最集中的象限。因此，如何推动第四象限行业（未来潜力行业）向第一象限跃升是下一阶段的重点。

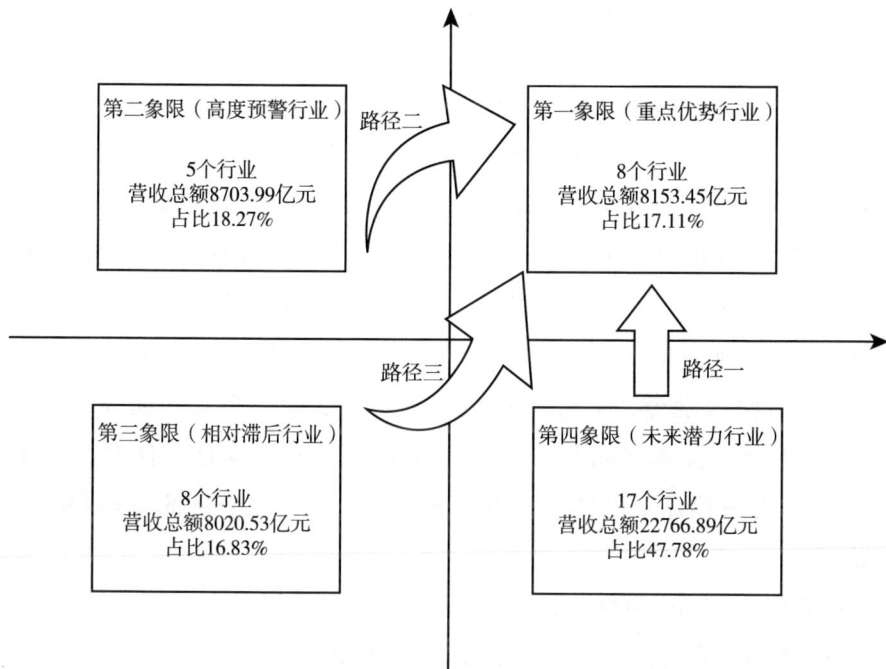

图3　2022年湖南工业行业波士顿矩阵各象限营收和占比情况

（一）按照"三条路径"分类推进产业跃升

1. 路径一："未来潜力行业"向"重点优势行业"跃升

重点行业：通用设备制造业、废弃资源综合利用业，以及酒、饮料和精制茶制造业等处于边界的行业；化学纤维制造业以及金属制品、机械和设备修理业等年均增速较快的行业；计算机、通信和其他电子设备制造业以及汽车制造业（新能源汽车、智能网联汽车）等符合未来发展方向的重点行业。

跃升策略："加速上规"策略。第四象限是未来潜力行业，增速高于全国平均水平，但全国规模占比未达到5%，其中既有传统行业，又有新兴行业，行业种类最多，此象限的行业要实现向第一象限的跃升，关键要在"加速上规"上做文章。

具体做法,一是实施量级倍增行动。积极策划和争取一批重大项目,支持企业增容扩建,推动工业园区提标提档,培育一批百亿企业、千亿产业,实现行业集聚化、规模化发展,不断拓展市场空间,提升市场占有率,力争在3~5年内实现规模倍增、全国占比突破5%。二是实施能级提速行动。加快推进"智改数转",推动企业"上规、上榜、上云、上市",提升"链主"企业产业带动力,充分发挥规模增长潜力,在全国范围内实现并跑、领跑发展。三是实施链级融合行动。对于研发能力较弱的行业,围绕产业链部署创新链,推动创新链、产业链、资金链、人才链深入融合,促进"科技—产业—金融"高水平循环,打通"科学技术化、技术产品化、产品产业化、产业资本化"路径,畅通"样品—产品—商品"的转化链条,激发产业链、价值链的重构和功能升级。

2.路径二:"高度预警行业"向"重点优势行业"跃升

重点行业:农副食品加工业以及木材加工和木、竹、藤、棕、草制品业等处于边界的行业;铁路、船舶、航空航天和其他运输设备制造业等符合湖南发展重点的行业;烟草制品业等对湖南税收贡献较大的行业。

跃升策略:"联动提质"策略。第二象限是高度预警行业,以传统产业为主,有着较好的基础,在全国占比超过5%,但近年增长乏力,增速低于全国平均水平,此象限的行业要实现到第一象限的跃升,关键要在"联动提质"上做足文章。

具体做法,一是产业联动提升发展。农副食品加工业以及木材加工和木、竹、藤、棕、草制品业等行业均与食品加工和家具等产业有着密切联系,要加强产业之间的联动,借助强势关联产业对弱势关联产业的带动作用,形成联动提升的合力。二是优势行业裂变换道发展。铁路、船舶、航空航天和其他运输设备制造业等优势行业,要发挥专业化程度高、龙头企业竞争力强等优势,依托现有行业能力不断向工业大数据(工业互联网)、半导体(IGBT)、节能环保、新能源等领域裂变出新产品、新业态,实现行业的快速发展。三是政策性提质发展。烟草行业属于政策性行业,要加强对国家层面有利政策的争取，借鉴湖北等地近年来烟草发展不断提升的经验，保持湖南省竞争优势。

3. 路径三："相对滞后行业"向"未来潜力+重点优势行业"跃升

重点行业：医药制造业等符合未来发展方向的行业；电力、热力生产和供应业以及化学原料和化学制品制造业等有一定规模且靠近第四象限的行业。

跃升策略："转型升级"策略。第三象限除医药制造业外，多数属于资源依赖性行业，增长较为缓慢，发展相对滞后，在全国占比低于5%。此象限的行业要实现向第一、第四象限的跃升，关键要在"转型升级"上做足文章。

具体做法，一是实施绿色制造领跑行动。围绕化学原料和化学制品制造业等高污染行业，积极推广绿色产品、绿色工厂、绿色园区和绿色供应链，大力推行工业产品绿色设计，加快开发节能、环保、易回收的绿色产品，发展绿色再制造，打造"低污染、低排放、低碳"的领跑者。二是实施价值链提升行动。对于石油加工、化工等传统行业，需要在产业链的两端发力，通过技术创新、做强品牌、研发高端产品、开发替代品等方式提升附加值，加速向先进化工材料、生物质精深加工等现代石化转型发展。三是实施品牌提升行动。由于缺少大品牌、大项目，医药制造业等行业发展速度和规模低于全国平均水平，可考虑通过引进一批大项目、做强一批大品牌，提升行业发展的规模速度，实现行业跃升。

（二）依托"四大着力点"分级推进产业跃升

1. 企业着力点：打造"以大联小"的企业雁阵梯队

对于工程机械、轨道交通等世界级产业以及非金属矿采选业、有色金属矿采选业等优势领域，重点培育一流"链主"企业，提高龙头企业在海外市场的品牌认可度和市场占有率，通过实施"一龙带百小"计划，以龙头企业引领中小微企业发展配套产业和关联产业，带动形成一批单项冠军企业。对于健康产业、新材料、新能源等尚未布局或尚处于成长期的领域，实施中小企业"拔尖"行动和小微企业"强身"行动，着力开展"放水养鱼"行动计划，以产业链招商等方式引进培育龙头企业，以此集聚一批引领未来的重要新生力量和中坚力量。

2.产业着力点：梯度培育省级、国家级、世界级产业集群

聚焦先进制造等重点领域，深入推进产业发展"万千百"工程，实施产业集群发展专项行动，发展壮大4个国家先进制造业集群，并加快向世界级产业集群跃升；建设"国家先进制造业集群培育池"，推动先进储能材料、先进硬质材料及工具、输变电装备、新能源汽车、现代石化等争创国家先进制造业集群，创建7个左右省级先进制造业集群和10个左右中小企业特色产业集群。

3.产业链着力点：优势、传统、新兴、短板分类施策

一是优势产业延链。深化提升工程机械、轨道交通装备、汽车、食品制造等优势产业链，通过技术赋能、裂变等方式不断延长产业链，提升本地配套化率，增强产业链竞争优势。二是传统产业升链。推动纺织业、家具制造业等传统产业向智能化、绿色化、融合化转型升级，推动传统产品迈向中高端，推动"低小散"产能迈向集群发展。三是新兴产业建链。围绕人工智能、新能源汽车、功率半导体、大健康等新兴产业，大力推广"链长制"，打造一批新一代信息技术创新应用"试验场"，培育一批示范应用场景，吸引上下游配套企业落户，推动新兴产业聚链成势。四是短板产业补链。对于在关键核心技术、核心零部件等领域存在短板的行业，要主动融入国家战略布局，积极开展技术再造工程，积极推广应用牵引、整体带动、"揭榜挂帅"等新机制，加快核心基础零部件（元器件）关键基础材料、先进基础工艺、基础软件、产业技术基础等技术和产品攻关，补齐关键短板。

4.产业生态着力点：软硬环境同步推进

提升产业发展服务软环境。用好用实《湖南省先进制造业促进条例》，持续开展"纾困增效"专项行动，建立万名干部联万企"送政策、解难题、优服务"行动长效机制，常态化开展政策宣传落实、问题收集解决等工作；加快完善中小企业公共服务体系，加强土地、资金、人才、技术等要素保

障，为企业创新创业提供"找得到、用得起、有保障"的一站式服务，帮助企业协调解决"急难愁盼"问题。建设产业发展硬环境。推进"五好"园区建设，建设一批特色产业园区，推动产业集群集聚发展。打造一批国家级、省级和市级的产业创新中心、实验室、技术创新中心等重大平台，积极谋划若干大科学装置，建设先进计算中心、大数据中心、5G、工业互联网等新型基础设施，为推动产业跃升提供有力硬支撑。

（三）建立"三个体系"有力推进产业跃升

1. 建立"产业图谱监测评价体系"

一是建立产业图谱监测体系。一方面，利用传统数据+高频大数据，对湖南产业体系实时监测。利用社会用电量、全社会物流活跃状况、企业用工招聘变化情况、税收申报等指标，利用大数据手段实时收集反馈产业信息，提供科学决策依据。另一方面，利用大数据监测，服务发展环境优化。通过对行政审批流程的大数据管理，监控审批效能提升情况，树立清亲政商环境和风清气正发展氛围，创造宜商宜业投资兴业的外部环境。二是建立现代化产业体系评价标准。在监测基础上，建立现代产业体系评价中心，定期对湖南现代产业体系和工业跃升进展情况进行总结评价，选择客观性的指标，构建考核标准体系。

2. 制定"产业跃升政策支持体系"

构建重点清晰、分工协调、上下统一的产业跃升政策支持体系。一是完善产业跃升计划的政策框架。出台湖南产业跃升计划实施方案、湖南重点产业跃升计划，形成上下贯通的现代产业政策框架。二是创新财政政策资金支持体系。推进政府投融资体制改革，加强政府引导资金对产业的扶持。针对湖南省工业企业不同发展阶段，设计企业全生命周期的股权投资基金，跟投从种子到天使阶段，构建一批由母基金和若干子基金组成的"基金丛林"。三是加强政策激励。借鉴江西等省份的投资补贴和产业落地奖补等政策，加大政策激励力度，结合产业跃升绩效考核奖励制度，形成全面的实体经济激励政策制度体系。

3.完善"产业跃升工作保障体系"

建立一套保障产业跃升工作的机制。一是建立工作机制。对于重点跃升产业建立工作专班，借鉴安徽经验，以基地和集群为中心，每个集群建立一个省领导挂帅的工作小组，并配套一个对应省直厅局帮扶、一只产业基金，形成各级政府和部门共同参与产业跃升工作的良好局面。二是建立考核机制。将现代化产业体系建设和产业跃升计划的结果，作为评价省内经济工作效果的考核依据之一，与单位和人员年终考核和晋升、绩效等挂钩。

附表　湖南省部分工业行业情况说明

行业名称	说　明
农副食品加工业	直接以农、林、牧、渔业产品为原料进行的谷物磨制、饲料加工、植物油和制糖加工、屠宰及肉类加工、水产品加工，以及蔬菜、水果和坚果等食品的加工
食品制造业	包括7个行业中类:烘焙食品制造,糖果、巧克力、蜜饯制造,方便食品制造,乳制品制造,罐头食品制造,调味品和发酵制品制造,其他食品制造
化学原料和化学制品制造业	包括8个行业中类:基础化学原料制造,肥料制造,农药制造,涂料、油墨、颜料及类似产品制造,合成材料制造,专用化学产品制造,炸药、火工及焰火产品制造,日用化学产品制造
医药制造业	包括8个行业中类:化学药品原料药制造、化学药品制剂制造、中药饮片加工、中成药生产、兽用药品制造、生物药品制品制造、卫生材料及医药用品制造、药用辅料及包装材料制造
化学纤维制造业	包括3个行业中类:纤维素纤维原料及纤维制造、合成纤维制造、生物基材料制造
非金属矿物制品业	包括5个行业中类:水泥、石灰和石膏制造,砖瓦、石材等建筑材料制造,玻璃制造,陶瓷制品制造,耐火材料制品制造
通用设备制造业	一般是指使用于1个以上行业的设备制造,如机床、马达、空压机、策动机、冷却设备、供水设备等 包括9个行业中类:锅炉及原动机制造,金属加工机械制造,起重运输设备制造,泵、阀门、压缩机及类似机械的制造,轴承、齿轮、传动部件的制造,烘炉、熔炉及电炉制造,风机、衡器、包装设备等通用设备制造,通用零部件制造及机械修理,金属铸、锻加工

行业名称	说　　明
专用设备制造业	一般是指只能使用于 1 个行业类的设备制造,如时钟设备、注塑设备、矿山、农机、化工等 包含 9 个行业中类:矿山、冶金、建筑专用设备制造,化工、木材、非金属加工专用设备制造,食品、饮料、烟草及饲料生产专用设备制造,印刷、制药、日化生产专用设备制造,纺织、服装和皮革工业专用设备制造,电子和电工机械专用设备制造,农、林、牧、渔专用机械制造,医疗仪器设备及器械制造,环保、邮政、社会公共服务及其他专用设备制造
电气机械和器材制造业	包括 8 个行业中类:电机制造,输配电及控制设备制造,电线、电缆、光缆及电工器材制造,电池制造,家用电力器具制造,非电力家用器具制造,照明器具制造,其他电气机械及器材制造
其他制造业	包括日用杂品制造、核辐射加工、其他未列明制造业等
废弃资源综合利用业	指废弃资源和废旧材料回收加工,包括金属废料和碎屑加工处理、非金属废料和碎屑加工处理等

优势产业篇

Advantageous Industry Reports

B.2
湖南工程机械产业高质量发展调研报告[*]

湖南省社会科学院（湖南省人民政府发展研究中心）调研组[**]

摘　要： 湖南省工程机械产业营业收入连续13年雄踞全国第一，是全省最有可能率先建成世界级产业集群的产业。当前工程机械进入数字化新时代，正面临加快数字化、智能化、电动化转型，挑战与机遇并存的关键时期，湖南工程机械产业亟须牢牢把握"企业、产业、产业链、产业生态"四个发展着力点，坚持高端化引领、智能化赋能、绿色化转型，坚持关键细分领域突破与全产业链发展并举，推动湖南打造国家重要先进制造业高地实现"重点突破"。

---

[*] 本研究系国家社科基金项目"新时代高质量发展的理论逻辑与实践向度"（20BKS043）的阶段性成果。

[**] 调研组组长：钟君，湖南省社会科学院（湖南省人民政府发展研究中心）党组书记、院长（主任），研究员。调研组副组长：侯喜保，湖南省社会科学院（湖南省人民政府发展研究中心）党组成员、副院长（副主任）。执行组长：邓子纲，湖南省社会科学院（湖南省人民政府发展研究中心）产业经济研究所所长，研究员。调研组成员：陈旺民，唐苗苗，周海燕，郑谢彬，廖卓娴，湖南省社会科学院（湖南省人民政府发展研究中心）产业经济研究所研究人员；李银霞，湖南省社会科学院（湖南省人民政府发展研究中心）产业经济研究部二级调研员。

关键词： 湖南　工程机械　国际竞争

制造业是立国之本、强国之基。湖南省工程机械产业营业收入连续 13 年雄踞全国第一，是湖南省最有希望最快建成世界级产业集群的产业。

一　树大根深，湖南省工程机械产业发展动能强劲、优势明显

湖南省倾力打造工程机械产业成为三大世界级产业集群之一。目前湖南已是中国规模最大、实力最强、技术水平最先进的工程机械研发制造基地，长沙"工程机械之都"名片越擦越亮，成为我国制造业发展的重镇。

（一）产业领军、出类拔萃，全省经济"中流砥柱"

1. 各项指标冠绝群雄

湖南工程机械产业规模从 2010 年起连续 13 年产值保持全国第一，2022 年，产业规模接近 3000 亿元。"全球工程机械制造商 50 强"湖南有 5 家（三一集团、中联重科、铁建重工、山河智能、星邦智能），其中三一集团、中联重科进入前十。上市公司 2022 年财报数据显示，湖南省工程机械上市公司利润总额为 64.4 亿元，占全国工程机械上市公司利润总额的 44.5%，位居第一。

2. 市场活跃长盛不衰

截至 2022 年底，全国工程机械产业有上市公司 36 家，分布在 13 个省区市。其中，湖南省有 6 家，排名第一，占全国工程机械上市公司的 16.67%。2020~2022 年，湖南省工程机械产业存续企业的注册资本总额分别为 19702.5 亿元、20865.6 亿元、21322.8 亿元，2022 年第四季度市场活跃度 66.67%，居全国第二，2023 年第一季度市场活跃度也在全国名列前茅。全省工程机械产业中共有 230 家企业在 2021 年被评为 A 级纳税人，占

比 14%。

3.产业融合不断升级

产业和金融进一步深度融合。2021年6月，引导金融机构精准对接产业链，推行产业链"一链一行"主办行制度，推动了工程机械金融模式创新发展。此后，三一集团逐步成立三湘银行、久隆保险，与三一汽车金融一起打造三一金融版图，打通了产业链上下游。积极推动与其他制造业深度融合。正逐步建立钢铁行业与工程机械行业相互协同、互为牵引的创新链产业链。湖南钢铁集团联合东北大学、三一重工等开展产品研发深度合作，与东北大学、三一重工、卡特彼勒、徐工机械等紧密合作，推进了研发、生产、应用的快速迭代。

（二）技术过硬、产品扎实，产业实力"傲视全国"

1.知识产权底蕴深厚

2020~2022年，湖南省工程机械产业拥有知识产权企业数量为511家，占全省工程机械企业总量的31.1%；共有知识产权信息4563条，其中湖南省工程机械产业拥有自主专利的企业数量为365家，占全省工程机械企业总量的22.22%；共有专利信息3983条，占知识产权信息87.3%。全省工程机械行业拥有6家国家级企业技术中心、4家国家级工程技术研究中心、1个国家重点实验室、11个企业院士工作站。

2.科研实力遥遥领先

由高素质工程技术专家组成的企业自主开发研究队伍，不断推出系列新产品。中联重科作为行业标准的制定者，先后主导、参与制修订400余项国家和行业标准，主导、参与制修订17项国际标准。公司拥有六大国家级科研创新平台，研发投入占比达5.38%，2次荣获国家科技进步奖，2次荣获国家专利金奖，累计申请专利10825件，其中发明专利4147件，有效发明专利数量位居机械设备行业第一，专利综合实力位居工程机械行业第一。

3.拳头产品竞争力强

湖南能够生产12大类100多个小类400多个型号规格的产品，占全国工程机械品种种类的 70%。山河智能凭借先导式创新，在工程装备、特种装备和航空装备三个方面实现了差异化高速健康发展，成为世界支线航空租赁 3 强，是具有国际影响力的知名企业。湖南的混凝土机械、建筑起重机械、挖掘机械、桩工机械、环卫机械、掘进机等产品产销量居全国第一，其中混凝土机械、液压静力压桩机、大直径硬岩掘进机等产品产销量居世界第一。

4. 区域合作日趋紧密

2023 年 5 月 13 日，在长沙国际工程机械产业链发展大会中，由湖南牵头，湘、浙、鲁三省共同发布了《加强区域产业链协同合作推进工程机械产业高质量发展倡议书》。湖南省倡议构建工程机械产业多边全方位、多层次合作机制，加强横向沟通联络，共享资源、共搭平台、共建机制，互学互鉴。三省行业协（商）会和工程机械企业将开展定期互访交流，为探索建立区域性、行业性商会联盟，共同开拓市场，打响跨省抱团发展的"全国第一枪"。

（三）实力"硬核"、名声在外，全球产业占据"一席之地"

1. 产品质量"有口皆碑"

三一集团创立"五步卓越法"质量体系管理法，通过逐步搭建、完善QIS 质量信息化系统，实现质量信息数据 100% 线上流转、分析、预警。中联重科自 2000 年首次通过质量管理体系认证以来，一直重视体系基础建设，推动质量改善，提高问题整改覆盖及完成率。山河智能通过高精度设计等确定最佳设计方案与生产工艺，推行 JIT 精益化生产模式，以过程质量控制创造价值。2022 年 10 月 11 日，三一重工长沙 18 号工厂入选世界经济论坛发布的全球制造业领域灯塔工厂名单。全球最大直径竖井掘进机、全球最长臂架泵车、全球最大吨位履带起重机等"忙碌"在各类超级工程、亮相在全球重大事故救援现场，打响了国际知名度。

2. 业务模式"独树一帜"

三一重卡借助互联网销售平台，52 秒卖出 2000 辆军亮版重型卡车，创造了重卡行业互联网销售神话。在收购并成功运作意大利 CIFA 和德国普茨迈斯特等国际著名品牌企业，在美国、巴西等地建设研发生产基地过程中，湖南工程机械产品已销到全球 160 多个国家和地区。中联重科打造"928 嗨购节"等一系列直播活动，一次活动即斩获订单超过 32 亿元，突破工程机械行业直播销量、流量双纪录。

3. 海外市场竞争力持续增强

通过"借船出海"的方式，在海外设立研发制造基地和海外制造工厂，加大海外并购力度，以海外并购来建构稳定的供应链。通过"当地代理+总部+当地员工"的形式拓宽销售网络，减少经营风险，快速响应客户服务需求。同时深耕"一带一路"市场，中联重科最早响应"一带一路"倡议，建设中联重科中白工业园，打造丝绸之路经济带上市场覆盖东欧及中亚地区的研发、制造基地。三一集团超过 70%的海外销售额均来自共建"一带一路"国家和地区，在 24 个"一带一路"核心国家中市场地位排名第一，并在印度尼西亚和泰国成立 3 家合资子公司。

（四）锁定未来、未雨绸缪，创新赛道取得扎实成效

1. 新兴业务不断拓展

在稳固主营业务的同时，湖南省龙头企业大力发展煤炭机械、港口机械、风电设备、石油装备、PC 成套装备、环保设备、新材料、工业互联网、重卡、金融保险等新业务。山河智能在新材料领域拓展业务，投资建设"贵州大龙年产 10 万吨负极材料与石墨超高提纯应用项目"，推动高端石墨生产设备产业化，快速形成负极材料产能。

2. 研发投入不断加大

湖南省工程机械上市公司研发费用总额为 46.6 亿元，占全国工程机械上市公司研发费用总额 56.1%，位列第一，规上企业研发经费内部支出占主营业务收入达到 7%。

3. 智能化不断升级

三一集团的泵车、新能源重卡，山河智能的 5G 遥控挖掘机、5G 旋挖

钻机、5G智能钻杆，铁建重工的盾构机、三臂凿岩台车，皆是全国或全球首台。山河智能的全系列智能产品和全生命周期数字化集成的"智造"模式，目前走在了行业前列。入选灯塔工厂的三一重工长沙18号工厂，突破55项关键技术，攻克上千项难题，建立数字化柔性的重型设备制造系统，实现产能扩大123%、生产率提高98%、单位制造成本降低29%。在这个工厂里，9大工艺、32个典型场景均实现"智慧作业"，可生产多达263种机型，打造了中国智能制造的新名片。

二 喜中有忧，工程机械产业面临"中年危机"，迫切需要转型发展

尽管经过几十年持续发展，湖南省工程机械产业取得历史性成就，在国内具备较大优势，有些细分领域甚至在全球具备较强竞争力，但面对"前有堵截、后有追兵"的窘境，面临"中年危机"之困。如何化"危"为"机"，突破"天花板"效应，成为下阶段产业高质量发展必须啃下的"硬骨头"。

（一）亟须攻克"技术关"，补足技术竞争力不足短板

第一，关键人才仍有欠缺。随着行业在产品产业、科技创新等方面逐步攻入"无人区"，对人才的要求越来越高。目前产业核心人才非常匮乏，尤其是数字化与智能制造、国际化、研发创新人才，比如三一集团各类高端人才缺口已达3000余人，铁建重工的外籍人才和有海外背景的中国籍人才非常缺乏。第二，核心技术依然缺乏。产业内部分共性技术和关键技术研究不够，尤其是液压、电控、动力系统等关键技术、关键零部件受制于人，不易掌握市场竞争的主动权，制约了湖南工程机械产业在国内国际市场上的竞争力。对比来看，2020~2022年，江苏省工程机械产业拥有知识产权企业数量为2139家，共有知识产权信息21328条。然而湖南省工程机械产业拥有知识产权企业数量仅为511家，仅拥有知识产权信息4563

条。第三，数字化电动化发展乏力。目前湖南省行业的经营模式虽实现了线上线下相结合，但离数字化、系统化营销管理差距还比较大，产品的电动化、智能化和无人化水平还不高。第四，申报指标存在短板。湖南国重智联工程机械研究院组建不到1年，2022年11月才获批省级制造业创新中心，相比江苏省高端工程机械及核心零部件创新中心获批至少慢了"两步"。申报速度缓慢使产业难以借助各大主机企业研发平台、研发设备、科技成果、高端人才等优势资源推进其他工作开展，平台优势、协同优势难以发挥。

（二）亟须攻克"服务关"，补足顶层"机制不畅"短板

一是在考核机制上。有关部门在对企业的激励和考核模式上，偏重以规模大小谈贡献，以见效快慢论经营质量，对领跑企业的前瞻性基础研究关注不够。一些具备技术创新能力的行业骨干企业得到的支持力度太小，导致相应的重点研发项目要在短时间内从基础研究一直做到产业化，倒逼技术成果快速变现，使一些高科技小微企业难以成长为"小巨人"，一些高成长中小企业难以打造"单项冠军"，一些高端产品的制备、工程应用与产业化等核心技术难以成为"首台""首套"。二是在配套服务上。以长沙工程机械产业集群为例，其主机强、配套弱的局面尚未得到根本性改变，省内配套率仅为32%。生产性服务业发展不充分，个性化定制服务、全生命周期管理等新业态尚未完全构建。此外，企业经营仍需进一步规范，美国卡特彼勒启用中国本土管理人才，响应"一带一路"倡议，推出了简配版挖机，表明卡特彼勒完全适应了用"中国式"经营之道来竞争。然而三一集团、中联重科等企业在国内求职者中的风评褒贬不一，成为阻碍产业向高端腾飞的不可忽视的因素。

（三）亟须攻克"活力关"，补足产业"走势低迷"短板

一是恶性竞争扰乱市场秩序。2018年起，国内工程机械行业高速增长的同时，恶性竞争愈演愈烈，低价格、低成交条件订单极其普遍，同质化竞

争严重，行业得不到良性发展，秩序受到破坏。在湖南省内工程机械企业各有特点，也存在相互竞争关系，这就为其他地域缩小差距、弯道超车提供了机会。二是资本不足导致活力缺乏。2020~2022年，江苏省工程机械产业共新增企业2990家，然而湖南省工程机械产业共新增企业424家。2022年，湖南省工程机械产业现有存续企业的注册资本总额约21304亿元，江苏省工程机械产业现有存续企业的注册资本总额约39661亿元，可以看出江苏近三年工程机械产业的资本支撑力度与市场活跃度明显上升，在资本支持与市场活力上与经济大省江苏存在明显差距。三是国际形势导致需求侧萎缩。近年受新冠疫情影响，海外市场需求明显减少，加之汇率波动和债务风险等其他因素影响，行业将面临更加激烈的竞争。主观上，受中美贸易摩擦和疫情的影响，国外部件的货期相对延长，部分物料供货严重紧缺。同时反全球化愈演愈烈，给整个工程机械的零部件保供带来威胁，也影响工程机械行业的国际化。例如，三一重工严重依赖进口，需从美国12家企业采购软件以及物料198种共3.25亿元。

（四）亟须打破"包围圈"，提升对国际国内主要竞争对手的核心竞争力

1. 前有掣肘，与全球"顶流"差距拉大

从各项指标看，2022年，卡特彼勒公司销售额达到320亿美元；日本小松制作所销售额253.18亿美元，合并净销售额25392亿日元，比2021年同期（20147亿日元）增长26.0%，营业收入同比增长54.9%至3466亿日元，净利润同比增长49.1%至2319亿日元。两家行业头部企业公司的销售额同期远高过三一重工的160.48亿美元与中联重科的104.03亿美元。卡特彼勒、小松制作所和徐工机械的市占率分别为13.8%、10.9%和7.8%，进一步拉开了与三一重工、中联重科的差距。从产业升级上看，小松制作所开发KOMTRAX管理系统、AHS系统和Smart Construction系统，利用物联网与智能化技术，实现远程即时服务客户，自卸卡车与推土机、装载机的无人智能交互统一作业和智能施工辅助作业，2023年计划推出电动挖掘机产品。卡特彼勒在10年前

已开始进行数字化、电动化、无人驾驶工程机械研发与技术储备。从技术支持上看，日本小松制作所联手世界发动机技术龙头康明斯弥补发动机技术短板，同时通过与比塞洛斯公司合作，率先掌握当时最先进的液压技术，实现了对欧美技术的全面反超。卡特彼勒能提供28大类、300余种产品，产品线不仅包括各种重型设备，还包括发动机、发电机组、燃气轮机，甚至旗下服装品牌CAT也颇具市场竞争力。与全球顶流企业相比，湖南工程机械产业上下游产业链、价值链仍不够完整，无论在技术、产品竞争力，还是业务拓展上，都存在较大差距（见表1）。

表1　2022年全球工程机械制造商榜单TOP10

排名	排名变化	公司	总部所在地	销售收入（亿美元）	市场份额（%）
1	—	卡特彼勒	美国	320.69	13.8
2	—	小松制作所	日本	253.18	10.9
3	—	徐工机械	中国	181.01	7.8
4	—	三一重工	中国	160.48	6.9
5	+1	约翰迪尔	美国	113.68	4.9
6	+1	沃尔沃建筑设备	瑞典	107.21	4.6
7	-2	中联重科	中国	104.03	4.5
8	+1	科勃海尔	德国	94.66	4.1
9	-1	日立建机	日本	88.76	3.8
10	+1	山特维克	瑞典	72.72	3.1

资料来源：KHL前瞻产业研究院。

2.后有追兵，传统优势逐渐缩小

以主要竞争对手传统工业重镇徐州为例，2021年徐州全市工程机械产业规上产值达1618亿元，占全国的1/5。计划到2025年，打造成为产业规模达3000亿元、具有特色优势的世界级先进制造业集群。据《长沙市"十四五"先进制造业发展规划（2021—2025年）》，到2023年和2025年长沙工程机械产业产值规模分别要达3500亿元和5000亿元，但目前离这个目标有较大差距。从产品市场地位看，徐工机械、三一重工、中联重科三巨头差距较小，2022 年徐工机械的起重机械、移动式起重机、水平定向钻保持全球第一，13 类主机居国内行业第一；三一重工挖掘机国内市场连续 12 年蝉联销量冠军，大型挖掘机等 11 类主导产品国内市场份额第一；中联重科混凝土机械长臂架泵车、车载泵、搅拌站市场份额居行业第一，建筑起重机械销售规模稳居全球第一。从营收看，2017 年前，徐工机械营收规模在三巨头中小于三一重工和中联重科，但 2017 年开始反超中联重科，此后每年稳步增长。2022 年营收和净利首次超过三一重工，整体业绩跃居世界第三（见图 1）。

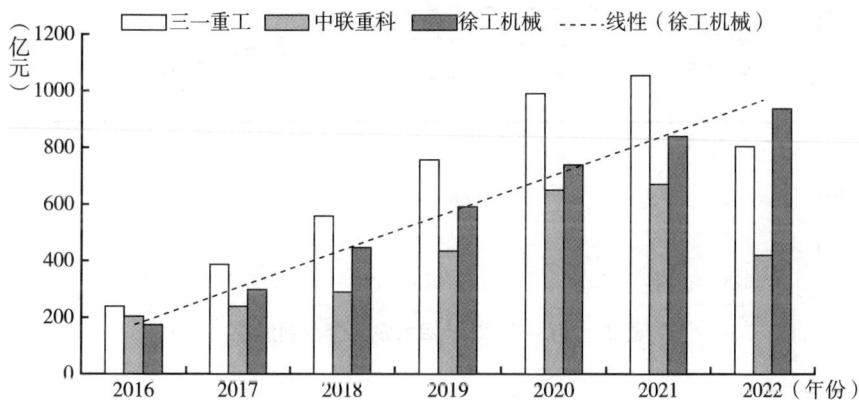

图1　徐工机械与湖南省龙头企业营收对比

（五）亟须跳出"周期律"，补足行业发展自身限制短板

2004 年以来，工程机械经历了两次高峰期，2022 年开始进入下行阶段。2004～2011 年，在四万亿元投资+环保政策驱动下，行业发展呈上升趋势；2012～2015 年，经济增速放缓，外加上一轮增长周期透支，行业发展低迷；2016～2022 年，我国工程机械行业一直处在调整上升通道。行业普遍认为五年左右为一个小周期，十年左右一个大周期，2022 年行业迎来正增长期。而从 2021 年达到顶峰以来，由于下游投资低迷，行业下行并筑底。近年，湖南工程机械整体上实现了一定幅度增长，但 2022 年以来增长幅度逐月收

窄的趋势非常明显。由于湖南省部分产品形式陈旧，产品分布仍然集中在挖掘机等老牌工程机械上，其他领域涉足较少，而受基础设施建设、固定投资等的“周期阴云”影响，与突破5000亿元产值“天花板”的预期间仍有差距。2018~2021年，三一重工、中联重科、山河智能、铁建重工四家龙头企业利润率一直保持平稳，2022年，四家企业利润率下降幅度较大（见图2）。

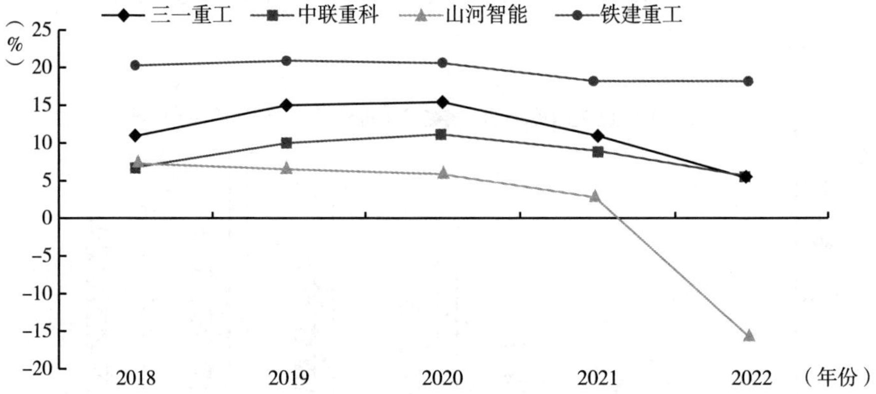

图2　2018~2022年四家龙头企业利润率

三　踔厉奋发，以工程机械产业高质量发展引领湖南现代产业体系建设的政策建议

顺应时代新趋势，跑出转型升级“加速度”，尤需打好“技术攻坚”“数字赋能”“主体培育”“生态建设”“多向开放”五大攻坚战，扭住传统产品转型升级、培育新兴及未来产业的“牛鼻子”，以工程机械的牵引效应带动引领全省的现代化产业体系建设。

（一）“创新谋未来”，集中优势兵力突破关键前沿技术

1. “快马加鞭”，推动国家制造业创新中心创建

一是强化高位推动。将创建工程机械国家制造业创新中心作为一把手工

程，由湖南省委、省政府主要领导亲自部署，联合向工信部进行汇报对接，争取国家创建支持。二是优化组织方式。升级工程机械国家制造业创新中心专班机制，形成常态化推进机制；定期组织国家级创新中心申报专题培训会，定期组织开展创新中心座谈会，邀请工信部及有关部委专家解读申报方案编制要点和注意事项，指导企业选择创建主攻方向和实现路径。三是完善申报机制。大力推进财政税收、科技市场建设、人才培养机制等配套政策改革，着力建立完善"协同配合、风险共担、成果共享"的创新中心运行机制，对标国家级创新中心创建要求，完善基础设施，优化股权结构，加快国家制造业创新中心创建步伐。

2. "革故鼎新"，加强关键核心技术研发创新

一是突破制度壁垒。开展重点领域"卡脖子"产品任务"揭榜挂帅"工作，着力解决影响工程机械核心零部件性能和稳定性的关键共性问题。建议设立工程机械产业领导小组，借鉴脱贫攻坚的组织领导与考核评估模式，强化各方力量推动。二是瞄准重点领域，开展以人为本的人机交互技术，机器人化的工程机器人技术，面向自动驾驶的工程车辆制造技术，一机多用和大型化、微型化发展技术，以及基于工业物联网的智能制造和基于区块链的企业生态建设等前瞻技术研究，突破纯电驱动、氢动力、轻质高强度材料等前沿技术，做好技术由跟跑到领跑的换位准备，提升整机和关键零部件的正向设计能力。三是打造坚实平台，积极争取国家实验室、国家重大科技基础设施在湘布局，指导支持龙头企业申报国家级工业设计研究院、研究中心等创新平台，带动整个产业和行业研发创新能力和制造水平提升。

3. "趁势而上"，巧借基建大市场复苏东风

一是紧抓政策利好，国家一系列加快项目审批等的稳投资政策加速落地、中俄东北亚合作的潜在机遇、共建"一带一路"带来的新的合作契机等，诸多利好政策极大提振了工程机械行业预期回暖的信心。二是充分发挥产品优势，主动适应地下施工机械，适应川藏铁路、海底隧道等极端复杂重大基建工程对掘进机的特殊要求，突破围岩超前地质预报、岩渣检测分析、

自动喷混、机器人防撞及轨迹规划等前沿技术。进一步拓展掘进机械产品型谱，研制超大直径、超风险地质、多模式掘进机等重大新产品。

4."服务领航"，大力向"产品+服务"转变

一是积极发展服务型制造，以推广应用工业互联网平台为切入点，发展远程运维、个性化设计、网络化协同制造、全生命周期管理等服务。支持龙头企业整合资源，优化配置，形成掌握核心技术的解决方案供应能力，由提供设备向提供工程机械成套设备解决方案转变。二是加大金融服务力度，依托工程机械服务市场，孵化大量前沿性"独角兽"企业。支持龙头企业与金融机构合作开展供应链金融，以应收账款、票据等为依据，为配套中小企业提供融资服务。三是注重生产性服务业发展，大力推进工业电子商务、工业设计、技术推广、会计审计、咨询评估、检测认证、知识产权、信用中介、人力资源、广告、法律事务等生产性服务业发展。

（二）"数字赢天下"，"换道超车"为湖南省工程机械产业注入"源动力"

1.加快"数字化"，与时俱进更新赛道领域

加强数字赋能，一是加快数字化转型，对标世界一流企业，通过全价值链数字化运营、智能排产、工业 AI、数字孪生、全流程智能物流、工业互联网大数据平台等多维度结合，建立面向全流程、全方位、全生命周期的智能制造模式。二是建设全省统一工业互联网生态平台，加大产业集群的数字化改造、网络化协同、智能化升级，建议重点支持三一重工的树根互联项目和中联重科的 ZValley OS 项目，推进工业互联网技术创新中心以及国家工业互联网域名标识解析二级节点建设，整体提升产业数字化水平。三是加强数字化智能化场景应用建设，推进湖南省工程机械的"灯塔工程"，对架构、场景、模式、标准等进行全面总结和提炼，形成可对外复制的标准范式，实现快速推广，在智能交通、智慧能源、智能制造方面打造领先的数字化应用场景。四是布局建设新型基础设施。加强新一代通信基础设施建设。高水平建设 5G 和固网"双千兆"宽带网络，完成 15 万

个 5G 基站建设、6 万个 5G 站址改造和新建工程，推动用户体验和垂直应用场景形成规模效应。

2. 全面"电动化"，为产品注入电力"活水"

一是实行规划引领，在新一轮产业变革的背景下，工程机械产品的节能减排形势尤为严峻。为此要加快制定湖南省工程机械及公共领域车辆电动化行动计划，推进工程机械电动化，到 2025 年工程机械电动化渗透率要达到 30%。二是以智能网联赋能工程机械，基于单机集成化操作与智能控制技术提升产品的操作性能和安全性能；基于智能监控检测及远程故障诊断与维护技术，降低故障率并延长产品的生命周期；基于网络的机群集成控制与智能化管理技术实行大型作业场所的无人化运营。三是大力发展电动化产品，重点发展电动搅拌车、纯电动起重机、混合动力搅拌布料泵车、电动曲臂式高空作业平台、电动自卸车、电动正面吊、混合动力钻爆法隧道施工装备等产品。四是"跃进"电动化高端市场，利用湖南省在三电系统领域积攒的领先优势，借助电动化进程的弯道进行超车，推出高端的电动化工程机械产品，推出高稳定性、高安全性、高操作性的产品走向世界高端市场。

3. 促进"绿色化"，加强产品清洁化力度

一是走集约化、一体化、智能化以及绿色发展和清洁低碳路线。强化企业转型升级项目的谋划储备和统筹布局，集合资源生产等要素科学分布，减少布局分散造成的长距离运输等非必要损耗，加速节能增效等创新技术和工艺的商业化。积极助推三一重工、中联重科等企业向新能源储能材料转型，提高企业绿色发展程度。二是加快绿色生产步伐，提高资源使用效率，降低制造业单位能耗和污染排放，不断健全数字技术全周期管理模式，为建设涵盖绿色设计、绿色生产、绿色工厂的全绿色制造供应体系提供技术支撑。三是加大新能源工程机械推广应用力度。完善新能源工程机械推广应用体系，加大生产、购买及使用环节的政策扶持力度，建立促进新能源工程机械发展的长效机制。强化生产监管，建立健全新能源工程机械分类注册登记、交通管理、税收保险、车辆维修、二手设备管理等政策体系。

4. 加速"多元化",跨领域发展,努力延伸产业链

一是发展风电装备。加快海上 10MW 级风力发电机组整机、高风速智能大功率机型及低风速风力发电机组整机研制和产业化。推进大尺寸风电叶片复合材料、3MW 以上主轴轴承、预埋螺套、超长叶片与段式叶片、先进风电增速机、液压变桨与液压偏航系统、复合塔筒、钢塔、桁架式高塔及超高塔筒、风电机组配套设备等零部件研制和产业化。二是发展自然灾害防治技术装备。重点发展履带式多功能救援机、抗洪抢险救援车、多功能除雪车、下水道疏通清洗车、负压救护车、清障车、森林灭火车、便携式大流量排水泵等。三是发展城市公共及安全装备。重点发展警用反恐装备、消防技术装备、抢险救援装备、公共应急装备、特种照明装备等。

(三)"增强生力军",培养培育韧性十足的产业主体"排头兵"

1. 提升"战斗力",锻造兵强马壮的产业"王牌军"

一是壮大领航企业。以三一重工、中联重科为依托,实施创新型领航企业培育工程,重点培育一批具有较强国际竞争力、品牌影响力、全球布局力,占领价值链制高点的领航型行业龙头企业。二是培育"专精特新"高成长企业。集中力量培育一批发展潜力大、成长进步快、在行业内具有明显规模优势或技术领先地位的高成长型工程机械中小企业。建立"专精特新"中小微企业梯度培育体系,鼓励中小企业在研发设计、生产制造、经营管理、市场开拓等价值链环节持续改进,加快向"专精特新"方向转型发展。三是实施单项冠军企业培育提升行动,打造一批专注电动化、智能化工程机械等细分领域、占据市场领先地位的"小巨人"企业和制造业单项冠军、隐形冠军。

2. 打造"新格局",优化产业布局实现错位竞争

一是空间上差异化布局。继续优化以长沙为核心,辐射周边的工程机械主配协同的产业发展布局。努力形成"一核三极多点发展"的空间战略部署,增强长沙核心引领区功能,积极优化发展湘潭、娄底、常德三个发展极,培育株洲、衡阳、邵阳、岳阳、益阳、郴州多个产业增长点。二是要确

保分工合理。重点支持长沙经开区、长沙高新区、宁乡高新区等,打造具有国际竞争力的工程机械产业主导园区,重点布局工程机械主机研发、制造、服务一体化产业。发挥宁乡经开区、浏阳经开区、望城经开区等国家级绿色园区,株洲高新区等省级绿色园区的示范作用,依托国家级绿色工厂、绿色设计产品、绿色供应链管理示范企业,推进园区绿色转型。

3. 做好"加能站",以"五好园区"建设释放产业活力

一要坚持特色鲜明。突出国家级园区的示范引领作用,坚持以创新引领为核心,突出发展高附加值的工程机械产业,前瞻布局未来产业,积极做好产业配套服务,向"大而强"、主导产业鲜明方向发展。二要抓好重点工程。抓好中联智慧产业城、三一智联重卡及发动机、三一科技城、铁建重工超级地下工程装备及关键核心零部件智能制造基地、山河智能第三产业园等重大项目建设。深化"三生融合",加快"三态协同",紧抓"八项重点"工作中的市场主体倍增工程、产业发展"万千百"工程、新增规模以上工业企业行动,为工程机械产业发展提供有力的载体支撑。

(四)"抱团打天下",加快构建产业高质量发展生态体系

1. 建设合作共赢的竞合生态,画好产业发展"同心圆"

建立集群内企业联盟,鼓励三一重工、中联重科等链主企业对上下游企业开放资源,与中小企业建立稳定合作关系,构建创新协同、产能共享、供应链互通的新型产业发展生态。通过兼并收购的方式与相关企业优势互补、交叉持股或强强联合,通过资本运作实现快速扩张和规模增长。

2. 完善行业服务模式,塑造产业发展"凝聚力"

一是充分发挥组织力量。以长沙市工程机械行业协会为主体,加强各促进组织的协同合作,成立湖南省工程机械产业联盟。充分发挥集群促进组织和产业联盟等社会组织的作用,推广先进管理模式,加强行业自律,防止无序和恶性竞争。二是加大组织培育力度。大力培育支撑产业高质量发展的非营利性公共服务机构,支持各市建设集群促进组织,支持促进组织围绕产业链开展行业服务活动。三是探索新型服务模式。鼓励促进组织、产业联盟以

市场化运营方式更好地服务行业和企业。鼓励促进组织与本产业集群制造业创新中心高度融合运营，推动集群管理和技术创新，实现新技术、新产品的应用落地和促进组织的可持续发展。研究制定和推广《工程机械零部件再制造技术标准》《非核心的共性零部件管理办法》《二手工程机械设备质量检验标准》《二手工程机械设备价值评估标准》等工程机械配套产业团体标准，以共性易损件和共性技术、工艺标准化为切入口，建立区域特色的标准体系并逐步向行业推广。

3. 搭建产业协同载体，当好集群建设的"织网者"

一要加强资源整合，针对"主机强、配套弱"的问题，要整合六大主机企业进行合作，稳固推广"七维""三级"评价体系，推动工程机械配套由"专属"供应链向"共享"供应链转变。继续维护集群供应商评价委员会，由主机企业代表直接参与供应商评价工作，为集群构建优质配套供应商的"蓄水池"。探索区域创新资源共享共用合作协同机制，积极引进国际创新资源，提升资源要素对集群集聚集约发展的支撑能级。二要提升供应链水平。探索企业核心共性零部件、原材料及共性技术的资源共享，引进和培育一批高水平工程机械零部件配套企业，鼓励企业间加强合作，形成合理配套半径。办好工程机械产业链供需对接大会、主配协同供应链管理升级、路演、工程机械产业集群供应商训练营等活动，进一步提升主配协同和供应链水平。三要加强协同要素保障。在扩大人才培养引进、优化金融资本支持、推动科技成果转化以及加强信息流通共享等方面聚焦实力，搭建一批协同载体，形成要素支撑合力。

（五）"开放抢先机"，加快探索新发展格局下"走出去"新路子

1. 对标全球，通过重大开放平台将产品"推出去"

瞄准重点地域重点领域进行攻坚。做好数字化全球销售和服务的谋划布局，积极拓展海外市场份额，以共建"一带一路"国家和地区为重点，发挥中非经贸博览会、湖南自贸区、RCEP 等平台优势，强化重要资源、技术、产品、服务多元化供应和国际产能合作，构建亚太供应链共同体，更好

融入全球产业链供应链。重点围绕获客管理、客户画像、销售预测与漏斗管理、客户交互、合同管理、订单交付管理、营销大数据分析、智能服务等方面展开。

2. 放眼世界，积极扩大海外"朋友圈"

大力支持龙头企业开展跨地区战略合作，加强第三方市场合作，加大对海外优质企业的兼并重组，推动境外投资向研产销全链条拓展，鼓励领航企业积极在全球布局研发设计中心，支持企业在全球投资布局供应链管理中心。引导中小企业抱团出海。加大对企业"走出去"的政策支持力度，制定鼓励和引导跨境并购的扶持政策，引导企业利用多边、双边投资贸易协定和财政担保措施，增强获取全球资源的能力。鼓励企业在科技资源密集的国家和地区设立海外研发中心，加快融入国际创新格局。

3. 擦亮名片，提升产业海外品牌"新形象"

持续办好长沙国际工程机械展，鼓励积极建设工程机械中外合作园区，吸引更多具备全球高端要素、高端制造能力的企业，支撑促进企业发展。大力办好"湘交会""港恰周"面向粤港澳、长三角等重点地区重点行业的活动，举办国际工程机械零部件展，拓展国内外信息化交流合作渠道。龙头企业加大技术、产品、应用、服务的海外推广力度，带动全省工程机械产业相关产品及服务走向全球市场。紧抓海南自贸港建设的有利时机，利用海南自贸港在工程机械关税、土地或厂房价格、产业基金、人才培训与引进、外币汇入等方面的便利条件，尝试共建"飞地园区"，大力打开工程机械销路市场。加速拓展国际市场，扩大本地化制造，"叫板"海外龙头企业，收购外国高端品牌，带动湖南工程机械跃升至价值链更高端。

B.3
湖南先进轨道交通装备产业扩能升级的
对策建议

湖南省社会科学院（湖南省人民政府发展研究中心）调研组*

摘　要： 湖南省先进轨道交通装备产业发展在产业集聚、行业地位、产品谱系、创新能力等方面优势较为明显，但也面临以下突出问题：市场需求逐渐放缓，竞争压力不断增大；产业结构不够优化，产业园区建设相对滞后；创新人才较为短缺，关键技术亟须攻克；产业附加值偏低，价值链仍待延伸。建议进一步打造具有国际竞争力的轨道交通产业聚集区，拓展轨道交通装备产业发展空间，聚焦"卡脖子""掉链子"技术攻坚克难，推进轨道交通装备产品、生产和服务数字化智能化转型升级，构建现代服务业和先进轨道交通装备产业相互支撑、融合发展的产业生态。

关键词： 先进轨道交通装备产业　产业政策　湖南

先进轨道交通装备产业是湖南省倾力打造的三大世界级产业集群之一，也是湖南省打造国家重要先进制造业高地的重要抓手。湖南省委书记沈晓明在全省"走基层、找问题、想办法"活动第一次调研情况交流会上强调，要"全力支持存量经营主体通过扩能升级，来提高产业竞争力、提高对地

---

* 调研组组长：钟君，湖南省社会科学院（湖南省人民政府发展研究中心）党组书记、院长（主任），研究员。调研组副组长：侯喜保，湖南省社会科学院（湖南省人民政府发展研究中心）党组成员、副院长（副主任）。调研组成员：许安明，湖南省社会科学院（湖南省人民政府发展研究中心）经济研究所研究室主任，助理研究员。

区经济的贡献"。调研组赴有关职能部门和园区，以及中车株机、中车株洲所等相关企业深入调研，旨在厘清湖南省先进轨道交通装备产业的发展现状和制约瓶颈基础上，提出下一步扩能升级的建议。

一 湖南省先进轨道交通装备产业发展优势

先进轨道交通装备产业是湖南省标志性产业。经过多年发展，湖南省先进轨道交通装备产业规模不断壮大，品牌竞争力不断增强，在市场、科技创新等方面取得了一定的综合优势。

（一）集聚优势日益明显

湖南省已汇聚中车株机、中车株洲所、中车株洲电机、中车株洲控股、联诚集团、九方装备等400多家骨干企业及配套企业。其中，规模以上企业116家，上市或挂牌企业59家，包括6家中国中车一级子公司，以及南方规模最大的货运列车生产企业，形成了整机制造、核心部件、关键零部件协调发展的产业链条，打造了全球最大、中国首个突破千亿元产值的轨道交通装备产业集群。湖南省轨道交通装备产业本地配套率超过80%，产业聚集度全球第一。2021年，湖南省轨道交通装备获批国家先进制造业集群，成功入选"世界级先进制造业集群培育池"。2022年，集群产值达1318亿元，占全国行业整体比重超过三成，远高于以青岛四方为主的山东和以长客股份为主的吉林，位居全国第一。

（二）行业地位引领全球

湖南省先进轨道交通装备产业的多项指标位居世界第一，是国内最大的研发生产和出口基地，创造了我国第一台电力机车"韶山1型"和第一台高速动车组"中华之星"，被誉为"中国电力机车之都""中国动车组的发祥地"。国际轨道交通和装备制造产业博览会长期落户湖南。湖南生产的电力机车、动车组、城轨车辆等整机产品，轨道交通电传动系统、网络控制系统、牵引电机和牵引变压器等核心零部件的国内外市场占有率均居第 1 位，特别是牵引系统等核心零部件国内市场占有率达 70%。在外贸方面，湖南省轨道交通装备产品已出口 100 多个国家和地区，其中动车组出口份额占全国 50%，电力机车产品占全球市场份额的 27%，居世界首位。

（三）产品谱系不断拓展

湖南省已实现轨道交通装备产品全覆盖，涵盖复兴号高原双源动车组、世界最大功率的六轴电力机车、世界首台储能式电力牵引轻轨车辆、国内首列商业运营的中低速磁浮车辆、全球首列智轨列车等整车产品，拥有国产高铁"大脑"之称的网络控制系统、有高铁"心脏"之称的电传动系统、永磁牵引系统、时速 600 公里高速磁浮核心系统、城轨智慧及低碳机电系统集成、车辆智能诊断运维系统、机车自动驾驶系统及车辆通风冷却系统，形成了以电力机车、城轨车辆、动车组、铁路货车、中低速磁浮车辆、铁路工程机械等整机制造为主体，以核心部件、关键系统、运营维保系统等为重点的集约型现代产业体系，正逐步发展为全球轨道交通装备整机及配套产品谱系最全的制造中心。

（四）创新能力持续提升

湖南省轨道交通装备产业在创新平台和创新成果方面取得了长足发展。湖南省拥有各类创新载体 129 家，其中国家级创新载体 28 家，省级及以上创新载体 102 家，拥有轨道交通装备行业唯一的国家先进制造业创新中心，形成了由 3 位院士、200 多名教授级高级工程师组成的高技术专业人才研发团队。2022 年，集群研发投入达 81 亿元，核心企业平均研发投入强度达到 8.5%，主导制定国际、国家标准累计百余项，发明专利累计超过 8000 件。湖南省超高速列车、中低速磁浮等标志性创新成果领跑世界，攻克了无线无源传感器等"卡脖子"技术，并实现关键产品进口替代，研制了全球首列智能轨道快运列车、首列商用磁浮 2.0 版列车、时速 300 公里的动力集中动车组、时速 400 公里永磁牵引电机，以及时速 600 公里长定子直线电机等重大产品和高端装备。

二　湖南省先进轨道交通装备产业发展面临的突出问题

湖南省先进轨道交通装备产业竞争力和市场份额持续提升，取得了显著成绩。由于国际形势复杂多变，当前湖南省工业经济形势依然严峻，先进轨道交通装备产业在发展过程仍面临一些亟待解决的问题。

（一）市场需求逐渐放缓，竞争压力不断增大

一方面，国内市场需求趋缓。轨道交通行业的投资基本是以政府为主导的。由于国铁投资趋缓、国家严控地方债务风险、项目审批标准提高、PPP项目审批收紧、国内城市轨道交通建设审批转严等，国内机车和城轨地铁市场招标受到较大影响，部分市场招标项目延期或暂停，国内市场开拓受阻。国家铁路投产新线从2019年的8489公里变化至2022年的4100公里，2023年预计投产新线3000余公里。2022年，我国内地城轨交通新增里程增速同比下降3.26%。此外，2018年国务院办公厅印发《关于进一步加强城市轨道交通规划建设管理的意见》，提高了申报地铁城市的人口、公共预算收入、政府债务等12道"门槛"，不少地铁项目被叫停或者暂缓审批。另一方面，国际市场竞争日趋激烈。近年来，国际局势动荡多变，全球轨道交通行业变革持续深化，行业巨头正在深度整合，行业竞争格局持续变化。截至2023年6月，全球有30多个国家，以及包括中国中车、加拿大庞巴迪、德国西门子、美国通用、日本川崎重工等行业巨头在内的近270家企业参与轨道交通产业竞争，竞争态势不断加剧。据湖南省统计局数据，2022年全省116家规模以上轨道交通装备企业实现营收643.6亿元，同比增长仅2.7%，其中，整车业务实现营收277.4亿元，同比下降1.5%；零部件行业实现营收254.8亿元，同比增长3.3%。

（二）产业结构尚不优，产业园区相对滞后

当前，湖南省先进轨道交通装备产业结构还不优。从上市企业分布来

看，我国轨道交通行业前十企业有中国中铁、中国铁建、中国中车、比亚迪、上海电气、香港铁路有限公司、中国通号、隧道股份、国电南瑞、广深铁路。中国中铁、中国铁建、中国中车等行业龙头均将总部设在北京，湖南尚未有行业前十企业总部。从企业性质来看，湖南省先进轨道交通装备产业龙头企业均为国企，民企规模和数量相对偏少，难以有效激活社会资本。从供应链来看，湖南省先进轨道交通装备产业部分金属材料、石油化工原料、风电产品原材料依赖于进口，受国际形势影响较大，供应链安全与风险控制较脆弱。从产业园区数量来看，湖南轨道交通装备产业园区仅有 2 个，低于四川、山东，与江苏、安徽并列全国第 3，与行业地位不相符合。

（三）创新人才较为短缺，关键技术亟须攻克

在人才队伍方面。目前，湖南省高校以特定需求为导向的人才培育机制尚不成熟，现有教育培训体系难以适应产业发展需求，特别是轨道交通产业对新学科、新型人才的需求。轨道交通装备领域的高级职称技术人员和管理人才占比偏低。与此同时，株洲相对于沿海发达城市和省会城市，在教育、医疗、生活服务等方面差距较大，人才"引不进、留不住"现象较为突出。在科技创新方面。开创性、源头性、支撑型技术和具备重大价值的综合型技术创新，仍是湖南省轨道交通装备技术创新发展的突出短板。如新能源机车、可变轨距转向架等开创性成果暂未涌现，基础零部件、关键基础材料、先进基础工业等仍存在薄弱环节，高性能 SoC 芯片、轴承等大部分仍需进口，直流断路器等重要部件仍然被国外垄断，工业软件、国际标准、国家标准等软能力尚在构建，适应中高速检测试验认证条件的轨道交通检测试验环线等重大科技基础设施布局还有缺失。

（四）产业附加值偏低，价值链有待延伸

虽然湖南省轨道交通装备产业不断向中高端升级，但产业附加值整体偏低。比如，在轨道交通产业较为集中的株洲市石峰区有轨道交通装备制造业

领域规上企业 63 家，其中属于机械加工与锻造配套企业 39 家，占比达 61.9%，同质化竞争严重，整体处于价值链低端。而涉及轨道交通高附加值方向的工业设计、检测检验、现代物流等生产性服务业企业严重短缺，再制造体系、海外服务体系等仍不健全，咨询认证、智能运维、运营维保后市场等"轨下""路外"业务板块小而散，尚未形成体系和规模，亟须向价值链两端拓展。

三　加快推动湖南省轨道交通装备产业扩能升级的建议

湖南省先进轨道交通装备产业正处于打造世界级产业集群的关键时期，需要进一步推进轨道交通装备产业集群发展，扩大市场需求，推动关键技术突破，推进产业基础高级化、产业链现代化，延伸产业链条，促进产业转型升级，促进先进轨道交通装备产业高质量发展。

（一）加强产业集群培育，筑牢产业发展根基

加快资源聚集，加大扶持力度，创新招商模式，打造具有国际竞争力的轨道交通产业聚集区。一是支持先进轨道交通装备产业集群建设在碳排放核算、工业用地保护红线等方面开展先行先试。二是强化"资金+基金"政策协同，成立轨道交通装备产业发展基金，精准设计支持产业发展体系，对新建项目、重大团队、境外并购、创新平台、创新创业等，给予全方位立体化支持。三是采取基金招商、链主招商、以商招商等多种招商方式，主动承接国际资本转移和长三角、珠三角地区产业转移，不断提升轨道交通产业规模。加强省市联动，探索开展"省级专班+市县专班+基金公司+金融机构+协会"组团招商模式。主动对接中车株机、中车株洲所等轨道交通产业链上龙头企业，整合产业链供应链资源，扩大产业"磁吸效应"，吸引链上企业来湘投资建厂。四是推动存量中大型企业"裂变"。推动中车株机、中车株洲所等龙头企业在湘建设新项目、注册子公司，推动技术和产品迭代创新、创新成果转移扩散。

（二）拓展国内外市场，以需求拉动产业发展

对接新发展格局，大力挖掘市场需求，拓展轨道交通装备产业发展空间。一方面，精准对接全球市场。支持轨道交通装备企业建设境外经贸合作园区，并购海外企业和生产线，在海外设立子公司，拓展海外市场。打好专项资金补助、银行贷款贴息、出口退税、进出口配额政策组合拳。用好湖南自贸区、中非经贸博览会、中国国际轨道交通和装备制造产业博览会等平台，培育一批大型外贸综合服务企业，引导支持制造企业在稳定欧美等传统市场的同时，积极开拓"一带一路"新市场。另一方面，充分挖掘国内市场。组织开展"湖南制造全国行"等活动，在"湘品出湘"工程中适当增加湖南轨道交通装备产品比重，精准对接省外市场。加快推进长株潭都市圈的十大轨道交通项目等重点项目建设，定期组织召开湖南省内重点项目、企业购销对接会，用好供应商大会、产业发展论坛等活动，帮助企业项目牵线搭桥。

（三）聚焦"卡脖子""掉链子"，提升核心竞争力

培育世界级产业集群的关键是增强科技创新能力，补齐产业链关键环节，提升产业发展水平和核心竞争力。一是强化一流科技基础设施、高能级创新平台在集群内的布局建设，加快推进轨道交通装备产业国家创新中心建设。二是"企业+联盟"协同创新，探索由中车和株机牵头、科研院所支撑、各创新主体相互协同的体系化、任务型创新联合体，攻克列车智能配电远程监控、高性能聚酰胺复合材料制备等一批关键共性技术，研发轮毂永磁直驱牵引电机、动力型超级电容器件及传感器、轨道交通直驱式永磁同步传动系统等一批关键零部件，开发重载列车、智能驾驶等一批新产品，逐步解决检测、运控、路网等关键配套件的薄弱问题。三是持续扩容升级科技创新"攻尖"计划，加大关键核心技术攻关力度，通过采取定向委托、"揭榜挂帅"、"竞争赛马"等方式，实施一批科技创新攻尖计划项目，力争突破"新一代轨道交通装备"自动驾驶、高效节能永磁电传动技术、下一代轨道牵引动力技术、轨

道交通增材制造技术与装备应用、高性能转向架、智慧轨道等一批关键核心技术。四是支持企业牵头承担国家重大科技攻关、湖南省科技重大专项、湖南省重大研究与开发计划等中央和湖南省科技计划，完善项目申报与遴选机制，鼓励集群整体申报重大科技专项、产业基础再造工程。

（四）推动智能化转型，以智能制造提高效益

坚定不移以"智能制造"为主攻方向，推动轨道交通装备产业与5G、人工智能、大数据、工业互联网、集成电路等新一代信息技术融合发展，推进湖南省轨道交通装备产品、生产和服务的数字化智能化转型升级，不断提高产业附加值，推动先进轨道交通装备产业从中低端迈向中高端。一是实施"数字领航"企业典型示范，破解"不会转"。按照《湖南省智能制造标杆示范行动实施方案》，对于获批省级智能化生产线、智能制造标杆车间、智能制造标杆企业的给予奖励，建议将"事后奖补"变为"事中投入"，减轻企业技改资金压力，对于开设学习基地、分享改造经验的额外进行奖励。同时，鼓励总结轨道交通装备企业数字化改造的成功做法和成效，为企业转型升级提供参考。二是设立技改基金，引导"不愿转"。引导企业家"算好效益账、算准长远账、算出求变欲"，灌输转型不是"选择题"而是"必修课"的理念。参照广东数字化转型做法，设立技改基金，省市区按照一定比例进行奖补，引导轨道交通装备企业进行技改投资。三是支持头部企业转型，引领"链条转"。参照格力电器通过业务系统连通，对上下游企业实现多主体、多核算体系的自动化核算，重点支持中车株机、中车株洲所等龙头企业带头实施数字化转型，进而带动全产业链转型升级。四是支持智慧管理，推动"全面转"。轨道交通装备产业的数字化转型不仅是将产业产线产品数字化生产，还要有相关配套的数字化管理体系。加大对数字化经营管理模式转型支持力度，帮助企业完成全面的数字化、信息化转型。

（五）构建生产性服务体系，延长轨道交通装备产业链

推动检测、物流等生产性服务业发展，构建现代服务业和先进轨道交通

装备产业相互支撑、融合发展的产业生态,推进轨道交通装备产业链向前后端的增值服务发展。一方面,推进轨道交通装备产业试验检测平台建设。国家发改委印发的《轨道交通装备关键技术产业化实施方案》强调,支持建设一批检验检测平台。依托国家先进轨道交通装备创新中心和株洲国联轨道交通产业服务中心,加快推进针对高铁关键系统及部件、城市轨道车辆及关键系统、轨道交通出口机车车辆等的国家级轨道交通装备检验检测认证平台的建设,建设国家级轨道交通装备质检中心,满足新产品、出口产品、新技术试验检测及认证需要。另一方面,推动现代物流业与轨道交通装备产业深度融合。与中远海运、中铁特货等企业在铁水联运枢纽场站建设、发展近洋直达集装箱航线等方面加强合作,打通中欧班列、中亚班列"双驱动"的国际铁路物流通道,发展多式联运,畅通货物进出口渠道,将株洲打造成现代服务业与先进轨道交通装备产业融合发展示范区。

B.4
加快打造世界一流中小航空
发动机产业集群

湖南省社会科学院（湖南省人民政府发展研究中心）调研组*

摘　要： 中小航空发动机产业是湖南省航空动力产业的核心，也是湖南省
打造国家先进制造业高地的重要领域。本文以湖南省株洲市中小
航空发动机产业为主要研究对象，通过对比分析、案例分析等，
发现目前该产业集群发展"天时、地利、人和"，但仍面临"规
模小、集聚低、转化少、留才难"等难题，集聚、集群效应亟
待进一步提升。湖南要加快打造世界一流的中小航空发动机产业
集群，需从以下五个方面着力：一是以开拓民用市场为牵引增规
模，做大蛋糕；二是以推动集聚发展为导向优配套，打造产业
"强磁场"；三是以强化基础研究为方向提技术，提升创新"驱
动器"效率；四是以军民融合发展为途径促转化，加快民用化
步伐；五是以优化人才服务为保障强支撑，筑高人才
"蓄水池"。

关键词： 中小航空发动机产业　产业集群　通用航空技术

---

* 调研组组长：钟君，湖南省社会科学院（湖南省人民政府发展研究中心）党组书记、院长
（主任），研究员。调研组副组长：侯喜保，湖南省社会科学院（湖南省人民政府发展研究中
心）党组成员、副院长（副主任）。调研组成员：李学文，湖南省社会科学院（湖南省人民
政府发展研究中心）经济预测部部长；王颖，湖南省社会科学院（湖南省人民政府发展研究
中心）经济预测部副部长；黄玮（执笔），湖南省社会科学院（湖南省人民政府发展研究中
心）经济预测部四级调研员。

中小航空发动机产业是湖南省航空动力产业的核心，也是湖南省打造国家先进制造业高地的重要领域。目前湖南省中小航空发动机产业集群发展"天时、地利、人和"，但仍面临"规模小、集聚低、转化少、留才难"等难题，产业集聚、集群效应亟待进一步提升。

一 湖南中小航空发动机产业集群发展有新进展

（一）产业集群发展基础更加坚实

一是全产业链发展格局初步形成。全省形成集中小型航空发动机研发制造及维修、通用航空飞行器制造、航空配套产业和航空衍生产业于一体的产业链，覆盖株洲、长沙、常德、郴州等地。2022年11月株洲中小航空发动机产业集群正式获批国家级先进制造业集群，芦淞航空小镇获评湖南特色产业小镇。

二是产业竞争优势明显。中小航空发动机产业集群规模和竞争能力居全国第一，中小航空发动机研制技术领先，牵头或参与制定了近1600项国家和行业标准，部分产品和技术弥补国内相关领域空白，具备了量产第三代和研制第四代中小型涡轴、涡桨航空发动机的工艺及制造技术能力。产品竞争力较强，国内市场占有率高。株洲产的中小航空发动机、轻型运动飞机国内市场占有率分别达到90%、80%，其中山河某型号运动飞机通过美国FAA适航认证，占国内同类产品市场份额75%以上。

三是创新发展基础扎实。从创新平台看，拥有一批产业链上下游的科研机构、实验室、技术中心和技术创新示范企业，仅株洲就有包括直升机传动技术国家重点实验室、尹泽勇院士专家工作站等100余家平台，长沙还拥有国家碳/碳复合材料工程技术研究中心等。从创新成果产出看，拥有较强的自主创新能力，2020~2022年，湖南省中小航空发动机产业企业中，约1/3拥有知识产权，且发明专利年度产出数量整体分布较为均匀。从科教资源看，拥有国防科技大学、中南大学等在航空航天产业领域具有较强实力的高校创新平台，有长沙航院、张家界航院、湖南航空技师学院三家航空航天技能型人才培养基地，可为产业集群提供有力的人才支撑。

四是政策环境持续优化。湖南省委、省政府高度重视航空产业发展，成立湖南省航空产业发展领导小组，"中小航空发动机及航空航天装备"纳入全省22条新兴优势产业链予以重点培育。省、市先后出台系列支持政策，如省级层面出台《关于支持通用航空产业发展的若干政策》，设立规模为10亿元的湖南航空航天产业基金；株洲市制定"产业招商28条"等政策，设立10亿元"千里马""梧桐树"科技成果转化基金等。

（二）产业集群发展前景更加广阔

一是中小航空发动机产业"坡长雪厚"，政策红利助力产业腾飞。发动机研发体制"飞发分离"改革到位，"两机"专项政策资金的大力支持，加速了国产航空发动机产业化进程。国家"扩大内需""建设交通强国"两大战略的实施，为国产航空发动机产业带来更充沛的市场机会和更广阔的增长空间。军机加速更新换代叠加国产化替代，军用航发市场极具增长潜力。全面备战能力建设下要求军事装备加速发展，百年未有之大变局下军用航空发动机需求将持续扩容，随着国产发动机更加成熟，国产化率将持续提升，国产军用中小航空发动机需求也将大幅攀升。实战训练耗损加剧，维保后市场空间巨大。空军实战化训练成为常态，军用航空发动机耗损加快，会释放规模更大的航空发动机更换和维保需求。从历史市场数据看，维保后市场与新机采购价值在航空发动机全寿命周期中的占比基本一致；军用航空发动机具有高耗损性质，叠加地面备件配置，因此航空发动机后市场服务将是一片蓝海。低空空域开放试点，民用航空市场空间广阔。目前，湖南、江西、安徽、四川、海南等省份，以及吉林长春、广东广州等城市放开了低空飞行区域，浙江等地也进入了开放倒计时，全国各地发展通航产业情绪高涨。但我国通航产业发展水平与美国相比，相差甚远（见表1）。同为新兴经济体的巴西和南非，通用飞机保有量也都超过1万架，是我国的2倍有余。"差距即进步空间"，相关机构预测未来15年国内通用航空发动机新增 2.3 万台；2030 年通用航空市场规模总和或将达到 1.4 万亿元左右。

表 1 中美通航产业发展部分数据对比

项目	中国	美国	中国/美国(%)
飞行员(万人)	8.06	72.06	11
通用航空器(万架)	0.46	20.59	2.2
各类降落场(个)	1019	19853	5.1
通用机场(个)	389	2904	13.4
通用航空年飞行(万小时)	117.8	2500	5

资料来源：中国航空运输协会通用航空协会。

二是开放合作广度不断拓展。产业合作平台发挥实效。湖南（国际）通用航空产业博览会、"三航"产业发展论坛等产业合作平台助推产业发展。两届湖南（国际）通用航空产业博览会均吸引了 300 多家相关企业参展，其中不乏航天科技、航天科工、航空工业等国内行业巨头，以及法国空客直升机、加拿大普惠、美国德事隆航空等国际行业巨头，共签署近 90 个合作项目，合同金额超 620 亿元。院企合作结出硕果。由中国航发湖南动力机械研究所牵头，联合山河科技与中国航发南方公司共同开展的国内首个基于燃气涡轮发动机的航空混合电推进系统演示验证项目在株洲圆满完成空中首飞，为未来新型动力研发和集成验证奠定基础。国际合作走深走实。与加拿大普惠、德国利勃海尔、美国霍尼韦尔等国际航空巨头的技术合作进一步深化，南方普惠、利勃海尔中航起、霍尼韦尔博云等中外合资公司先后在湖南落户。

二 湖南中小航空发动机产业发展仍面临四大问题

（一）规模小：潜力巨大的民用航空市场尚未打开

一是上游通航产业规模限制了中小航空发动机市场需求。2022 年湖南通航产业营收 510 亿元，但湖南省新能源、自主计算产业营收已超过 4000 亿元，大健康产业营收也迈过千亿元门槛。由于空域管制的影响，外省民用航空市场尚未实现快速扩张，民用中小航空发动机市场需求"井喷"还需时日。二是国外中小航空发动机产品在民用市场竞争力强。国外中小航空发动机产业起步早、发展时间长，民用产品凭借使用寿命长、工作稳定性强、燃油经济性高、舒适性好以及售价低的优势，在民用市场的开拓上抢占了先机，民用整机企业采用进口产品的占比较大。

（二）集聚低：核心技术和产业配套能力均有待提升

一是"卡脖子"风险并未完全消除。与美国等国家相比，我国中小航空发动机领域部分基础研究仍有差距，新原理、新概念发动机、基础材料、精密制造技术等依然在追赶世界顶尖水平。中小航空发动机所需的关键成附件、核心设备、关键材料和大型软件部分依赖国外技术，一些国产替代产品的经济性相对不高，加工精度和管理效率相对不足。核心零部件进口受限、先进合金制造与交付等供应链问题一定程度上仍然存在。二是产业上下游配套带动能力依然不足。通航整机制造企业的示范与牵引作用有限。飞机整机生产基地"国家队"未在湖南省布局，虽然有山河科技等民用航空整机生产商，但其对航空发动机产业的带动和引领作用不及国家队。核心零部件的本地配套率较低。湖南省普通加工配套能力有余，但精密加工配套能力不及江浙粤等地，因此本地配套的产品大多附加价值和技术要求偏低，附加价值高、技术要求高的部分材料和零部件需要从长三角、珠三角等地区采购。本地配套产业带动能力较弱。据前瞻产业研究院统计，在航空零部件产业链[①]的重点企业中，湖南企业的数量少于陕西、江苏、四川、北京、广东、安徽等省市。在航空装备上市企业中，湖南只有博云新材一家中等规模企业，在航空产业发展较好的省份中，数量和规模排名偏后（见图1）。

[①] 航空零部件产业链主要包括上游（非金属材料、金属材料、辅助材料、加工设备）、中游（机体零部件、发动机零部件、机械设备零部件、内饰装置）、下游（整机制造、航空发动机制造、航空维修）。

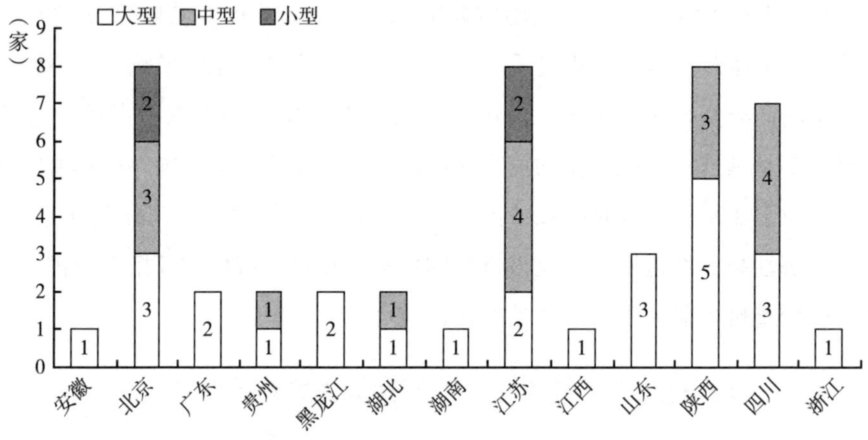

图1　按规模分航空装备上市企业地域分布情况

注：数据时点为2023年8月3日。

资料来源：Wind。

（三）转化少——创新协同发展效能低

军民用航空发动机及其衍生产品多元化均衡发展的态势有待完善。在政策鼓励下，"军转民、民参军"的比重有所上升，但受军工体制和保密制度约束，军工领域仍有很多有市场、有前景的技术和科研成果"在家睡大觉"，尚未转化成生产力，制约了市场化发展。

（四）留才难——引才留才难度大

一是人才招引存短板。株洲作为湖南省中小航空发动机产业发展的核心区域，地理位置和区位优势不明显。招聘网站信息显示，株洲地区相关岗位月薪大多在6000~10000元，明显低于上海、北京等地；西安、成都等地薪资领先优势不大，但省会城市教育、医疗等资源优势明显。因此，株洲等地级市要招引经历一定型号研制经验、具备独立承担科研工作的工程师尤其是顶尖人才，困难不小。二是留人难度大。一方面，江浙等地企业提供数倍于湖南省的薪酬来抢挖人才；另一方面，工作强度太大、需照顾家庭、子女教育和医疗条件欠佳等是员工离职的主要原因，部分单位新入职人员和离职人员数量相当。

三 湖南加快打造世界一流中小航空发动机产业集群的对策建议

（一）以开拓民用市场为牵引增规模，做大市场蛋糕

一是积极谋求央地合作。积极对接中航工业、中国航发、中国商飞，争取在湘布局更多好项目；加大与国家大型军工集团沟通衔接的力度，争取参与并承担更多的国家重大军工项目任务，获得更多的资金支持。

二是积极招引整机研制及配套企业，打通产业全链条。在湖南研制生产的中小航空发动机基础上，通过奖励补助、贷款贴息、股权投入等多种形式的资金扶持和税收减免、房租补贴、人才基金、创业基金、上市挂牌奖励等多层次的优惠政策，加大对飞机整机研发制造企业，以及航空发动机钛合金叶片制造、高温合金叶片精密铸造等高附加值配套企业的招商引进力度。

三是持续扩大通航示范效应。加快全省通航基础设施网络建设，大力发展"城市通航"，拓展"通航+"物流、旅游等应用场景，从"通航+"医疗、应急救援等公共服务破局，探索更多能飞起来、用起来的新场景。

（二）以推动集聚发展为导向优配套，打造产业"强磁场"

一是加强规划引领，发挥好"导航仪"作用。扩展产业集群区域范围。利用长株潭区位优势，积极引进无人机、直升机、电动垂直起降飞行器（eVTOL）整机制造和试飞试验等企业，聚力发展通航整机制造产业。强化政策支持。完善产业链专属政策组合包，支持鼓励航空动力龙头企业提高本地化采购比例。结合园区特色和通用机场建设开展产业集群招商，重大项目择优分批列入省重大项目清单，并给予优先支持。

二是培育龙头企业，发挥好"头雁引领"作用。招大引强，撑起产业

发展"脊梁"。以航空发动机为中心，围绕无人机、通用飞机、电动垂直起降飞行器（eVTOL）等机型，对标上海、陕西、江西等省市，制定更明晰的招商引资"优惠政策清单"并落实到位，大力吸引产业链上下游优质企业落户。培大育强，强健产业发展"脉络"。支持和引导本土加工制造、原材料、硬质刀具、工装模具等企业积极参与配套及研发工作。完善"阶梯制"培育制度，结合企业和项目实际精准施策、优先支持、组合扶持，培育配套领域的专精特新"小巨人"企业、制造业"单项冠军"企业。

（三）以强化基础研究为方向提技术，提升创新"驱动器"效率

一是支持核心技术和产品攻关。围绕航空发动机全产业链，以突破核心基础零部件（元器件）、关键基础材料、先进基础工艺、产业技术基础为目标，征集产品需求、遴选优质项目，面向全球"揭榜挂帅"，对承担并完成核心技术突破任务的单位（或联合体）给予资助。用好湖南省航空产业发展基金等各类专项资金，支持航空动力龙头企业牵头，联合整机制造等企业共同研发新型飞机、航空混合动力和电动动力技术，抢占低碳航空动力先机。

二是优化升级创新载体。以航空发动机冰风洞装置建设为契机，搭建产业链研发公共平台，为企业提供技术创新、测试检验、设备共享等多种质优价廉的普惠性服务。推动企业与高校、研究所联合建立前沿技术创新实验室，为拔尖创新人才提供成果转化平台。

（四）以优化人才服务为保障强支撑，筑高人才"蓄水池"

一是"筑巢引凤"与"固巢留凤"并重，打造"近悦远来"聚集地。编制"引才图谱""应用场景清单"，探索"园区+高校"联合引才模式，组建航空航天人才创新创业联盟，精准吸引"高精尖缺"人才集聚；打好"情感牌、事业牌、待遇牌"，留住以中国航发湖南动力机械研究所、国防科技大学等院校、中国航发南方工业有限公司等企业为首的技术领先团队及高端研发人才，壮大中坚力量；出台专项政策，畅通航空领域退役军人资质和能力认定渠道，吸引退役军人回湘、留湘就业创业，补充有生力量。

二是建立多层次人才培养的长效体系，构建人才"加油站"。支持省内高等院校与中航工业、中国航发、中国商飞和其他龙头企业加强产学研合作，强化专业人才培养；发挥湖南省航空职业教育的优势，优化课程设计，构建航空技能人才培养与产教融合发展的新范式，培养更多"能工巧匠"。

三是优化软硬件环境，筑就八方英才良栖地。完善产业园区生活配套建设，补齐教育、医疗等短板，加快建成"生产、生活、生态"为一体的航空新园区，为人才打造安居乐业之所。

B.5
扛牢自主安全大旗　打造世界一流信创产业集群

B.5

扛牢自主安全大旗　打造世界一流信创产业集群

B.5

扛牢自主安全大旗　打造世界一流信创产业集群

湖南省社会科学院（湖南省人民政府发展研究中心）
湖南省集成电路产业联盟　　　　　　　　　　联合调研组*

摘　要： 湖南是我国构建自主可控安全计算系统生态的核心地区。针对湖南省自主可控计算机产业面临的市场天花板低、市场扩张成本高、人才缺乏等问题，建议一是将信创产业纳入湖南省现代化产业体系中重点谋划；二是坚持"两芯一生态"技术路线探索推广实施路径；三是构建全国一流的自主计算产业协同研发合作平台体系；四是率先建立政府与市场相结合的推广体系抢占发展先机；五是打造面向全球的教用一体、引育结合的信创人才高地。

关键词： 自主可控计算机系统　信创产业　产业集群

　　习近平总书记强调，要打造自主可控、安全可靠、竞争力强的现代化产业体系。2022年，工信部发布了45个国家先进制造集群的名单，其中自主安全计算产业集群仅有一个入选，即在长沙，标志着湖南正成为我国构建自

* 调研组组长：钟君，湖南省社会科学院（湖南省人民政府发展研究中心）党组书记、院长（主任），研究员。调研组副组长：侯喜保，湖南省社会科学院（湖南省人民政府发展研究中心）党组成员、副院长（副主任）。调研组成员：左宏，湖南省社会科学院（湖南省人民政府发展研究中心）产业部部长、一级调研员；李银霞，湖南省社会科学院（湖南省人民政府发展研究中心）产业经济研究部二级调研员；郭昱，湖南省集成电路产业联盟副秘书长。

主可控安全计算系统生态的核心地区，肩负着国产替代的重大使命。由此，湖南打造世界一流的信创产业集群其势已成、势在必行。

一　湖南信创产业肩负着国家信息安全重任

近年来，欧美等国家通过对中国计算机核心零部件及软硬件的出口限制，打压中国计算机和信息产业发展。在此形势下，大力发展自主安全可控计算机成为中国守护国家产业和信息战略安全、构建更稳健的双循环格局的重中之重。

（一）全国最完整的自主计算产业链条奠定了湖南信创产业的"体量"规模

2022 年，湖南国家新一代自主安全计算系统产业集群约 1700 亿元，产业规模全国占比为 35.2%，长沙是目前全国少数能够实现计算机整机、零部件及其核心芯片国产自主设计生产的城市。一是拥有一批全国一流的先进计算企业。长沙拥有 1400 多家自主计算骨干企业，拥有景嘉微等本地上市公司 17 家，华宽通等挂牌企业 39 家。二是微处理器行业在国内居于主导地位。飞腾 CPU、景嘉微 GPU、SSD 固态硬盘全国市场排名第一，国产市场占比分别达到 80%、90% 和 65%。以长城银河为代表的 DSP 产品打破国外长期垄断，国产占比突破 50% 以上。三是信创整机及终端产品全国排名第一。湖南聚集了湘江鲲鹏等六大信创整机和服务器企业，终端产品国内市场排名第一。配套链条上企业中，显示部件全球占比 35%；智能外设全球占比 30%；金融打印设备、智能计量终端全国销量第一。

（二）全球领先的自主计算研发资源形成了湖南信创产业的"核心"优势

湖南是中国超级计算机的诞生地，是全国唯一实现国产自主核心芯片全类型设计的省份，拥有国防科大等国内最强实力的自主可控计算机研发团队。拥有高性能计算、高性能复杂制造国家重点实验室、国产基础软件工程研究中心等国家级技术创新载体 32 个，国家发展试验区、院士工作站等其他载体总计 90 余个。2022 年，湖南先进技术研究院落户长沙，新建国家第三代半导体创新中心、中南国家技术转移中心、人工智能创新中心、湘江实验室、芙蓉实验室等创新平台，信创产业研发基础进一步增强。

（三）全球领先的超算技术和5G网络筑牢了湖南信创产业的"算力"基础

随着人工智能的发展，算力越来越成为数字经济的基础。2022 年湖南省重点建设项目国家超级计算长沙中心"天河"新一代超级计算机系统启动运行，双精度浮点峰值计算性能达每秒 20 亿亿次，为湖南计算产业和数字经济人工智能产业发展增添了底气。目前，全省累计建成 5G 基站 8.5 万个，居全国第 8、中部第 2；建成数据中心 48 个、标准机架 15.9 万架，总算力排名全国前 4。同时，长沙国家级互联网骨干直联点建成，湖南成为全国通信网络核心交换枢纽，省内网间流量疏导达到全国最优水平，跨省网络性能跻身国内第一梯队。

（四）全国先行先试的"政企协作"模式促进了湖南信创产业"生态"构建

湖南省"政企协作"模式为国产电脑适配创造空间。首先，选定国际通行的"Arm + Linux"技术路线替代"WINTEL"体系，聚焦"两芯一生态"整合资源。其次，政府组织开展供需对接，推动集群跨界融合，签署战略协议，让国产系统服务 100 余家省内实体企业。此外，湖南省与工信部签署部省级战略合作协议，向全国推广"两芯一生态"技术路线，做大市场。在这一模式推动下，信创产业生态加速形成：上下游企业深度合作，信创整机年度销售达 350 万台，本土供应率超 90%，国产操作系统市场占比超 75%，麒麟信安云平台等中间件基础软件产品综合占比 60%，长沙奇安信杀毒软件、拓维信息基于鸿蒙的工业软件等在长沙聚集发展。

二　湖南信创产业发展还面临五大瓶颈

信创产业的发展不是单纯的技术和产品的问题，而是整个安全战略和产业生态的问题，目前在关键核心技术、生态、市场、要素聚集等方面取得了一定的成绩，但是真正实现国产替代还有较远的路要走。

（一）产业发展缺少规范和标准，可用行业市场规模不足

由于自主计算产业在全国尚无统一的标准，北京、天津、深圳、上海、山东省、湖北省、广东省均在发展各自信创体系，全国市场被割裂，从而进一步压缩湖南省自主计算企业空间。根据飞腾的数据，2022年信创三期工程总台账在湖南共推广自主可控计算机2.2万台，其中飞腾中标1.9万台，市场占比已高达85.3%，但是企业在政府补贴的情况下，依然生存在亏损边缘。按照国际芯片领域相关企业发展轨迹，遵循强者恒强、赢家通吃的规律，每一个芯片细分领域的企业数量一般不超过3家，如CPU全球仅有Intel和AMD两家独大。在市场被割裂的情况下，湖南省基础硬件等产业规模做大的难度很大。

（二）产品更新迭代速度慢，市场化推广步履维艰

海比研究院数据显示，信创用户受两种驱动力进行产品采购，其中行政驱动型占比6.7%，价值驱动型占比93.3%。信创产品不仅要"能用"更要"好用"。研究表明，除了党政机关以外，制造业是全国信创用户最集中的行业，民营企业是最大的信创用户群体，全国信创用户主力群体为0.2亿~1亿元营收的企业，占比41.6%，而湖南预估企业占比还不足20%，存在较大差距。自主计算产业目前技术水平主要处于国产替代自主创新阶段，湖南省生产的CPU的技术水平相较国际先进水平还有5年以上差距，在核心IP、EDA设计工具、FPGA仿真验证系统领域有较大的差距，高端市场几乎被国外企业垄断，导致产品市场竞争力不足，在较长时间内还是主要依靠国家政策和资本市场投入米支撑。

（三）"卡脖子"与"缺生态"并存，全面破局尚待时日

一方面，高端芯片流片受限和设计软件"卡脖子"状况没有改善。当前美国已将长沙多家企业、机构列入实体清单，导致采购相关研发设备和开发工具受阻，如 2022 年湖南大学采购研发设备的交货期从 6 个月延长到 14 个月；景嘉微自 2021 年 12 月被列入实体清单后无法采购到 EDA 工具软件和 IP；飞腾也因服务器芯片在台积电流片，导致其服务器端 S2500 缺货。另一方面，一些厂商不愿围绕自主生态系统开发应用。国外操作系统形成垄断最重要的原因在于产业生态壁垒难以突破。就算开发出好用的操作系统，但没有与之配套的、丰富的应用软件，那么用户就会减少，系统使用成本就会增加。当前，信创操作系统的应用生态远不及微软、苹果丰富。调研中，企业反映，很多应用厂商不愿意开发配套软件，使生态系统不足、用户体验不好，形成恶性循环。

（四）基层分散采购提高了运维成本，市场拓展难度加大

由于省级财政资金紧张，难以实现市县级的集中采购，性价比相对较低的信创产品推广遇到新的困难。一是基层分散采购模式导致成本提升。省直单位的集中采购完成后，在基层实行分散采购，导致采购推广成本大幅提升。有企业反映，地市县等边缘市场的推广运维成本很高，分散采购和分散安装也导致企业要增加更多的本地运维团队，成本提升，难以保持盈亏平衡。二是兼容性产品占据市场主流。调研中，相关企业反映，县市区在设备采购中以兼容性国产电脑替代湖南省主推的"两芯一生态"电脑及主机的现象较为普遍，导致采购的电脑安装的还是 WINDOWS 系统，依然达不到计算机安全可控的目的。

（五）自主计算人才缺口较大，制约了信创产业发展

一方面，人工智能时代到来，不断推高着高端计算机和软件人才价格，在北上广的高薪吸引之下，湖南的人才团队流失严重。飞腾芯片成果在天津实现转化，但技术和人才均来源于国防科大，湖南大学和国防科大的集成电

路等专业大量优秀毕业生，在省内落地的数量极少。另一方面，在算力、算网、算法、算据等核心技术领域缺乏高层次创新团队。在超级计算机、芯片、操作系统等领域，高端技术人才存在"墙内开花墙外香"现象。

三　湖南打造世界一流信创产业的思路与对策

立足湖南发展实际，围绕"生态"这一核心，坚持"技术"和"模式"两手抓，着力夯实信创产业发展基础，坚持一体化推进，打造具有全球竞争力的一流信创产业集聚地。

（一）将信创产业纳入湖南省现代化产业体系中重点谋划

建议将"打造世界一流信创产业"作为建设现代化产业体系的重点进行谋划，由省领导牵头联系产业发展，在更高层面、更广范围、更多维度进一步培育信创产业。以"两芯一生态"为重点，强化技术攻关、提升平台能级、培育计算湘军，打造全国先进计算自主创新主要策源地。建好信创产业"一图四库一清单"，以链主牵引融通化、以链长推动集聚化、以链生态引领融合化。坚持"政策、制度、标准"集成化构建，不断强化信创产业发展顶层设计，完善财税奖补、资金投入等政策支撑体系，健全制度保障，抢抓标准制高点，夯实发展基础支撑。

（二）坚持"两芯一生态"技术路线探索推广实施路径

坚持并积极推广湖南信创产业技术路线，即国际通行的"Arm+Linux"技术路线替代"WINTEL"体系，聚焦"两芯一生态"整合资源。从技术路线环节看，适度规范信创产业准入，建立相对集中的自主计算机产业体系，以"Arm+Linux"技术路线为核心，搭建湖南省的自主计算机产业的技术体系，聚集相关产业资源于核心技术路线，集中力量快速做大做强湖南省自主计算产业规模。同时结合湖南研发优势，探索基于 RISC-V 的新技术路线，占领信创产业技术路线高地，完善信创体系建设。从硬件环节看，建立基于

CPU、GPU、DSP、SSD 等芯片的自主安全国家标准，将 GPU 等国内市场、技术均为突出领先的技术产品和龙头企业的先进标准推广为湖南技术标准及国家标准。从软件环节看，重点发展与鲲鹏+麒麟操作系统相配套的专业领域的软件适配中心及相关产品的技术标准，保障医疗、教育建设专属的软件适配中心体系的软硬件设备可替换可接入、可升级可迭代。从整机环节看，强化商业模式优化，推动省内供应体系建设和产品迭代升级。

（三）构建全国一流的自主计算产业协同研发合作平台体系

以支持长沙打造全球研发中心城市为契机，推动信创产业协同研发创新突破，建立起立足全国、面向全球的信创产业的协同研发和协作共享机制。一是夯实自主计算软硬件协同创新平台。依托信创中心、安全计算促进中心、集成电路联盟等平台和组织，结合市场需求，定期开展技术研发研讨，依托"揭榜挂帅"等政策，集中突破。二是探索自主计算协同研发新模式。通过科技飞地的形式，在深圳、上海等发达地区推动飞地研发中心的建设和管理，与当地优秀企业开展技术创新合作，一方面加强对长沙研发力量的管理，另一方面可通过技术合作积极推动招商引资、优化产业布局。三是推动自主计算技术成果转化及概念验证中心建设。推动国防技术民用化试验验证中心建设，在政府提供孵化和启动资金的基础上，技术方技术入股及参与转化性开发验证，推动集成电路领域技术研发、市场产品、资本投入等创新因素的市场融合，市场化成果由政府、平台、国防科大及成果研发人共享。

（四）率先建立政府与市场相结合的推广体系抢占发展先机

以落实国家发改委《关于恢复和扩大消费的措施》为契机，进一步强化相关领域信创产品采购消费，加强重点行业推广力度。一是建立自主可控信息软硬件标准目录。加强信息主管部门推动力度，通过目录管理和标准化管理，在相关领域强力推进信创产品采购，并定期开展办公电脑系统的安全检查，排查关键核心系统上的安全性。二是在市州设立集中采购和运维服务中心。推行办公电脑的系统化集中采购，各级政府电脑采购可分批进行，但必须统一纳入信息系统安全体系，防止基层的自主安全信息体系失控。三是在重点行业开展采购推广。在制定湖南省落实《关于恢复和扩大消费的措施》的举措中，嵌入财政补贴支持信创产业相关政策，在银行、医疗、教育、装备等优势产业中，鼓励省内采购。

（五）打造面向全球的教用一体、引育结合的信创人才高地

多渠道为信创产业发展提供人才保障，建立人才成长机制，提供人才训练场和人才蓄水池。一是打好人才服务亲情牌。打造覆盖全省、上下贯通的高层次人才服务窗口体系，为自主计算领域高层次人才提供创新创业全生命周期"一件事一次办"服务。针对企业亟须人才做好配套保障，建立政府人才管理负面清单、权力清单和责任清单，最大限度减少不必要的行政、社会活动等占用人才的工作时间，保证其心无旁骛地开展科研活动。二是练好人才孵化基本功。针对信创领域的青年创业者、国防科大转业的高层级技术人员，从经费投入、团队及平台建设、人员配备等方面给予重点扶持；落实省部属高校、国有企业、重大科研平台人才的同城待遇，支持户口不迁、关系不转的在湘创新创业人才享受同等公共服务。三是完善产学研用相结合的协同育人模式。围绕湖南计算"1+4"布局，重点发展国家网络安全产业园区、国家级车联网先导区、国家人工智能创新应用先导区、工业互联网创新发展示范区4个园区建设，提供畅通的计算机人才培育和产业化应用机制。

传统产业篇

Traditional Industry Reports

B.6

湖南现代石化产业高质量发展现状与对策研究

湖南省社会科学院（湖南省人民政府发展研究中心）调研组*

摘　要：　湖南现代石化产业是国民经济的重要支柱产业，是工程机械、轨道交通、航空航天、电子信息、新能源汽车、新材料、生物医药等产业发展的基石，对湖南省打造国家重要先进制造业高地具有重要的保障和推动作用。湖南省石化产业历经70余年的发展，已经拥有完整的产业体系，为产业高质量发展奠定了坚实的基础，但仍然存在一些亟须解决的问题。把握石化行业发展趋势，加快推进湖南省石化产业集聚化、高端化、智能化、绿色化、融合化发展，打造万亿级现代石化产业集群，为落实"三高四新"美好蓝图提供有力支撑。

---

* 调研组组长：钟君，湖南省社会科学院（湖南省人民政府发展研究中心）党组书记、院长（主任），研究员。调研组副组长：侯喜保，湖南省社会科学院（湖南省人民政府发展研究中心）党组成员、副院长（副主任）。调研组成员：肖琳子，湖南省社会科学院（湖南省人民政府发展研究中心）区域经济与绿色发展研究所研究室主任，助理研究员。

关键词： 石化产业　高质量发展　产业链

现代石化产业是国家重要的战略性、支柱性产业，是工程机械、轨道交通、航空航天、电子信息、新能源汽车、新材料、生物医药等产业发展的基石，对湖南省打造国家重要先进制造业高地和实现经济社会高质量发展具有重要意义。立足湖南省石化产业基础和特色，把握石化产业发展趋势，以高质量发展为主题，以突破关键核心技术为重点，构建高端化、智能化、绿色化的现代石化产业体系，打造现代石化万亿产业集群，为落实"三高四新"美好蓝图提供有力支撑。

一　湖南现代石化产业发展的坚实基础

湖南石化产业在新中国成立初期就已起步，历经 70 余年的发展，已经拥有完整的产业体系，鲜明的产业特色，较强的科技创新能力，为打造现代石化万亿产业集群奠定了坚实基础。2022 年，湖南石化产业实现营业收入 2888.69 亿元，同比增长 13.6%；实现利润总额 149.47 亿元，同比增长 12.5%。

（一）优化产业布局，产业集群效应明显

现代石化产业作为湖南培育壮大的"新三样"之一，门类齐全，布局合理，拥有石油化工、盐化工、氟化工、煤化工、钡化工、精细化工、化工新材料等细分行业。从湖南省工信厅公布认定的化工园区来看（见表1），湖南现代石化产业主要分布在岳阳、衡阳、郴州、怀化、长沙、株洲、湘潭、常德等地。2022 年，全省现代石化产业集群实现营业收入 5200 亿元左右，已经形成以岳阳绿色化工产业园为依托的石油化工及新材料产业链，以松木经开区、常宁水口山经济开发区、衡东经济开发区等为依托的盐卤化工产业链，以宜章氟化学循环工业集中区等为依托的氟化工产业链，以洪江高新技术产业开发区为依托的精细化工新材料产业链。岳阳是湖南现代石化产业集聚程

度最高的地区，现有规模以上石化企业 266 家、高新技术石化企业 66 家，石化工业总产值 1740 亿元，约占湖南石化产业总产值的 60%。衡阳现有盐卤及精细化工企业 117 家，规上工业企业 76 家，高新企业 39 家，国家级"小巨人"企业 11 家，2022 年实现产值 177.01 亿元。在 2022 年湖南省工信厅公布的湖南省产业集群及培育对象（第一批）名单中，怀化洪江区精细化工新材料特色产业集群被纳入湖南省中小工业企业特色产业集群，岳阳绿色化工产业集群、衡阳盐卤化工产业集群被纳入湖南省先进制造业集群培育对象。

表 1　湖南省化工园区分布情况

序号	园区名称	化工园区名称	主导产业定位	所在城市
1	湖南岳阳绿色化工产业园	云溪化工片区、长岭化工片区、巴陵化工片区	云溪片区、长岭片区:石油化工、化工新材料、催化剂、催化新材料 巴陵片区:炼油化工产业	岳阳
2	洪江高新技术产业开发区	洪江区化工片区	基础化工、精细化工、新材料	怀化
3	攸县高新技术产业开发区	攸州化工片区	新型化工、电子信息、食品医药	株洲
4	望城经济技术开发区	铜官化工片区	化工新材料、现代药业、新型环保建材产业	长沙
5	津市高新技术产业开发区	津市化工片区	精细化工、生物医药	常德
6	湖南临湘工业园区	滨江化工片区	新材料(不含以排放有毒有害污染废水为主的项目)、电子信息(不含印刷线路板)	岳阳
7	湖南常宁水口山经济开发区	水口山化工片区	化工、有色金属冶炼及精深加工	衡阳
8	宜章氟化学循环工业集中区	宜章氟化学循环工业化工片区	氟化学化工	郴州
9	湖南永兴经济开发区	湘阴渡化工片区	精细化工	郴州
10	湖南耒阳经济开发区	大市化工片区	化学品生产、电子信息、有色金属冶炼及精深加工	衡阳
11	松木经济开发区	松木化工片区	盐卤化工、精细化工	衡阳

序号	园区名称	化工园区名称	主导产业定位	所在城市
12	衡东经济开发区	衡东化工片区	化学原料和化学制品制造业	衡阳
13	湘乡经济开发区	城西绿色化工片区	无机化工和新型化工先进材料	湘潭
14	新晃产业开发区	新晃化工片区	钡化工、精细化工	怀化

资料来源：湖南省工业和信息化厅网站。

（二）注重培育引领，企业实力不断增强

多年来，湖南大力发展石化产业，培育了一批主业突出、核心竞争力强、管理水平高、发展潜力足的企业，长岭炼化、巴陵石化、岳阳兴长、宇新能源、海利化工、建滔化工等龙头企业在推进产业高质量发展中发挥引领带动作用。2022 年，长岭炼化实现营业收入 564.13 亿元，上缴利税 92.9 亿元，实现利润 9.46 亿元；巴陵石化实现营业收入 199 亿元，实现利税 12.6 亿元；岳阳兴长实现营业收入 32.22 亿元，实现利润 1.03 亿元；海利化工实现营业收入 312 亿元，实现利润 4.3 亿元。长岭炼化、巴陵石化、水羊集团、际华橡胶、宇新能源、丽臣实业、海利化工等企业入选由湖南省工信厅、湖南省企业和工业经济联合会发布的 2022 湖南制造业企业 100 强名单。2023 年 6 月 6 日，正式注册由长岭炼化、巴陵石化整合组建的中石化湖南石油化工有限公司（以下简称"湖南石化"），标志着湖南万亿现代石化产业"航空母舰"即将扬帆启航。

（三）坚持高位推动，重点项目有序推进

湖南省委、省政府高度重视石化产业发展，2021~2023 年，湖南省连续三年在政府工作报告中提出重点发展的十大产业项目，每年均有石化产业项目。2021 年，岳阳己内酰胺项目入选；2022 年，中石化巴陵己内酰胺项目入选；2023 年，岳阳乙烯炼化一体化、衡阳建滔化工产业升级项目入选，其中炼化一体化项目是十大产业项目之首。连续两年入选的己内酰胺项目同时也是国

家长江经济带发展示范项目，预计 2023 年底新装置将全面投产，项目建成投产后，产能将由原来的 30 万吨提升到 60 万吨，巴陵石化将成为世界上技术最先进、单套装置规模最大的己内酰胺生产基地。在湖南省委、省政府的高位推动下，岳阳 100 万吨乙烯项目已被纳入国家储备项目。2022 年，岳阳市石化产业签约 95 个项目，开工 72 个项目，总金额达到 424.3 亿元。

（四）强化科技赋能，多项技术国际领先

目前，湖南石化行业已拥有锂系聚合物、创制农药新品种、炼油催化剂、高铁用化工新材料等一批自主创新成果，其技术达到国际先进水平；巴陵石化自主研发的己内酰胺制备技术处于国际领先水平；环氧树脂、醋酸仲丁酯、白炭黑、铝盐、橡胶机械等重点产品和原油加工技术居国内领先水平。特别值得一提的是，2020 年，巴陵石化己内酰胺绿色生产成套新技术项目荣获第六届中国工业大奖，其六大核心技术均达到国际领先水平，成功打破了 70 余年来国外对己内酰胺生产技术的封锁垄断，树立了中国石化产业自主创新技术的标杆。2023 年 5 月，湖南现代石化协同创新研究院成立，将建立"研究院+研究院有限公司+基金+基地+产业联盟"科技成果转化模式，切实推进产学研用金深度融合，助力湖南现代石化产业高质量发展。

（五）破解"化工围江"，绿色改造成效显著

深入贯彻落实习近平生态文明思想和"守护好一江碧水"等重要指示精神，以壮士断腕的决心，加快推进沿江化工企业搬迁改造，2021 年和 2022 年累计完成 56 家沿江化工企业搬迁改造，有效破解了"化工围江"的问题。巴陵石化己内酰胺项目整体搬入岳阳绿色化工产业园，占地面积、生产用水、COD 排放量均降低为原厂的 1/3，但实现了产能倍增，预计可拉动下游产业链产值 1000 亿元。临湘工业园整园搬迁项目竣工投产后，年产值、年税收分别较搬迁之前分别增长 128%、500%。全省现代石化产业以沿江企业搬迁促绿色转型，加快构建绿色低碳体系，岳阳绿色化工高新区成功创建省级绿色园区，着力打造一批绿色工厂，绿色低碳转型取得显著成效。

二　湖南现代石化产业存在的主要问题

湖南省现代石化产业总体运行平稳，产业基础扎实，发展前景广阔，但仍然存在一些问题和短板。

（一）产业规模不大

20世纪90年代，由于国家战略布局和石化产业布局的调整，长岭炼化、巴陵石化的"分家"以及湖南"缺煤无油少气"的能源格局，湖南石化由盛转衰，在全国的领先优势逐渐削减。2022年，全国石化产业实现营业收入16.56万亿元，其中，山东2.76万亿元、广东超过2万亿元、浙江1.61万亿元、江苏1.38万亿元、福建6144亿元、湖南2888.69亿元。如图1所示，山东、广东、浙江、江苏、福建这五大石化大省石化产业的营业收入之和约8.36万亿元，约占全行业营业收入总量的50.51%，而湖南石化产业营业收入占全国的比例约为1.74%。

（二）园区发展水平不高

石化园区是石化产业高质量发展的重要平台。据中国石油和化学工业联合会化工园区工作委员会最新统计，截至2023年6月，全国共有化工园区650家左右，其中经各省（市）公布认定的化工园区618家，入园企业实现收入占石化全行业总收入的50%以上。截至2023年7月，山东省公布认定了84家化工园区，江苏省认定复核了23家化工园区，福建省公布认定了25家化工园区，陕西省公布认定了29家化工园区，湖南省公布认定了14家化工园区。近年来，中国石油和化学工业联合会开展了智慧化工园区和绿色化工园区评估，截至2023年8月，共评选出32家智慧化工园区，其中，江苏14家，山东8家，浙江3家，河北2家，上海、辽宁、重庆、广东、天津各1家；评选出22家绿色化工园区，其中，江苏9家，浙江3家，广东、山东、福建各2家，上海、河北、湖北、广西各1家，湖南均无园区入

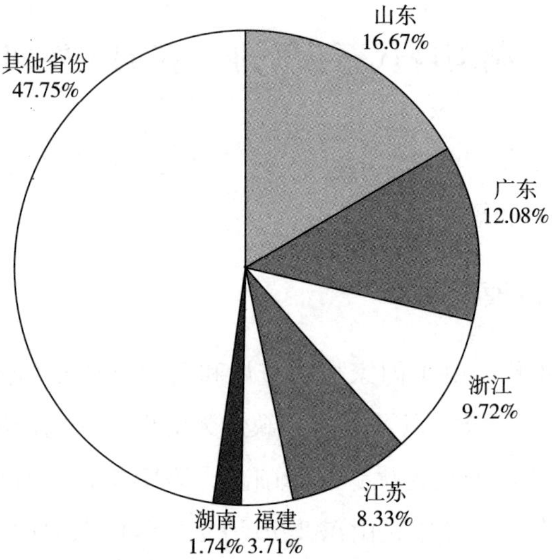

图1　2022年湖南石化产业营业收入全国占比情况

资料来源：中国石油和化学工业联合会网站，湖南省石油化学工业协会网站。

选。在中国石油和化学工业联合会化工园区工作委员会开展的"中国化工园区30强"评价活动中，湖南岳阳绿色化工产业园入选2018年中国化工园区30强，名列第26位，但之后几年湖南均无园区入选。

（三）大型企业数量不多

2022年9月，中国企业联合会、中国企业家协会发布"2022中国企业500强榜单"，55家石油和化工企业入选，其中，山东16家，浙江7家，北京6家，江苏、福建各4家，河北3家，陕西、山西、新疆、河南、湖北各2家，重庆、云南、贵州、上海、天津各1家，湖南无石化企业入选。2022年底，中国石油和化学工业联合会、中化企协联合发布《2022石油和化工企业销售收入前500家排行榜（综合类）》，湖南有8家企业入选（见表2）。从全国省（市）排名情况来看，湖南入选企业数量与陕西、内蒙古、黑龙江并列第16位，其中，排名前5位的省（市）分别是山东93家、浙江

59 家、江苏 47 家、广东 33 家、上海 29 家；与中部其他省份相比，湖南排名第 5 位（见图 2）。

表 2　2022 年中国石油和化工企业销售收入 500 强湖南入选企业（综合类）

序号	企业名称	排名	所在城市
1	株洲时代新材料科技股份有限公司	114	株洲
2	水羊集团股份有限公司	254	长沙
3	湖南宇新能源科技股份有限公司	329	长沙
4	湖南海利高新技术产业集团有限公司	360	长沙
5	湖南丽臣实业股份有限公司	361	长沙
6	岳阳兴长石化股份有限公司	461	岳阳
7	易普力股份有限公司	464	永州
8	湘潭电化科技股份有限公司	472	湘潭

资料来源：根据中国石油和化学工业联合会、中化企协联合发布的《2022 石油和化工企业销售收入前 500 家排行榜（综合类）》整理而成。

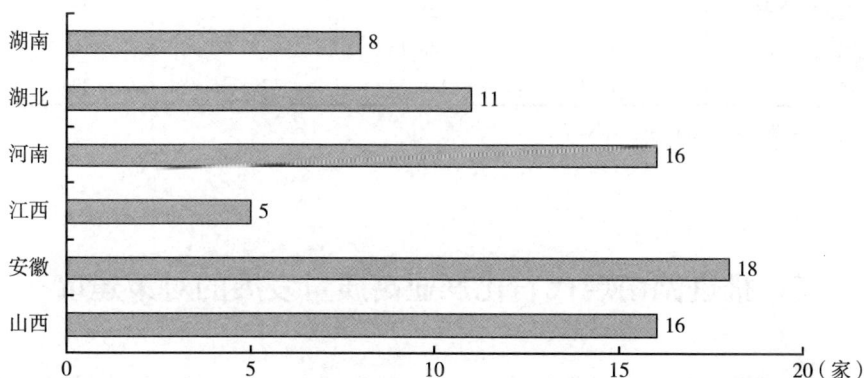

图 2　2022 中国石油和化工企业销售收入 500 强（综合类）中部省份企业数

资料来源：根据中国石油和化学工业联合会、中化企协联合发布的《2022 石油和化工企业销售收入前 500 家排行榜（综合类）》整理而成。

（四）产品结构不优

现阶段湖南省石化产业基础原料化工、传统精细化工产品所占比重仍然较大，化工新材料、高端化学品产业发展速度不快，优势不明显，对战略性新兴产业保障力度不大，一些国内紧缺的特种工程塑料、高性能聚烯烃树脂、高强度纤维、功能性膜材料、高端电子化学品供给不足。原油加工量是衡量炼化企业生产规模、能力的重要指标，2022年全国原油加工量67589.7万吨，湖南省为828.3万吨，占全国的1.23%，在全国各省（区市）中排名第20位。乙烯工业是石油化工产业的核心，一直被称为决定化工产业生产水平的关键指标，2022年全国乙烯产量2897.5万吨，成为全球最大的乙烯生产国，湖南乙烯产量较低，仅为1.21万吨（见表3）。

表3　2022年湖南与兄弟省份部分化工产品产量情况

单位：万吨

产品	湖南	福建	广东	江苏
原油加工量	828.3	2579.5	6560.33	3981.6
硫酸（折100%）	219.5	356.62	237.38	283.7
烧碱（折100%）	65.6	26.12	33.98	325.3
化肥（折100%）	76.3	48.16	5.52	161.6
乙烯	1.21	189.57	391.15	390.2

资料来源：相关省份统计局网站。

三　推进湖南现代石化产业高质量发展的对策建议

深刻把握全球石化行业发展趋势，立足我国由石化大国向石化强国迈进的新发展阶段，加快推进湖南省石化产业集聚化、高端化、智能化、绿色化、融合化发展，打造现代石化万亿产业集群，奋力开创高质量发展新局面。

（一）进一步优化产业布局，推进高水平集聚发展

一是加快推动岳阳建设湖南万亿现代石化产业核心基地。依托岳阳坚实

的石化产业基础，吸引著名跨国公司和国内大型龙头企业来岳阳投资，引导省内外石化产业向岳阳集聚，加快推进己内酰胺、乙烯炼化一体化等重大项目建设，打造碳一、碳二、碳三、碳四、碳五、芳烃六条产业链以及锂系合成橡胶、己内酰胺、环氧树脂、环氧丙烷四大特色产业链，加快发展新能源、化工新材料等，推动岳阳加快建成全省万亿现代石化产业核心区、中部地区石油化工及高端化工新材料重要基地。

二是推进产业链迈向中高端。在岳阳、长沙、衡阳、郴州、株洲、怀化、湘潭、常德等地市推进石油化工、盐卤化工、氟化工、钡化工、精细化工、化工新材料等产业链发展，建立完善产业链链长制，完善产业链图、技术路线图、应用领域图、分布区域图，实施"按图作业"，建立精准、长效发展机制。进一步延伸产业链、提升价值链、融通供应链，实现上、中、下游产业链全链纵向协同发展，形成大中小企业结构合理、产业链上下游协作配套的产业组织体系，推进全省石化产业迈向中高端。

三是推进石化产业与全省优势产业融合发展。推进石化产业与工程机械、轨道交通、航空航天三大主导产业，以及新能源汽车、新材料、电子信息、生物医药等战略性新兴产业的深度融合，提高湖南优势产业的零部件材料本省配套水平，力促油头化尾延链布局，缓解石化产业"两头在外"的弊端。

四是打造产业发展优良载体。推进化工园区达标认定和规范建设，推动石化企业进区入园，提高省级认定化工园区的数量和质量；协调推进化工园区依法调区扩区，有效提升园区产业承载能力；鼓励化工园区差异化、绿色化、数字化发展；不断加强企业安全高效生产标准化、规范化建设，促进能耗指标等资源要素向生产效率高、发展势头好、产品前景广的企业倾斜，倒逼高能耗、低效率企业退出或转型升级，形成园区内"腾笼换鸟、优胖劣汰"的良好产业发展生态。

（二）提升创新发展水平，加快高端化发展

一是加快核心技术攻关。加快分子炼油、绿色低碳化工、高端化工新材料、循环化工、二氧化碳利用技术等重点领域关键核心技术攻关。大力推进石油化工、化工新材料、精细化工、盐化工、氟化工、钡化工等行业关键共性技术集成创新，推动行业重大技术、装备的消化吸收与再创新。引导企业加快实施技术改造，提高技术装备水平与产品开发迭代速度，有效提升现代石化产业核心竞争力。到2025年，规上企业研发投入占主营业务收入比重力争达到1.75%。

二是构建协同创新体系。加快构建重点实验室、重点领域创新中心、共性技术研发机构"三位一体"创新体系，推动产学研用深度融合，到2025年，全省石化行业国家级、省级创新平台数量达到100家以上。整合相关研发平台，创建高端聚烯烃、高性能工程塑料、高性能膜材料、生物医用材料、二氧化碳捕集利用等领域创新中心，支持岳阳申报国家热塑性弹性体科技创新中心，建设国家化工新材料生产应用示范、试验检测等平台。支持湖南石化、岳阳兴长、宇新能源等龙头企业牵头组建现代石化产业技术创新联盟，推动产业链上中下游协同创新，支持地方建设现代石化区域创新中心。

三是推动科研成果孵化转化。建设省级石化产业孵化基地，统筹国内外科技成果向湖南省转移转化。依托长沙、株洲、岳阳、衡阳、湘潭等地的科技创新优势，支持企业、高校和科研院所建设石化中试基地。以化工园区为主体，采取招商招智等方式，招引化工科技成果和人才在园区落地。支持石化产业新技术、新成果的技术鉴定、专利成果评估及成果交易活动。

（三）提升产品供给质量，实现精细化发展

一是推进"减油增化"。"减油增化"是炼厂转型的主要方向，大力推进全省炼油企业整合重组和转型升级，将油品转化为乙烯、丙烯等低碳烯烃化工产品，延伸生产聚丙烯、环氧氯丙烷等高端化工新材料，实现"燃料型"炼厂向"新材料"炼厂转变。

二是做强精细化工。鼓励发展绿色农药，扩大各类专用肥、复合肥、水溶肥、配方肥、环保型涂料和环保型染料等产品规模，力促产品结构不断优化。以高附加值、替代进口、填补国内空白为目标，重点发展高性能胶粘

剂、高端水处理剂、绿色塑料助剂和表面活性剂、新型高安全高端饲料添加剂、农药医药中间体、信息用化学品等高端精细化学品。推动生物技术与精细化工结合，开发生物溶剂、氨基酸和有机酸、安全型食品添加剂、生物农药、生物肥料、生物材料等。

三是发展化工新材料。围绕石化合成化工新材料、盐（氟）化工新材料、功能涂料化工新材料、轨道交通用化工新材料、农用化学品化工新材料、生物基化工新材料等重点领域，加大关键核心技术和行业共性技术攻关，构建新型产学研融合生态，发挥产业链龙头企业的引领作用，推进化工新材料产业链补链、强链、延链，引导化工新材料企业向园区集聚，打造一批国内领先的化工新材料产业基地。

四是打造优质品牌。加快现代石化产业区域品牌、企业品牌、产品品牌建设。建立并完善品牌孵化机制，坚持企业主体、政府引导、市场主导，加大培育力度，突出精准帮扶，打造更多在国内外竞争力强、价值性高的企业和品牌，提升行业地位。对获得中国质量奖、中国质量奖提名奖、中国驰名商标、国际商标注册的企业给予奖励。

（四）实施梯度培育，打造优质企业梯队

一是发展壮大龙头企业。围绕炼化一体化与高端合成材料产业、先进高分子材料与化学制品产业、盐基化工与萤石资源精细利用产业、精细化工与生物质精深加工产业、农用化学品产业等重点细分行业，发展壮大一批优势突出、具有较强竞争力的行业龙头企业。鼓励湖南石化、岳阳兴长、宇新能源、际华橡胶、海利化工、建滔化工等龙头企业做大做强优势领域，有序实现扩产增效，提升企业核心竞争力。推动产业关联、优势互补的相关企业，通过整合、参股及并购等多种形式，建立企业联盟或联合实体，形成若干具有较强国际竞争力的行业领军企业集团。到2025年，达到主营业务收入过500亿元的企业不少于2家，新增过100亿元的企业2家，引进培育一批超10亿元的现代石化企业。

二是精心培育中小微企业。围绕石油化工、盐化工、氟化工、精细化

工、化工新材料等产业链，鼓励中小企业走"专、精、特、新"的道路，加快培育一批省级专精特新企业、国家级专精特新"小巨人"企业和国家制造业单项冠军企业。实施高新技术企业培育工程，强化政策引领、宣传辅导、资金扶持、产业链延伸、督导考核等，助力高新技术企业做大做强，不断提升产业链条各环节的现代化水平。

（五）深化数实融合，推进产业数字化转型

一是打造"石化+互联网"平台。加快推进5G、大数据、云计算、人工智能等新一代信息技术与石化产业融合发展，打造省级"石化产业大脑"，促进石化产业链、供应链、资金链、创新链等数据综合集成，支撑产业整体高质量发展。完善5G连接工厂、工业互联网平台和智能化制造、网络化协同、个性化定制、数字化管理融合应用，不断提升生产装置的自动化程度和流程的智能控制。

二是推广石化数字化发展模式。在石化产业重点细分行业和关键岗位加大"工业机器人"的推广应用，大力推进智能车间、智能工厂、智能场景和智能园区建设。运用云计算、物联网、大数据等新一代信息技术实现石化企业生产与虚拟信息网络的融合发展，推动原材料采购、生产制造、物流仓储、产品销售等一体化发展，实现生产销售可追溯、制造过程可监控、经营效益实时核算，增强企业资源优化配置和市场应变能力。

三是强化石化产业数字化示范引领。推进石化产业数字化转型试点示范，建设并遴选一批数字化车间、智能工厂、智慧园区标杆，培育具有较高技术水平和推广应用价值的智能制造优秀场景，打造灯塔工厂、智慧炼厂。针对行业特点，组建现代石化、化工行业智能制造产业联盟，引进和培育具有较强国际竞争力的智能制造系统解决方案供应商，加速推进石化产业智能制造进程。

（六）聚焦"双碳"目标，大力发展绿色石化

一是构建绿色石化制造体系。全面推广绿色石化制造技术，实现石化原

料和反应介质、合成工艺和制造过程绿色化,从源头上控制和减少污染。以炼油、石化、化肥、氯碱、农药、化工新材料等行业为重点,构建清洁生产推行机制。开展绿色产品、绿色工厂、绿色供应链和绿色园区认定,构建现代石化产业全生命周期绿色制造体系。

二是建设绿色能源供应体系。推进多能源协同发展,开发生物质、风电、水电、绿氢、光伏等可再生能源,促进石化产业与新能源产业的融合。开发生物基材料,实现对传统煤基、石油基产品的部分替代。

三是提高资源综合利用水平。鼓励企业加强工业废盐、矿山尾矿、电石炉气、炼厂平衡尾气等资源化利用和无害化处置,提高工业固体废物综合利用率,到 2025 年,规模以上石化企业危险废物处置率达到 100%。有序推进生物可降解塑料推广使用,推动废塑料、废轮胎、废弃橡胶等废旧化工材料再生和循环利用。

(七)加强区域合作,融入新发展格局

一是搭建区域合作平台。立足国内大循环和统一大市场,推进石化产业物流平台建设,积极对接大型石化产业基地,规划建设一批石化产品仓储物流基地、公铁水运物流中心。依托中国(湖南)自由贸易试验区、综合保税区等平台,建设石化产品交易、加工配套专业园区,承担大宗石化产品进出口保税功能,享受国家保税区相关政策。

二是深化产业链供应链合作。拓展现代石化原料供给渠道,构建基础稳固、多元稳定的供给体系,维护产业链供应链安全。推进与"一带一路"沿线国家、RCEP 成员国在石化产业领域的合作,加大先进技术和项目招引力度,支持化工园区和龙头企业与发达国家和地区共建合作园区。积极开展与粤港澳大湾区、长三角的石化产业对接活动,承接适销对路的化工中间体和终端产品加工。以援疆工作为带动,在新疆建设石化产业合作基地,支撑湖南省部分石化产业转移及石化原材料的供应。

B.7
加快湖南钢铁行业高质量发展对策研究

湖南省社会科学院（湖南省人民政府发展研究中心）调研组*

摘　要： 钢铁工业是重要基础产业。2022 年，湖南钢铁行业发展态势平稳，但仍面临产业链供应链安全、市场需求减弱、钢企盈利空间受挤压等挑战。应积极顺应智能化、数字化、绿色化发展趋势，聚焦重点产品、转型升级、绿色低碳等五大领域，精准发力，加快钢铁行业提质增效和结构优化，推动湖南钢铁行业高质量发展。

关键词： 钢铁行业　智能化　绿色低碳　高质量发展

钢铁工业是重要基础产业。2022 年，湖南钢铁行业发展态势平稳，但仍面临产业链供应链安全、市场需求减弱等一系列挑战。应积极顺应智能化、数字化、绿色化发展趋势，加快推动钢铁产业提质增效和结构优化，塑造湖南钢铁行业新优势。

一　2022年湖南钢铁行业发展实现"三稳"

2022 年，湖南钢企克服下游需求减弱、钢材价格下跌、原燃料价格高

---

* 调研组组长：钟君，湖南省社会科学院（湖南省人民政府发展研究中心）党组书记、院长（主任），研究员。调研组副组长：侯喜保，湖南省社会科学院（湖南省人民政府发展研究中心）党组成员、副院长（副主任）。调研组成员：袁建四，湖南省社会科学院（湖南省人民政府发展研究中心）区域经济研究部部长；刘海涛，湖南省社会科学院（湖南省人民政府发展研究中心）区域经济研究部四级调研员；屈莉萍，湖南省社会科学院（湖南省人民政府发展研究中心）区域经济研究部一级调研员。

位等不利因素，全行业实现营业收入 3266.56 亿元①，同比增长 1.1%，保持平稳发展态势。

"一稳"：产品产量保持稳定。严格落实粗钢产能产量"双控"政策，全省生产生铁 2177.35 万吨、同比增长 0.1%②，粗钢 2612.68 万吨、同比持平，钢材 3038.30 万吨、同比增长 1.9%，铁合金 142.46 万吨、同比增长 9.3%，钢结构 399.59 万吨、同比增长 18.7%。

"二稳"：重点企业发展质量稳步提升。2022 年，湖南钢铁集团实现营业收入 2201 亿元、利润 150.3 亿元，列世界 500 强榜单第 421 位，稳居国内钢铁行业的第一竞争梯队。湖南博长控股以 321.57 亿元营收进入 2022 中国企业 500 强，居第 360 位；大汉电子商务、湖南联创控股等湖南钢贸前 50 强发展平稳，年度销售总值达 2251 亿元，销售钢材量达 4541 万吨，占湖南钢贸 62% 的市场份额。

"三稳"：重点项目稳步推进。2022 年，湘钢以产品结构提升改造、节能环保降碳改造、城企融合现场改造、信息化智能化改造四大板块为主的技术改造提质增效项目，累计完成投资 49 亿元，完成项目总投资（60 亿元）的 81.67%；三一智慧钢铁产业城项目完成投资 65 亿元，2022 年已交付厂房 10 万平方米，钢铁产业链数字化生态平台现已上线运营，物流平台也已正式启用。华菱涟钢冷轧硅钢产品工程建设等项目也有序推进。

二 钢铁行业发展面临"两升两降"的主要挑战

（一）产业链供应链安全挑战上升

铁矿石资源方面，长期以来，国际铁矿石市场被淡水河谷、力拓等四大巨头垄断，我国铁矿石对外依存度超过 80%。湖南铁矿石主要来自澳大利

---

① 本文涉及的湖南钢铁行业相关数据均来源于湖南省工业和信息化厅。

② 不含广东阳春新钢铁有限责任公司。

亚、巴西、南非，钢铁行业在铁矿、镍矿、铬矿等矿石资源供应方面面临较大压力；高端装备供应和关键技术方面，我国可以生产绝大部分钢铁行业所需要的装备，但是在信息化、智能化方面的一些关键设备、关键元器件、关键软件等仍依赖进口，一些先进轧钢工艺也依赖国外厂商，高端装备供应安全和关键技术"卡脖子"仍面临挑战；高端产品方面，从满足国内需求来看，钢铁工业可以保证国内下游行业绝大部分用钢需要，但仍有一些高端产品需求不能满足，如部分海洋、交通行业和机械行业用钢，以及一些航天航空金属材料等，高端产品供应安全面临较大挑战。

（二）"双碳"背景下环保压力加剧

目前，我国钢铁产业以高炉—转炉长流程为主的流程结构和以化石能源为主的能源结构仍未发生根本性转变，能源消耗、主要污染物排放占比偏高，能源消耗约占全国工业能源消耗的23%，颗粒物、二氧化硫、氮氧化物等污染物的排放分别占全国总排放量的20%、7%和10%，二氧化碳排放量约占全国工业排放量（不含电力）的53%。在国家"双碳"目标约束下，钢铁行业全面推进超低排放改造，钢铁企业面临的环保挑战加大，环保投入和运行成本或升高。

（三）市场需求减弱

一是房地产行业用钢需求减少。2022年，我国城镇化率为65.22%，处于城市化发展的中后期。房地产市场持续低迷，用钢需求下降明显，虽有政策托底，但房地产投资低迷对用钢需求形成明显拖累。二是传统制造业用钢强度下降。目前制造业内部分化明显，传统制造业整体向下趋势未改，用钢需求下降明显。国家统计局公布数据显示，2022年，我国房地产开发投资比上年下降10.0%、增幅下降14.9个百分点，其他主要用钢行业工业增加值除了汽车制造业增长6.3%、增幅同比提高0.8个百分点以外，通用设备制造业下降1.2%、增幅同比下降13.6个百分点，专用设备制造业增长3.6%、增幅同比下降9个百分点，电气机械和器材制造业增长11.9%、增幅同比下降4.9个百分点，钢铁行业下游需求减弱。

（四）燃料价格高企、钢价低位运行，钢企盈利空间被挤压

中钢协统计数据显示，2022 年，重点钢铁企业进口粉矿采购成本同比下降 24.16%，炼焦煤、冶金焦采购成本同比分别上升 24.43%、2.16%，企业炼铁成本中首次出现煤焦成本高于矿石成本的情况。2022 年钢材价格波动剧烈，整体仍处于较低水平。燃料价格高企，钢价低位运行致使钢企利润水平下滑严重。2022 年全年 CSPI 中国钢材综合指数平均值同比下降 13.55%；会员钢铁企业全年累计实现利润总额 982 亿元，同比下降 72.27%，行业效益同比大幅下降。从湖南省内钢企来看，2022 年，上市企业华菱钢铁净利润 63.79 亿元，比上年下降 34.1%。2023 年华菱钢铁一季度净利润 6.89 亿元，同比下降 67.39%。

三 钢铁行业高质量发展的新趋势

（一）数字化、智能化转型步伐加快

钢铁工业数字化、智能化已是钢铁工业发展的大趋势、大方向、大战略。钢铁行业智能制造联盟发布的《2023 钢铁行业智能制造及两化融合评估报告》显示，钢铁行业正围绕智能制造、智慧运营、智慧服务三大领域探索转型实践，推进管理创新和技术创新，行业数字化转型处于加速推进期。评估显示，钢铁行业数智化建设及改造的资金投入以每年 20% 的速度递增，达到 30 元/吨钢，工业机器人密度达 36 台（套）/万人。

（二）"双碳"背景下，废钢资源增量空间巨大

近年来，我国人均钢铁积蓄量得到高速提升。钢铁积蓄量由 2000 年的 17.66 亿吨上升至 2021 年的 114 亿吨，同期人均钢铁积蓄量由 1.3 吨上升至 8.1 吨。从美日等发达国家钢铁行业发展历史来看，人均钢铁积蓄量达到一定规模（8~9 吨）后，电弧炉炼钢占比将不断上升并超过转炉炼钢。据中

国废钢铁应用协会预测，2025年废钢资源总量将达3亿~3.2亿吨，2030年达3.5亿~3.8亿吨，废钢资源量将占粗钢产量的40%左右，这将为电炉炼钢发展提供充足的废钢资源。在"双碳"背景下，以废钢为原材料的电炉炼钢优势逐步显现，废钢资源利用潜力巨大。

（三）特钢需求和海外需求或扩大

我国钢材市场总体需求减弱，但不锈钢和高端产品供给仍然不足，特别是汽车业等下游产业对高性能、高精度的特钢产品需求旺盛，加上制造业转型升级带来的特钢需求，特钢需求增长空间巨大，特钢产业中长期前景向好。此外，对国内需求而言，未来增量空间有限，但非洲及东南亚等欠发达地区城市化程度还有较大提升空间，基础设施建设、房地产等投资建设也有望成为全球钢铁消费增长点。如2022年全球粗钢产量为18.79亿吨，同比下降4.2%，但印度受基建计划持续扩张的影响，粗钢产量实现逆势增长，同比增长5.5%。

（四）兼并重组或进一步加快

2022年，龙头钢企继续加快推进行业内兼并重组，行业产业集中度持续上升，钢产量排名前10位的企业合计产量为4.34亿吨，占全国钢产量的42.8%，比2021年提升1.36个百分点；排名前20位的企业合计产量为5.72亿吨，占全国钢产量的56.5%，比2021年提升1.59个百分点。从政策层面来看，我国政策层面持续鼓励钢铁行业兼并重组。钢铁行业跨区域、跨所有制重组将进一步加快。据智研咨询预测，未来5~10年，我国钢铁产业集中度（TOP10）将逐步提升到60%以上。

四 "五大聚焦"塑造湖南钢铁行业新优势

钢铁工业是重要基础产业，应积极顺应智能化、数字化、绿色化发展趋势，加快钢铁产业提质增效和结构优化，推动湖南钢铁行业高质量发展再上新台阶。

（一）聚焦重点领域，推进产品供给优化

一是持续巩固钢铁去产能成果。严格控制粗钢产能和做好钢铁行业超低排放工作，严守国家产业政策的红线和底线，保持打击取缔"地条钢"的高压态势，严防"地条钢"死灰复燃。二是围绕重大装备制造、战略性新兴产业及国防军工等领域高性能、高精度钢铁材料需求，加快开发高精尖替代进口钢种，打造一批高端专用和特殊用途产品品牌，提升品牌影响力和产品竞争力。三是瞄准"一带一路"国家和拉美等地区的基础设施建设需求，推动产品创新升级，严格质量控制，加强与国际物流密切配合，推动湖南钢材出口。四是聚焦消费结构持续升级需求，提高汽车、家电、家居家具和医疗器械等领域钢材品质，更好地满足工业品用钢需求。

（二）聚焦转型升级，推进智能化、数字化改造

深入推进钢铁企业"智赋万企"行动，推动工艺革新、装备升级、管理优化和生产过程智能化，建设一批智能车间、智能工厂，促进工艺精益改进、生产效率提高、产品质量提升；推动钢企通过互联网平台与上下游企业、科研机构等实现业务协同、信息共享；支持钢铁企业发展工业设计、定制化服务、供应链管理、共享制造、检验检测认证、总集成总承包和生产性金融等生产性服务业，构建电子商务平台，完善仓储和加工配送体系，促进企业由钢材产品制造商向材料服务商转变。

（三）聚焦绿色低碳，推进降本增效

对标世界一流企业，加快对炼铁、炼钢、烧结、焦化等关键工序进行超低排放、效能提升改造。通过提高高炉富氧率、煤气利用率、喷煤比，降低入炉焦比等措施，降低焦炭消耗；进一步改善原燃料结构，降低原料矿石单耗及铁水单耗，提高废钢比，从源头降低碳排放。充分利用余热余压资源，减少能源放散损失，推动钢铁企业实施工业节能、节水改造、资源综合利用等项目，实现全流程全工序超低排放；鼓励钢铁企业创建绿色工厂、绿色供

应链管理企业、A 级环境绩效企业。加快推动氢冶金及氢能产业链发展。加大绿色低碳技术改造力度，有序发展短流程电炉炼钢，推进非高炉炼铁、氢冶金等低碳冶金技术研发应用；推进钢铁与建材、有色金属、石化化工等产业耦合发展，提高钢渣等固废资源综合利用效率。

（四）聚焦内生驱动，推进改革创新

一是强化创新支撑。依托中南大学、湖南钢铁研究院等科院机构，集聚各方科技创新资源，搭建开放共享的产学研用创新平台，重点突破先进钢铁材料以及前瞻性、基础性等关键"卡脖子"技术，加快打造定位明晰、布局合理、特色明显，具有国内一流水平的综合性科技创新高地。二是强化行业急需紧缺人才的培育引进。弘扬工匠精神，推行"企校双制、工学一体"新型学徒制，加强钢铁行业高技能人才培育。引导企业畅通新型职业人才发展通道，搭建人才成长平台，健全人才科学使用机制，完善知识型、技能型、管理型人才发展体系。鼓励钢铁企业实施人才强企战略，加大高精尖人才引进力度。三是深化改革治理。畅通治理体系与内外协同，内部加快实现层级精简、管理精细、经营精益，不断激活企业发展活力。对外厚植"开放包容、合作共赢"的经营理念，充分发挥企业的协同效应，为客户提供"一站式、保姆式"服务，提升企业品牌价值，实现由"钢铁产品制造商"向"钢材产品整体方案综合服务商"的转变。

（五）聚焦保障支撑，推进平稳发展

一是提升安全生产管理水平。压实企业主体责任，督促企业建立健全全员安全生产责任制，加强安全生产标准化、信息化建设，深化安全风险分级管控，健全隐患排查治理双重预防机制和风险防范化解机制。淘汰落后高风险工艺技术和设备，开展重大危险源在线监控与预警技术应用，遏制重特大事故发生。二是提高资源和环境保障能力。支持钢铁企业充分利用国内国际两个市场、两种资源，建立稳定可靠的多元化原料供应体系。按照市场化原则，积极开展国内国际铁矿石资源开发合作，

加强铁矿产能储备。稳妥参与铁矿石期货市场交易，对冲铁矿石价格波动。三是强化政策协同。围绕钢铁产业发展目标、重点任务，依托"万人助万企"活动机制，推动财税、金融、能源等政策有效衔接和协同发力，提升惠企政策实效。

B.8
湖南有色金属高质量发展的对策建议

湖南省社会科学院（湖南省人民政府发展研究中心）
湖南省循环经济行业协会　　　　　　　　　　　　联合调研组*

摘　要： 湖南是中国的有色金属之乡，具有发展有色金属加工业的优越条
件：产业历史悠久、基础雄厚，资源得天独厚。但是，近十余年
来，湖南有色金属行业在国内的地位显著下降，湖南省有色金属
行业发展面临产业链短、投资不足、龙头企业缺乏等难题。建议
推动湖南有色金属高质量发展要调整产业政策，积极支持湖南有
色金属产业链振兴；支持循环经济试点园区综合配套改革试验；
资本加持助力有色金属产业项目投入；推动央地合作建设全球有
色金属研发和加工中心。

关键词： 资源储备　有点金属定价权　产业附加值　产业链　有色金属研
发中心

　　湖南是中国的有色金属之乡，有色金属产业历史悠久，采矿、选矿、压延
工艺世界领先，精深加工部分领域达到世界先进水平，锌、铅、钨、锑、铋系
列产品及功能材料处全国领先地位，上、中、下游，采、选、冶、压延加工全
产业链完整，是国内有色金属和新材料的重要冶炼、加工和循环再利用中心。

---

　　* 调研组组长：钟君，湖南省社会科学院（湖南省人民政府发展研究中心）党组书记、院长
（主任）。调研组副组长：侯喜保，湖南省社会科学院（湖南省人民政府发展研究中心）党组
成员、副院长（副主任）。调研组成员：李银霞，湖南省社会科学院（湖南省人民政府发展
研究中心）产业经济研究部二级调研员；陈超，湖南省循环经济协会副会长；徐甜，湖南省
循环经济行业协会秘书长。

一 湖南发展有色金属产业先天条件优越

（一）产业基础雄厚

湖南有色金属采选及冶炼及压延加工产业规模大（见表1），2021年湖南省有色金属行业主营业务收入4240亿元，实现利润78亿元，拥有有色金属规上企业592家、大型企业165家、中小企业427家、规下企业2155家；有色金属企业吸纳就业约28万人。十种有色金属产品产量约为273万吨，其中，精炼铜产量18万吨、铅产量128万吨、锌产量104万吨、锡产量3.7万吨、锑产量18.6万吨。有色金属加工产品中，铜材产量67万吨、铝材产量169万吨、钨产量为3.6万吨。2020年，有色金属进出口贸易总额3964.7亿元，其中，进口额1387.2亿元、出口额2577.5亿元。

表1 有色金属行业主要经济指标变化情况

单位：亿元

项目	2019年	2020年	2021年	2022年
主营业务收入	2326.07	2345.65	2523.3	3123.75
利润	56.60	48.98	149.2	—

资料来源：湖南省统计局。

（二）资源得天独厚

湖南是国家有色金属重要战略资源储备基地。全省已探明的十种常用有色金属资源量近5000万吨，居全国前列。截至2022年底，在已探明的矿产中，铋、锑、铌、铍保有资源储量居全国第1位，钨、钒、锡、轻稀土保有资源量居全国第2位。其中，锑、钨、锌等多个品种具有极高地战略地位：湖南是全球锑资源最为丰富的地区，2020年全世界锑资源储量约为180万吨，中国96万吨，湖南67.28万吨，占全世界的37.4%、占全国的70%；2022年，全球锑产量约为 38 万吨，中国锑产量 25.3 万吨，湖南锑产量为 16.7 万吨，分别占全世界的 44%、占全国的 66%。2021 年全世界钨资源储量为 360 万吨左右，中国钨资源 306 万吨，占比 85%，湖南钨资源约 125.5 万吨，占全球的 34.9%、全国的 41%；2021 年世界钨产量约为 8.5 万吨，中国 6.98 万吨，占比为 82.12%，湖南省生产钨 3.6 万吨①，占全球的 42%、全国的 52%。2022 年湖南锌及锌基合金产量 127 万吨，锌系列产品产量为全国第 1，世界第 5，其中，锌合金品种、质量世界第 1，株冶炼集团生产的火炬牌系列锌产品 79 万吨，165 个品种和型号的锌基合金 64 万吨，锌锭 12 万吨，占国内同类型产品的 31%。

（三）产业链条特色突出

在湖南省十种有色金属生产中有六种具有一定的地位，其产业链较完整，并且在国际国内具有较强竞争力和影响力。一是钨金属产业链全球最先进、最完整。钨是军工等领域最重要的战略资源，在国防和尖端科技领域占有极为重要的地位。以株洲、郴州、益阳为核心的硬质合金产业集群，形成从钨资源—钨特种新材料—高端硬质合金产业链，建立世界级先进新型钨合金制造业集群，钨产业链产能超 600 亿元。在数控刀具、数控钻具、钨粉末硬质合金产品的质量和产量方面均处于世界领先地位，产业规模和产值、产量均居世界第 1 位。二是铅锌产业链品质品牌国际领先。铅锌是湖南省传统强项，株冶火炬牌系列锌产品高品质享誉全球，依托衡阳水口山铜铅锌冶炼基地、郴州铅锌精深加工基地、湘西三个铅锌冶炼产业聚集区，形成铅锌原料—高纯铅锌金属—铅锌复合材料产业链，是国内最大的铅锌产业链，实现主营业务收入超过 500 亿元铅锌产业链群，产量国内第 1。三是锑资源、锑产业具有全球话语权。作为国际第一锑资源储备地，具有绝对的定价权，由娄底、湘西、益阳、邵阳、常德组成了世界最

---

① 湖南的钨产量来源有 3 个途径：按指标开采资源 2.5 万吨，共生伴生矿综合回收 0.41 万吨，废旧钨产品再生利用钨资源 0.696 万吨。

庞大的锑产业体系，其产能规模为 400 亿元以上。四是再生铜再生铝加工链领跑全国。以汨罗再生铜再生铝、常宁原生铜等铜铝为基础，以五矿有色、晟通科技集团、金龙铜业、江北铜业、龙智新材等企业为龙头，形成的原生铜、再生铜铝—高纯铜铝金属—高端铜铝合金产业链，铜铝产业集群主营业务收入超 1000 亿元。五是稀贵金属产业链独具特色。湖南黄金产业不仅有郴州共生伴生银、永兴再生银等资源，怀化沅陵县、岳阳平江县的黄金提取业务，还有黄金集团、辰洲矿业、黄金洞矿业等龙头企业，形成了链条完整的金、银冶炼—高纯金、银基础产品—高端金、银精深加工产业链，湖南稀贵金属产能超 400 亿元。六是稀土产业链绿色技术领跑全国。以湖南稀土金属材料研究院、益阳鸿源等企业为龙头，湖南已建设具有清洁生产及原材料转化要求的绿色冶炼基地，湖南稀土产业产能超 300 亿元。

表 2   湖南有色金属行业主要产品产量情况

单位：万吨

品种		2019 年	2020 年	2021 年
十种有色金属		193.90	215.00	275
其中	精炼铜	13.61	13.90	18
	铅	85.55	99.69	128
	锌	75.66	81.62	104
	锡	2.58	2.91	3.7
	锑	16.23	16.03	21
其中	铜材	19.02	51.66	67
	铝材	75.16	132.01	169

资料来源：湖南省循环经济行业协会调查统计。

（四）综合创新能力一流

湖南聚集了一大批世界一流的有色产业技术创新人才队伍。拥有桂卫华、王淀佐、古德生、钟掘、黄伯云、邱冠周、柴立元 7 名院士，中南大学、湖南有色金属职业技术学院及各有色金属企业中还拥有380多名教授及教授级高级工程师，15万多名生产一线的专业、实用型人才队伍及25万余名从业人员。此外，湖南的有色金属科研院所和科研平台数量及种类在国内首屈一指，拥有中南大学、长沙矿山研究院、湖南有色金属研究院、长沙有色冶金设计研究院、长沙矿冶研究院、湖南有色稀土研究院、湖南有色劳动保护研究、湖南有色金属职业技术学院等8个有色金属科研院所；具有有色金属产业国家级科研平台17个、院士工作站15个、省级有色金属产业平台52个，仅硬质合金领域，国家重点实验室、粉末冶金国家工程研究中心等国家级创新平台就有15个。湖南有色金属行业的科研投入比例全国领先，2021年全省有色金属产业研发费用投入87.58亿元，占行业主营业务收入的3.8%，居全国同行业领先水平。

（五）循环利用模式领先

湖南有色金属行业再生资源利用占资源总量比例约32%，在有色金属资源循环利用方面走在全国前列，形成了以循环经济园区为主导的资源循环利用产业模式，并在铜铝不锈钢和稀贵金属的循环利用领域建设了经验成熟的发展平台，有色金属循环经济产业发展水平领先全国。2022年全省共回收有色金属86.7万吨（见表3），实现主营业务收入553.58亿元，税收71.97亿元。2022年湖南省再生有色金属节能成效为节约204.38万吨标准煤[1]；减少二氧化碳排放53.55万吨、二氧化硫1.74万吨、氮氧化物1.51万吨。预计到"十四五"期末，湖南有色行业再生有色金属产量将超过100万吨，产值超过640亿元，上缴税金约83亿元。在资源环境的硬约束下，有色金属资源循环利用必将成为有色金属产业发展的主要方向和重要增长点。

---

[1] 节能：按可比熟料综合能耗111kgce/t计算：21870（千吨）节约2427570吨标准煤，即242.757万吨标准煤。减排：按1吨标准煤排放二氧化碳2.62吨、二氧化硫8.5公斤、氮氧化物7.4公斤标准计算。

表3　2022年湖南省有色金属资源综合回收情况表

金属品目	吨数(吨)	均价(万元/吨)	产值(亿元)	税收(亿元)
铜	242600	6.245	151.50	19.70
铝	483200	1.653	79.87	10.38
铅锌	123300	1.919	23.66	30.76
钨	9300	11.18	10.40	1.35
钴	2310	31.70	7.32	0.95
金	6.13	39967	24.50	3.18
银	2031	39.28	79.78	10.4
铋	6090	4.70	2.86	0.37
碲	493	53.13	2.62	0.34
稀有、稀贵金属	43.01	39820(均价)	171.27	22.26
总计	867336.01	—	553.58	71.97

资料来源：湖南省循环经济行业协会调查统计。

二　国内有色金属行业发展的趋势

根据国务院出台《有色金属产业调整和振兴规划》，近年我国有色金属产业坚持控制总量、淘汰落后、技术改造、企业重组，推动产业结构调整和升级，走绿色低碳可持续发展的道路，有色金属产业发展呈现以下特征。

（一）行业周期性明显，衰退期结构调整加速

有色金属行业具有很强的金融属性，20年左右一个行业周期，周期的上行阶段，市场需求旺盛，价格高涨，下行阶段需求减退，价格下跌，在低迷时期有色金属原材料价格能跌至高峰时的1/3，会导致大量的企业亏损和退出，市场大面积重组。近十年，有色金属正经历由盛及衰的下行周期，我国有色金属企业积极向外拓展，开发利用外部资源，调整产业布局。以五矿集团、正威集团等为代表，我国有色金属龙头企业顺应行业波动周期，积极利用行业周期加速扩展，我国已有9家有色金属龙头企业成长为世界500强企业（见表4），五矿集团2022年度实现营业收入1318亿美元，位列世界

500 强企业第 58 名，正威集团实现了 1120.492 亿美元营收，荣登世界 500 强企业第 76 名。

表 4　2022 年世界 500 强的中国有色企业

序号	名　称	排名
1	中国五矿集团有限公司	58
2	正威国际集团有限公司	76
3	中国铝业集团有限公司	139
4	江西铜业集团有限公司	176
5	山东魏桥创业集团有限公司	199
6	金川集团股份有限公司	339
7	铜陵有色金属集团控股有限公司	400
8	紫金矿业集团股份有限公司	407
9	海亮集团有限公司	459

资料来源：根据世界 500 强榜单整理。

（二）产业链向后端延伸，行业附加值提升

有色金属行业的污染和艰苦环节集中在产业链的前端，但产业附加值却主要集中在产业链后端的冶炼及加工环节。2022 年，我国规模以上有色金属工业企业实现营业收入 79971.9 亿元，其中全国规模以上有色金属矿采选业营业收入仅 3631.3 亿元，占有色金属产业链产值的 4.5%。有色金属技术创新朝着满足轻质高强结构材料、信息功能材料、高纯材料、稀土材料等制备技术和产业化技术方向发展，并为国防、军工和新兴产业提供重要支撑，光伏、风电等可再生能源的发展直接影响着铝、工业硅、稀土等有色金属需求；电动汽车、新能源电池及储能设备直接关联了铜、铝、镍、钴、锂等金属，因而产业链不断向后端延伸。以新能源电池为例，面向终端应用市场、拥有自主知识产权的有色金属材料加工生产，不仅未来空间巨大，而且市场扩张速度极快。

（三）资源安全形势紧张，话语权争夺激烈

资源是有色金属产业发展的基础，争夺资源和原材料的控制权是行业竞

争最激烈的环节。我国有色金属矿产资源的自给率较低，2010 年，铜、铝、镍的矿产原料自给率分别只有 23%、54%、14%。2021 年我国十种有色金属产量达 6454 万吨，约占全球总产量的 50%，其中铜、铝、铅、锌冶炼产品产量分别占到全球比重的 42%、56%、41%、45%，居世界第 1，但矿产原料大量需要依赖进口，2022 年，我国铜矿砂及其精矿的进口量达到 2527.06 万吨，金额达 3731.6 亿元。为了提高行业话语权，有色金属行业的兼并重组频繁。2021 年，主要新能源矿产项目并购数为 321 宗，同比增长 154.76%。其中，全球锂矿并购项目数量为 168 宗，同比增长 290.7%；全球钴矿项目并购数量为 15 宗，同比增长 87.5%；全球镍矿项目并购数量为 138 宗，同比增长 84%。

（四）绿色发展趋势显现，循环利用将成主流

与原生金属生产相比，再生金属资源的循环利用可以大幅降低能耗和环境损害。在巴黎协定的框架下，我国严格落实各项节能减排工作责任，大幅提升有色金属的循环利用效率。近 5 年，我国再生有色金属产量占全国有色金属总产量比例保持在 25% 左右；2021 年我国再生有色金属产量首次突破 1500 万吨，再生有色金属产业相当于节能 3317 万吨标准煤，降碳量大于 1 亿吨。2001 年欧盟国家有色金属的总回收率超过 34.7%，其中铝 30%～40%、铜 40%～50%、铅 50%～60%、镍 35%～45%、不锈钢 50%、锌 20%～30%、锡 15%～20%。最新数据显示，欧洲所有铝制饮料罐中有 74.5% 被回收，德国和芬兰铝制饮料罐的回收率达 99%。与发达国家相比，我国有色金属循环利用的提升空间巨大，因此，依托先进技术推动产业节能减排和资源综合利用，不断提高有色金属资源循环利用率是发展的必然趋势。

三　湖南有色金属行业面临的现实难题

有色金属产业作为湖南经济的支柱产业，自 2011 年以来发展停滞，相对地位急剧下滑。2011 年湖南的有色金属产业主营业务收入为 2422.1 亿元，利润为 173.7 亿元，到 2021 年时，主营业务收入为 2523.3 亿元，利润

为149.2亿元，各收入仅增长了101.2亿元，利润还下降了24.5亿元，湖南有色金属冶炼及压延加工占全国的比重已经从6.6%下降到仅占全国的3.6%，行业地位从当时的全国前3已经跌落至全国排名10位之后。

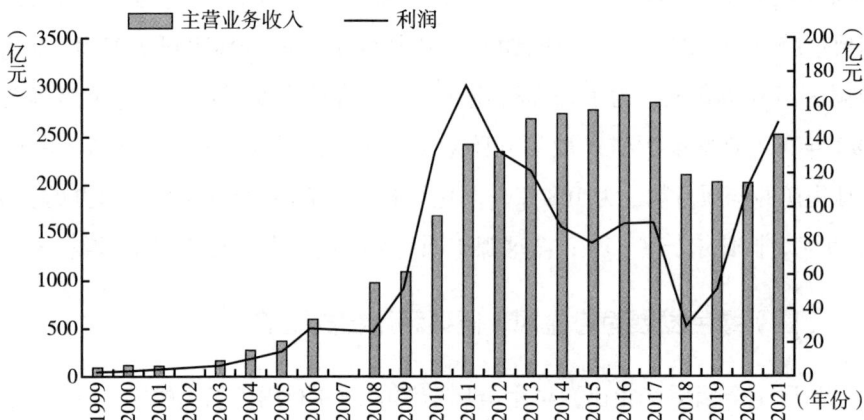

图1　湖南有色金属冶炼及压延加工业发展变化情况

资料来源：中经网数据库。

（一）不公平税收政策导致大量产业外迁

为支持循环经济发展，国家出台支持有色金属循环利用的激励政策，对于资源环保型企业给予了地方50%增值税增量返还政策，但各省出台的增值税地方留存部分返还政策有差别，导致了有色金属循环利用产业的地方差别税率，差别税率使全国有色金属回收行业向低税率地区转移。例如，湖北因疫情享有相对更大的税收政策优惠，江西省为支持铜产业链发展，给予再生金属综合利用企业的增值税返还比例可高达45%①（见表5）；而湖南作为有色金属大省，循环综合利用企业的税率约在22%左右，巨大的税收差，导致大量有色金属再回收企业生产转移或在外省结算税收。根据省循环经济

① 江西省对再生铜的增值税收入分配机制为：中央50%、省级5%、市县45%，部分市县为招商引资将增值税全部以奖补形式返还给企业；湖南省再生铜的增值税收入分配机制为中央50%、省级12.5%、市县37.5%，县市的招商引资和税收奖补空间较小。

协会测算，2022 年湖南省约有 327 万吨铜、铝、铅、锂（废旧储能材料）等再生金属流入外省，全省金属资源综合利用产值流失约 652 亿元，税收流失约 58.7 亿元。

表5　部分中部省份循环利用企业综合税率构成对比

省份	税收构成			再生资源利用企业综合税率*（%）
	地方增值税返还率（%）	所得税	附加税	
湖南	75	无法取得进项税抵扣	返还	约 22
湖北	100	可以进项税抵扣	返还	约 10.13
江西	80	可以进项税抵扣	返还	约 11.28

* 综合税率=增值税+所得税+附加税−所得税返还。

（1）假定所得税全额，不允许自然人代开发票，不能进项税抵扣，每 100 万元营业额需要缴纳的税费为：

增值税：$100/1.13 \times 13\% = 11.5$ 万元

所得税：$100/1.13 \times 25\% = 22.1$ 万元

附加税：$11.5 \times 12\% = 1.38$ 万元

月总税费为：$11.5 + 22.1 + 1.38 = 34.98$ 万元

（2）若在园区享受本地税收 80% 的退税政策，允许自然人代开发票进项税抵扣，所缴纳的税费为：

增值税：$100/1.13 \times 13\% = 11.5$ 万元

享受返还政策：$11.5 \times 50\%$（地方留存）$\times 80\%$（税收返还比例）$= 4.6$ 万元

实缴增值税为：$11.5 - 4.6 = 6.9$ 万元

所得税：自然人代税率为 3%，直接抵扣全部所得税。

代开税率：$100 \times 3\% = 3$ 万元

附加税：$11.5 \times 12\% = 1.38$ 万元

月总税额为：$6.9 + 3 + 1.38 = 11.28$ 万元

（1）（2）两者的税收差距：$34.98 - 11.28 = 23.7$ 万元。

（二）抗风险能力不足，产业发展数次经历波折

湖南作为具有国际话语权的有色金属大省，受到国际资本炒家的重点关注，因此湖南有色金属行业面临的发展风险问题突出。1997 年由于伦敦铅锌期货市场的株冶事件，湖南有色遭遇重创；2009 年在行业低谷期，湖南有色集团因经营困难，主要资产被无偿划转五矿集团，丧失了对自身资产的独立控制权，导致十余年来湖南有色行业发展群龙无首、节节败退。2022

年时湖南有色金属产值虽然提升了,但产量排名退到全国第 13 位,综合实力排第 17 名。而今,随着新一轮有色金属产业发展低潮期的到来,大量省内有色金属加工企业出现生存困难的现象,在汨罗高新技术开发区,有色金属加工企业接近 2/3 出现停产及减产,园区税收出现断崖式下跌。

(三)产业链条短,无法摆脱原料基地命运

湖南有色金属精深加工由于新项目投入少,产业链短,行业的附加值低。2021 年底,湖南省有色金属规上企业占比不到 30%,产业集中度仅为 37%,产业长期处于产业链低端。白银产业,产品主要为银锭,银粉、银浆、银线等生产较少,电子元器件、高分子新材料等终端生产所需要微米、纳米级银浆缺乏;铅产业大部分为电铅、铅锑、铅锡、铅钙等,高端铅基合金材料生产较少;铋产业以出口铋锭为主,用于化妆品着色剂、高端保险熔断器及航天航空、深空深海极端环境下所使用的铋合金材料几乎没有。以铜金属冶炼加工行业为例,湖南汨罗高新技术开发区再生铜资源回收加工利用产业链聚集了正威集团、龙智科技等国内龙头企业,形成了上下衔接的再生铜循环利用产业链,但产业链上缺少电解铜工艺项目的关键环节,导致湖南再生铜循环利用未能实现产业闭环,局限了再生铜资源加工利用的范围,限制了再生铜产业链向高价值环节延伸。

(四)资源要素价格偏高导致产业生存艰难

根据行业内信息,电价每下降 1 分钱,铝的生产成本下降 140 元/吨,同属高耗能的电解铜,当电价高于 0.7 元/度则企业根本无法实现赢利,因此,有色金属精深加工对资源要素价格比较敏感。由于湖南工业用电价格全国居前,有色金属冶炼加工项目在湖南落地生产成本高,新项目落地困难。例如中铝集团计划在湖南汨罗投资上百亿元的再生铝循环利用项目,最大的障碍就是电价问题。在汨罗市,2023 年一季度工业用电最高价格为 0.88元/度,最低价格为 0.72 元/度,综合电价 0.81 元/度,即便是生产集成电

路铜薄膜这样的高新技术和高利润企业①，项目落地后也亏损，也在准备外迁。根据 2016 年国家发改委、工业和信息化部、国家能源局三部门联合发布《关于完善用电政策促进有色金属工业调结构促转型增效益有关工作的通知》，有色金属行业可以参与电力直接交易。但是在湖南省汨罗高新技术开发区，大量既符合循环经济要求又满足转型升级要求的企业和项目还是无法实现电网直供，导致园区有色金属行业的电价过高，企业无法生存。

四　推动湖南有色金属产业高质量发展的对策建议

（一）调整产业政策，积极支持湖南有色金属产业链振兴

一是调整湖南省有色金属的产业政策，将湖南有色产业作为湖南工业的重要特色优势产业，加快发展。建议将有色金属列入湖南省重点发展的优势产业链，省领导做产业链总协调人，推动矿区、冶炼及加工企业、科研机构的有色金属全产业链融合发展，统筹基地、基金、产业、政府的各方资源，加快湖南有色金属六大产业链延伸的脚步。二是提升有色金属企业的抗风险能力。鼓励省内企业参与组建省级新兴产业投资基金，对处于成长关键期的企业给予风险管理的必要支持干预，通过战略投资者资本注入等手段，提高企业资本实力和抗风险能力。三是组建贯穿产业链上下游的大型企业集团，支持省内企业收购外部资源做大做强。支持鼓励省内有色金属产业兼并重组，在严格控制冶炼产能过快增长的同时，加大资本运作，推动落后产能淘汰，鼓励煤、电、铝、铜等跨行业重组，做大做强与新兴产业高度关联的铜、铝、锑、锂等产业。重建湖南本地有色金属产业龙头，加速金龙科技、龙智科技、晟通新材料等本地潜在龙头企业成长，及时关注潜在龙头企业的成长问题，兑现税收优惠政策，争取更多的产业链两端延伸项目在湖南省内投资落地。

---

① 根据调研，2021 年龙智科技用电量为 6731 万度，电费为 4208 万元，平均电价为 0.63 元/度；2022 年用电量为 8840 万度，电费为 6526 万元，平均电价为 0.74 元/度。电力成本过高，导致龙智科技生产成本持续攀高，目前企业净利润为负值，企业准备停产一期投产项目。

（二）支持循环经济试点园区综合配套改革试验

对于获得国家循环经济试点、"城市矿产"示范基地、循环经济标准化试点单位、国家大宗固体废弃物综合利用基地等国家级平台的产业园区，积极给予配套政策支持。一是允许在循环经济产业园中设立园中园，建设化工产业园，解决有色金属产业链关键项目落户问题。二是在试点园区给予短期税收政策支持，对标江西的税收奖补政策力度，对产值和税收保持增长的市、县给予更大的转移支付奖励自由度，保障省内重点项目不流失。支持汨罗高新区和永兴产业园的资源循环利用精深加工产业发展，对主营业务收入30亿元以上有色金属资源循环利用精深加工重点企业，参照外省政策，根据税收贡献情况实行分级返还优惠政策，对高速成长期企业给予适当支持。此外，落实所得税进项抵扣政策，允许废旧金属回收加工企业通过代开进项税发票抵扣企业所得税。三是落实国家给予循环经济园区的电厂直供电政策，鼓励循环经济产业园建设综合节能项目、园区收购电厂或者园区电厂直购合作等，进一步降低园区电力使用价格。四是借鉴先进经验，通过与燃气公司签订大客户采购合同等方法，园区自建托管、租用燃气公司管道，与供气公司直接结算等政策，降低园区用气价格和成本。五是积极争取岳阳有色金属散装货物进出口专业口岸建设，解决企业进口散装废旧金属资源的入关难问题。

（三）资本加持助力有色金属产业项目投入

构建湖南的有色金属全生命周期投资基金体系，支持有色金属项目招商落地及科研成果本地孵化。一是设立政府性有色金属产业投资引导基金和创新项目风险投资基金。通过全生命周期的产业资本支持，保障有色金属重大项目在湖南落户和聚集发展，重点支持有色金属合金材料、电子信息材料、稀贵金属及稀土新材料的生产研发项目招商和孵化，加速湖南技术创新优势转化为精深加工能力。二是设立湖南有色金属精深加工产业发展转型支持资金。在省内重点地区给予有色金属循环利用和新材料开发的专项支持，针对省内政策无法覆盖的差别税收问题，给予一定年限的产业扶持资金特别支持，稳定既有产业发展。三是鼓励市、县、园区按照一定的出资比例组建地方性有色产业孵化基金、精深加工产业发展投资基金。支持地方龙头企业参与有色基金产业项目的投资运作，通过产业基金招引产业资本合作及项目落地，健全和补齐铜铝等有色金属加工的产业链短板和断点。

（四）推动央地合作，建设全球有色金属研发和加工中心

加大与国内有色金属行业龙头的合作，共同发起设立有色金属新材料开发研究院，深入挖掘研发优势潜能。一是对湖南有色集团划入五矿集团的后续投资情况进行一次全面评估，督促其履行无偿划拨协议规定的义务，并针对评估结果与央企开展重新签订协议的谈判，确定其新的发展指标，并考核审查，督促其落实地方发展责任。二是加强与中铝集团的对接，充分发挥本地科研和创新优势，助力其循环经济新项目落户湖南，共同出资建设重点实验室和工程中心，开展项目合作以及重大项目共同研发。三是支持湖南有色金属循环利用精深加工研究中心和稀贵金属循环利用精深加工研究中心在汨罗和永兴落地建设，为全国科研院所提供有色金属废弃物资源化利用中试、产业化平台及教学和实习基地。整合省内高校科研院所产业、科技资源，攻关有色金属资源循环利用中提高资源综合利用率的节点、瓶颈技术，探索新的技术路径，研发、改进节能与资源高效循环利用、精深加工实用型新工艺，服务园区技术升级、产品更新换代，提升资源高效循环利用效率，实现产业链向高附加值延伸。四是设立重大研究专项，实施揭榜挂帅科研攻坚，重点针对湖南有色的特有优势产业链，围绕硬质合金、铝合金、钛合金、镁合金领域金属材料制备工艺和制造技术进行研发攻关。

B.9
打造汽车产业新高地：现状、展望与对策

湖南省社会科学院（湖南省人民政府发展研究中心）调研组 *

摘　要： 汽车产业是湖南打造国家重要先进制造业高地的一张靓丽名片，特别是近两年来湖南新能源汽车产量跨越式增长，在全国逐渐具备独特影响力。但在全国不少省（区、市）均大力推动汽车产业发展的背景下，不进则退、缓进亦退。本文从市场主体、产业布局、创新能力、未来汽车产业特色领域等方面对湖南汽车产业发展现状和面临的挑战进行了细致梳理，并在总体展望行业前景的基础上，提出了以数字化构筑核心竞争力、完善产业链配套能力、做强新能源汽车产业品牌以及加速智能网联车产业布局四方面的针对性建议，以助力打造汽车产业新高地。

关键词： 汽车产业　新能源汽车　智能网联车　高质量发展

汽车产业作为"工业中的工业"，集中体现着国家产业发展水平和综合工业能力。习近平总书记历来高度重视汽车产业发展，他曾强调"我们要成为制造业强国，就要做汽车强国"。2020年，习近平总书记考察湖南时，为湖南擘画了"三高四新"的宏伟蓝图；2021年，湖南省第十二次党代会再次明确

---

* 调研组组长：钟君，湖南省社会科学院（湖南省人民政府发展研究中心）党组书记、院长（主任），研究员。调研组副组长：侯喜保，湖南省社会科学院（湖南省人民政府发展研究中心）党组成员、副院长（副主任）。调研组成员：杨顺顺，湖南省社会科学院（湖南省人民政府发展研究中心）经济研究所副所长，研究员。

了打造国家重要先进制造业高地的重点领域和路径目标。当前，湖南省汽车产业方兴未艾，2022 年全省拥有汽车制造业规模以上企业 464 家，全年营收超过 2600 亿元，其中新能源汽车产量同比增长 248.8%，年增速超过全国平均水平近 152 个百分点，产量位居全国前列，汽车产业已经成为湖南打造国家重要先进制造业高地不可或缺的重要板块。如何将湖南现有的汽车产业发展基础更好地转变为产业发展优势，提升全省汽车产业竞争力，巩固优势、补足短板，在全国汽车产业发展热潮中保持领先地位，对全面落实"三高四新"美好蓝图、全面建设社会主义现代化新湖南具有重要的现实意义。

一 湖南汽车产业发展现状调研

作为制造大省，湖南一直有着强大的"造车梦"，随着近年来燃油车的稳步发展和新能源汽车的异军突起，湖南省现有整车生产能力接近 150 万辆，形成涵盖乘用车和商务车，包括轿车、越野车、载货车、客车、专用车、新能源汽车等产品系列相对完整的汽车产业体系，但与在国家重要先进制造业高地版图中打造汽车产业新高地的目标仍有差距。

（一）各类市场主体稳步提升，产量、营收、利税增势喜人，但存续企业数量全国占比仍偏低，且上市企业少

汽车产业各层次市场主体数量提升。截至 2023 年第一季度，湖南现有汽车产业存续企业 5623 家，汽车制造业规模以上企业 464 家，整车制造类生产企业 18 家，其中拥有长沙比亚迪、北汽株洲、中车电动等 12 家新能源汽车整车生产企业。汽车产量、营收、利税实现较大跨越。2022 年，全省汽车和新能源汽车产量分别达到 95.3 万辆和 49.6 万辆，同比分别增长 56% 和 248.8%，分别高出全国平均水平 52.6 个百分点和近 152 个百分点，产业规模逐步走在全国前列；按工信部统计，湖南省新能源汽车产量居全国第 4 位（落后于广东、陕西、江苏，不计上海），占全国新能源汽车总产量的 7%，新能源汽车占汽车总产量之比高出全国平均水平 1 倍，湖南省通过

"弯道超车"已成为全国重要新能源汽车生产基地；全省规模以上汽车制造企业实现营收 2642 亿元，利润 82 亿元，同比分别增长 50.1%和约 31 倍，企业效益大幅提升；全省汽车产业税收延续 2021 年止跌回升后的强劲增长态势，入库税收 82.8 亿元，同比增长 41.3%，增速居中部首位，汽车制造业经营环境迅速改善，汽车产业实现强劲增长。

但湖南汽车产业市场主体数量偏少、大企业不多，且不少企业存续周期较短、抗风险能力弱。湖南省汽车产业存续企业数量、注册资本总额分别仅占全国的 1.81%、0.22%；注册资本 1000 万元以下的企业占总量的81.08%，而 50 亿元以上的企业仅占 0.04%，且近三年来汽车产业存续企业平均注册资本由 26.24 万元下降至 19.63 万元，呈逐年下降态势，同时湖南省汽车产业超一半企业（68.8%）没有存活过 5 年，汽车产业上下游中小企业抵御风险能力弱，正面临着巨大的生存压力；湖南省仅有两家汽车产业上市公司（湘油泵、湖南天雁），占全国上市公司的 0.9%，排全国第 17 位，上市公司营业收入总额、利润总额、研发费用分别占全国汽车上市公司的0.08%、0.16%、0.15%，分别列全国第 23 位、第 18 位、第 23 位，与争取汽车产业新高地的地位并不相称。

（二）汽车产业布局集中，产业集群越趋明显，产业链逐步完善，但产业配套水平仍待提升

产业布局高度集中。根据企业注册地址分布，湖南汽车产业企业高度集中于长沙市，占比为 47.96%，其次为株洲市和衡阳市，产业布局无明显变化趋势，产业集群初步形成。近年来，湖南省引进吉利、比亚迪、北汽、上汽大众等一批行业龙头建立生产基地，广汽三菱、天机汽车总部落户，超过80%的规模以上汽车企业聚集于长株潭城市群，2023 年第一季度仅长沙比亚迪新能源汽车产量就占据全省的 93.8%，全省已基本形成以长株潭为核心，衡阳、常德、邵阳、益阳、永州、娄底等市协调发展的格局。长沙经开区、雨花经开区、长沙高新区、株洲高新区、湘潭经开区等园区已经成为全省汽车整车生产的重要载体，集聚了湖南省汽车产业 80%以上的重点企业，邵阳经开区、永州长丰工业园、衡阳高新区、宁乡经开区、宁乡高新区、娄底经开区等一批园区初步形成了各具特色的汽车零部件配套基地。产业链条日趋完善。湖南省新能源汽车电控、电机、电池"三电"关键零部件研发制造能力处于国内先进水平，是松下、三星、宁德时代等电池巨头企业上游材料的重要供应地，拥有时代电气、长沙比亚迪半导体、中车株洲电机、弗迪电池等一批业内知名企业。

但在供需对接方面，湖南省整车—零部件协同效应和深度合作关系尚未形成，整车本地配套率较低。湖南省整车企业大多是外地企业在湘分工厂，分属不同汽车集团，供应链服从集团统一安排、自成体系，形成了部分企业配套的孤岛链，如上汽大众、广汽三菱等整车企业均建立了排他性的配套关系，省内零部件配套企业较难拓展业务，难以从整车研发阶段介入和与政策企业形成紧密主配关系。此外，湖南省配套企业整体技术水平不高，配套产品主要集中在汽车内饰、线束、冲压件、模具等技术含量不高的低附加值零部件，变速器、底盘、整车控制器、车规级芯片等关键核心零部件未形成产业布局。

（三）汽车产业创新能力不断提升，创新平台持续向全链覆盖，但关键核心技术、人才缺口仍不容忽视

汽车企业开展技术研发已相对普遍。2020年，湖南省汽车产业拥有知识产权和自主专利的企业分别达到2153家和1475家，分别占全省汽车企业总量的38.29%和26.23%，知识产权和专利信息主要集中在地方国资企业，整体上看湖南省汽车企业中已相对普遍关注科技创新和技术研发。汽车产业创新平台载体向研发设计、前沿技术研究、检验检测全产业链覆盖。湖南省拥有湖南大学、中南大学、国防科大、长沙理工等多所在汽车领域研发创新能力较强的高等院校，汽车车身先进设计及制造国家重点实验室、汽车轻量化国家重点实验室（湖南大学分中心）、智能网联汽车安全测评体系研究实验室、智能运载系统创新中心等一批科研创新平台，搭建了国家智能网联汽车质量监督检验中心（湖南）、国家新能源汽车质量监督检验中心（湖南）

等公共服务平台。汽车及零部件工艺和产品技术含量不断提升。如长沙弗迪电池的刀片电池生产过程中的叠片、配料、涂布、辊压、检测等其他工艺都达到世界顶尖水平，时代电气新能源汽车电控系统装机已进入全国前五，中车时代电气研发的基于自主碳化硅的汽车"芯"是国内首款基于自主碳化硅（SiC）的大功率电驱产品。

湖南省汽车产业设计、制造部分关键核心技术仍受制于人，且研发人才仍相对紧缺。湖南整车企业大多是外地企业在湘分厂，仅负责生产制造，研发中心不设在湖南省，缺乏独立研发新车型或改款新车型的能力。湖南省汽车产业基础软件、元器件、高端实验仪器和装备等共性技术积累不够，动力电池、驱动电机等领域部分关键技术存在短板，车规级芯片、高精度传感器、车载操作系统等关键零部件高度依赖进口。人才整体需求方面，截至2023年第一季度，湖南汽车产业共发布的招聘岗位信息条数、涉及人数占全国比例分别为2.39%、2.63%，均明显高于存续企业占比，说明行业人才需求相对活跃。专业技术人才方面，湖南省汽车企业关注生产制造，相对缺乏研发设计环节，导致高端人才缺乏承接载体，同时湖南省高校缺少以特定需求为导向的人才培育机制，与汽车产业新学科、新型人才的需求不匹配，"汽车+IT+通信"的高层复合型人才紧缺。

（四）湖南紧跟未来汽车风口，新能源汽车产业异军突起，智能网联汽车产业取得先发优势，但各省（区市）你追我赶态势紧迫

新能源汽车产业实现突破性发展。客车、乘用车、专用车各类新能源整车陆续推出，比亚迪、北汽新能源、广汽三菱、天际汽车都推出了新能源汽车产品，三一集团、中联重科、中联环境积极推进了相关工程机械产品电动化转型，中车电动、湖南星通汽车研制出了电动救护车、电动物流车、电动应急救援车等专用车型。产业规模快速壮大，消费市场全面激活。2023年第一季度，全省生产新能源汽车19万辆，同比增长157.6%，高出全国平均水平近120个百分点，占全国总产量比重提升至11.5%；同时，随着"稳增长20条"的提出，在限额以上单位中，全省新能源汽车类商品零售额增长 41%，远高于同期社会消费品零售总额增速（5.9%），湖南新能源汽车市场呈现产销两旺的良好态势。智能网联汽车发展已走在全国前列。智能网联汽车产业基础及应用生态初步形成。湖南省建成"国家智能网联汽车（长沙）测试区"和"湖南（长沙）国家级车联网先导区"，长沙成为国内"智慧城市基础设施与智能网联汽车协同发展"6 个首批试点城市之一，长沙将以湘江新区为核心打造全国运营范围最广、应用场景最丰富的功能型无人车应用示范城市。智能网联汽车产业聚合态势逐步显现。目前已吸引百度、华为、腾讯、京东、博世、大陆、舍弗勒、地平线等企业落地长沙，聚集了整车、算法、芯片、大数据、通信导航等产业上下游关联企业 360 余家。

但全国新能源汽车、智能网联汽车产业正处于蓬勃发展阶段，不进则退、缓进亦退，湖南抢占和稳固优势仍有压力。陕西正集全省之力将汽车产业打造为支柱产业，设立了汽车产业发展专项资金，加大了招商引资力度，加快布局了比亚迪、吉利、汉德车桥等龙头企业。2022 年陕西新能源汽车产量达到 102 万辆，增速全国第 1，产量全国第 2，未来还将依托丰富的航空航天资源和研发力量，加快传感器、摄像头、激光雷达、大数据等智能网联汽车关键领域的研发布局，抢占汽车产业未来发展新高地。安徽是湖南省在中部地区新能源汽车产业强劲的竞争对手，2021 年开始实施新能源汽车产业发展三年行动计划，目前已集聚江淮、奇瑞、蔚来、大众、比亚迪等 10 家整车企业和 1200 家配套企业，2022 年安徽新能源汽车产量与湖南省不相上下，并在其《"十四五"制造业高质量发展规划》中提出新能源汽车要在 2025 年生产规模超过 300 万辆，产量要占到全国的 20%左右。在前有标兵、后有追兵、左右有强兵的形势下，湖南新能源汽车和智能网联汽车产业破围仍压力重重。

二 汽车产业展望及湖南相关建议

聚焦加快打造汽车产业新高地战略目标，加快发展整车、关键零部件、延伸产业和未来产业，将湖南建设成全国汽车产业链最完备、配套能力最强、引领未来汽车潮流的最强省份之一。

（一）推动产业数字化转型，构筑核心竞争力

当前，汽车产业正逐步从增量市场走向存量市场，车企之间竞争日益激烈。一方面，逆全球化思潮和贸易保护主义的抬头，导致发达国家制造业回流和重新布局、汽车产业价值链收缩和供应链内部化，需要利用数字化转型提高供应链透明度，有效应对断链冲击。另一方面，互联网、通信企业跨界进入汽车产业，竞争主体不断增多，企业获客成本抬升，汽车市场"价格战"越演越烈，利润不断摊薄，加之消费者个性化、定制化需求不断增长，需要利用数字化技术提升生产效率，降低经营和管理成本，创造需求场景，迎合用户需求。

要推动汽车及配套产业全产业链数字化转型，一是抓链主、龙头企业，建设灯塔工厂，培育数字化转型标杆样板。参考广东、安徽经验，支持比亚迪、吉利、北汽等龙头企业和骨干企业实施全要素、全流程、全生态数字化升级，打造典型示范项目、典型示范园区，培育数字领航企业、省级智能工厂和数字化车间，争创一批国家级示范企业。通过链主企业"头雁效应"，为汽车生产周期各阶段企业提供对标样本，带动全产业链一大批企业"有样学样"，抱团开展数字化转型。二是建设完善中小企业"数改智转"云服务平台，提供数字化转型方案。参考江苏经验，针对中小企业"不愿转、不敢转、不会转"难题，强化智力支持保障，建设完善中小企业互联网和云服务平台，举办产业链上下游企业线下学习会、供需对接活动，针对汽车及配套产业特点，梳理细化关键环节、重点场景和典型案例，为企业提供数字化转型指南和全方位指导，推广应用数字化软件服务包，构建更加丰富的工业互联网生态。三是引进熟悉工业场景、集成能力强的第三方服务商，助力车企整体数字化转型。引进数字化服务商，与车企建立长期伙伴关系，针对整车厂与零部件厂一体化协同、零部件厂精细化运营能力提升等关键领域，以"咨询+落地"模式提升企业采购供应链、制造过程、品质管理、客户服务、媒体公关等数字化水平，围绕细分行业打造一批小型化、快速化、轻量化、精准化的数字化系统解决方案和产品。四是优化

财政资金支持方式，降低企业数字化转型负担。借鉴江苏经验，创新财政资金奖补方式，采用数字化转型免费诊断及发放信息化券、创新券等非现金扶持方式，将"事后奖补"变为"事中投入"，加大力度支持中小企业智能化改造向数字化转型。

（二）完善配套能力，提升产业链整体发展水平

湖南汽车产业集群初步成型，但配套产业仍需补齐短板。当前，随着全球汽车产业生态重塑，产业布局正由传统燃油车"1整车+5关键零部件"向新能源汽车"1整车+3关键零部件"和智能网联汽车"1整车+1互联网+3关键零部件"转变。针对未来汽车及配套产业、产品发展方向，方正证券相关研究提出一些未来发展的重要趋势：从车型上看，混动车渗透率提升将利好动力系统周边部件；汽车热管理系统相关高价值零部件可能随新能源车销量的迅速提升而迎来国产替代的重要时机；车规MCU（微控制单元）芯片国内量产厂商不多，高需求仍将持续；制造技术上，一体化压铸技术将进入快行道，下车体总成一体化压铸前景看好。

要加强产业链间的产品、技术和配套协作，着力提高本地化配套能力和基础设施保障能力。一是推动整车和零部件企业"同频共振"。支持整车企业牵头，引导主机企业和核心零部件企业、总成系统（模块）与次级零部件企业组件汽车产业战略联盟和协同创新联合体，支持汽车集团在湘设立总部级研发中心，鼓励整车企业和零部件企业加强共性技术研发和产业化能力，构建联合攻关、信息共享、知识产权保护和集中运营机制。每年定期组织召开"整车—零部件"产业对接会，就生产计划、成本质量、市场趋势等供需要求进行交流对接，促进整车与零部件企业在研发、采购等方面的深度合作，逐步实现同步研发、生产、供货。促进相关职能部门、战略联盟、行业协会合作，建立需求征集发布、供需对接、评估筛选、申报认定等一系列整零协同项目推进制度。同时，挖掘湖南省IGBT产业优势，加快推动湖南省功率半导体产业与汽车产业的对接配套，推进湖南省IGBT产品在汽车领域的国产替代和应用推广。二是提升零部件产业品牌实力和配套能力。鼓

励零部件企业积极对标国内外先进标准，实施品牌战略，加大研发投入，集中资源优先发展汽车半导体（计算与控制芯片、信号与接口芯片、功率半导体、存储芯片、传感器芯片）、轻量化材料等知识密集型高端零部件；大三电（电池、电机、电控）、小三电［车载充电器（OBC）、高压配电盒（PDU）、车载 DC/DC 变换器］、废气再循环系统、涡轮增压、混动专用变速箱等纯电动车和混动车动力系统周边部件；空调压缩机、阀体、换热管件、空调箱、冷却器、电池/电子控制系统温度管理等热管理系统高附加值零部件。加快转化基础材料、基础工艺、基础元器件等核心零部件研发成果，对企业相关技术研发、标准研制、厂房改造，以及大型压铸机等单台价格较高设备采购给予一定资金补助。

（三）锚定全生命周期，做强新能源汽车产业品牌

随着 2020 年双碳战略的提出，中国新能源汽车市场迸发式发展，2022年全球传统燃油车、油电混动、插电混动和纯电动车份额分别为 82.4%、4.6%、3.3% 和 9.6%，而中国的全球新能源汽车份额为 63.2%。国内新能源汽车渗透率由 2020 年的 5.4%（销量 136.7 万辆）快速提升至 2022 年的 25.6%（销量 688.7 万辆），按照中央经济工作会议提出的"支持住房改善、新能源汽车、养老服务等消费"，新能源汽车市场仍将处于较快增长阶段，2023 年将超过 30%（销量突破 910 万辆）。2022 年，我国乘用车中插电混动和纯电动车出口同比分别增长 123% 和 89%，新能源车出口大幅扩张和开启国内下沉式增长将成为未来一段时期的主要特征。但在火热的国内外市场背后，新能源汽车高速发展衍生的补能焦虑、续航里程焦虑和安全焦虑，仍是产业高质量绕不开的话题。截至 2022 年 9 月，我国车桩比约为 2.6∶1，且充电设施集中于一二线城市，公桩占比不足 40%；而近期频见报道的碰撞事故、自燃事件，也使新能源汽车安全问题成为舆论焦点。

要从高效生产、安全消费、动力电池回收、基础设施保障等各层面夯实新能源汽车产业品牌。一是以长株潭城市群为空间竞争核构建稳定高效产业链集群。当前我国的新能源汽车产业竞争不仅仅是车企、品牌之间的竞争，

而是落位到城市群层面的产业链集群竞争。新能源汽车产业链延伸长、体量大，要在长株潭一体化和都市圈打造中，推进城市间分工协作、优势互补，实现产业链、供应链、技术研发转化和基础设施建设一体化。可参考广佛深莞智能装备、广惠佛超高清产业集群以行业发展促进机构为城市群产业协调主体的成功经验，推动实现长株潭跨市域政府产业集群战略合作协议落地见效。要抓特色、锻长板，参考西安抓整车制造，合肥抓战略资本的成功举措，形成以比亚迪、吉利为行业双龙头，以"三电"技术（中车时代电气、长沙比亚迪半导体的新能源汽车 IGBT、中车株洲电机的新能源汽车驱动电机处于国际先进水平）为核心的新能源汽车产业地方特色生态。

二是推动湖南省新能源产业做响消费安全品牌。技术路线上，支持新能源车企加快半固态电池装车，开展准固态、全固态电池研发，提升电池安全性和单体能量密度；对隐藏式门把手、车载大屏等关注度较高的涉安全隐患技术研发推广便利性解决方案。宣传教育上，引导新能源车企公布撞击实验等安全数据，以售后服务奖励等方式培养用户科学的充电、消防、使用辅助驾驶等习惯。

三是完善废旧电池回收逆向供应链。湖南作为全国新能源汽车动力蓄电池回收利用试点省份，动力电池回收利用产业规模已位居全国前列。未来要利用已有的技术条件和渠道基础，推动以整车企业及其 4S 店资源为核心，集动力蓄电池生产企业、报废汽车回收拆解企业、仓储物流企业站点、废旧动力蓄电池综合利用企业、第三方网点建设机构等共建回收利用网络体系，并建立行业互信机制。鼓励退役后的动力蓄电池运用到储能、分布式光伏发电、家庭用电、低速电动车等领域。加强电池检测及剩余价值评估技术、梯次利用、循环利用技术、电池自动化拆解技术等领域研发，对电池回收中储存管理、包装运输等关键环节制定详细的操作标准和规范，并推广试行。

四是完善充电桩等配套设施建设。严格要求新建公建类项目、住宅小区、公共停车场等建设充电设施或预留建设安装条件，并纳入建设条件和土地出让条件，简化充电设施建设立项及项目竣工验收手续。商业中心、公建配套停车场、对外交通枢纽等社会公共停车场充电设施或预留建设安装条件的车位比例不低于30%（参考深圳）。支持在现有停车场、停车位、城市零碎土地、加油加气站增设充电桩；鼓励已建小区电力增容，由电网公司另设线路，公共投资部分由政府分担；支持个人自建充电设施接入服务网络；鼓励有条件的单位和个人充电基础设施向社会公众开放。完善充电设施用电价格和充电服务费，设置充换电服务费上限价格。打击整顿部分开发商以"标准充电桩车位"为名义，高价出售与普通车位无明显差异，未配备相应专用充电配套设施的"伪充电桩车位"的社会乱象。

（四）推动示范转向应用，加速智能网联车产业布局

随着新一轮科技革命和汽车产业变革的深化，智能网联汽车正处于产业加速布局、技术快速发展、应用生态不断成熟的新阶段。2020年2月，11个国家部委高规格出台《智能汽车创新发展战略》，智能网联汽车产业迎来重大机遇期，近年来各地行动方案陆续出台，应用场景纷纷落地，以巩固自身先行优势。北京、上海、深圳在法规细则、行动方案、地方标准等方面出台了相关政策文件；2023年3月苏州5G车联网城市级验证与应用项目推动苏州工业园启动网联公交；2023年5月合肥开启智慧物流运营测试项目；长沙自2018年6月国家智能网联汽车（长沙）测试区正式开园，目前各类车型、路况、气象环境测试场景不断丰富，以测试区为依托的湘江智能网联产业园正加速建设。在近期公布的城市智能网联汽车发展竞争力排名中，长沙位居前5，仅次于北上广深四个一线城市。

立足既有基础条件和先发优势，优环境、重运营、抢人才。一是优化智能网联汽车产业基础环境。近五年来，国家智能网联汽车（长沙）测试区70余家知名企业200多个车型开展了8000余场测试，尚在建设中的湘江智能网联产业园就已吸引了百度、中国汽研、舍弗勒、吉林大学长沙研究院90余家企业入驻，市场主体加速集聚、技术标准储备扎实，长沙已具备冲击"智能网联第一城"的基础条件。但从管理制度上看，现行的法律法规与智能网联汽车特性不完全匹配，且随着智能网联边界的拓展，除车辆本身外，交通、道路、通信等相关领域都存在需进一步进行法律法规界定的需

求。参考《深圳经济特区智能网联汽车管理条例》，可在全省、长沙市智能网联汽车道路测试与示范应用管理实施细则的基础上，对车辆准入、销售、登记、合法上路、开展道路运输、车路协同、数据安全做出前瞻性规定。同时要加快智能交通系统布局，推进既有道路、交通信号灯、交通标志适应性改造，部署 RSU 路侧单元、移动边缘计算（MEC）和云控平台，新建智能化基础设施，以车路协同突破 L5 智驾技术瓶颈。二是以"特种车辆+方案整包"模式推进商业化进程。考虑到一般城市路段、高速场景下基础设施不完善，厂家设备配套意愿弱，现阶段可优先在机场、港口、矿区、园区、货运场站对货运、接驳、工程机械、无人配送、环卫率先实现规模化运营，以百度 Apollo 苏州吴中区车路协同项目为参考，推动政企合作，引导企业提供车辆改装、路端、云端部署总包及运营维护整套方案，政府支持产品采购和后期服务费用，通过特种车为进一步推广运营积累数据和改进算法。三是加强智能网联汽车专业人才培育和引进。智能网联汽车的跨行业特性，需要大量计算机、信息通信类非车辆专业背景人才，当前智能驾驶系统架构工程师、感知融合算法工程师等严重紧缺，人才流动频繁。建议优化升级高等院校传统的车辆工程类专业课程，以推广"微专业"方式，增加计算机、电子信息、自动化等知识单元，加强校企合作，培养复合型适用人才。完善车企校招渠道，更多运用"Z世代"偏好的宣传手段，建设校园网络招聘市场；鼓励车企优化人才关怀举措，加强人才体系化培训和导师带教，授权骨干企业自主进行职称和技能等级评价，加快技术人员成长，增强人才归属感。

B.10
打造农产品加工业发展高地的对策建议

湖南省社会科学院（湖南省人民政府发展研究中心）调研组*

摘　要： 近年来湖南打造农产品加工业发展高地成效显著，农业加工业规模跃居全国第一方阵，农业加工业企业总量稳居全国前列，农业加工产业集聚、集群化发展势头强劲，产业链带动能力大幅增强；但同时也面临农产品加工总体水平偏低，加工企业"散、弱、小"特征显著，以及品牌竞争力不强等突出问题。建议进一步加快湖南省农产品加工科技创新步伐，促进农产品加工企业做大做强，推进农产品加工园区高质量发展，强化农产品加工质量与品牌建设。

关键词： 农产品加工业　品牌建设　科技创新　高质量发展

打造农产品加工业发展高地是湖南省委、省政府的重要决策部署，是新时代、新征程加快推进农业强省建设的重要举措。为全面了解湖南农产品加工业现状，调研组先后赴常德、怀化、娄底、郴州等地开展调

* 调研组组长：钟君，湖南省社会科学院（湖南省人民政府发展研究中心）党组书记、院长（主任），研究员。调研组副组长：侯喜保，湖南省社会科学院（湖南省人民政府发展研究中心）党组成员、副院长（副主任）。执行组长：张黎，湖南省社会科学院（湖南省人民政府发展研究中心）农村发展研究所（湖南省人才资源研究中心）副研究员。调研组成员：张小乙，湖南省社会科学院（湖南省人民政府发展研究中心）农村发展研究所（湖南省人才资源研究中心）助理研究员；何友，湖南省社会科学院（湖南省人民政府发展研究中心）农村发展研究所（湖南省人才资源研究中心）助理研究员，博士；王文强，湖南省社会科学院（湖南省人民政府发展研究中心）农村发展研究所（湖南省人才资源研究中心）所长，研究员；李银霞，湖南省社会科学院（湖南省人民政府发展研究中心）产业经济研究部二级调研员。

研，通过实地考察、座谈、访谈等掌握第一手资料，在此基础上，形成如下报告。

一　现实基础

近年来，湖南立足打造农业优势特色千亿产业，大力发展壮大农产品加工业，推动农产品加工业规模不断扩大，联农带农能力持续提升。

（一）加工业列全国第一方阵

近三年，产值规模稳居全国前 7 位。2022 年，全省农产品加工业实现营业收入 2.13 万亿元①，较上年增长 7%，较"十三五"初期的 1.18 万亿元接近翻番；其中，规模以上农产品加工业实现营业收入 1.68 亿元，同比增长 7.2%。以农产品加工业为主导，湖南聚力打造粮食、畜禽、蔬菜、油料（油茶、油菜）、水果、水产、茶叶、中药材、南竹、种业等十大农业优势特色千亿产业，2022 年，十大优势特色产业全产业链产值达到 1.42 万亿元，同比增长 6.4%，其中，粮食、畜禽、蔬菜产业产值分别达到 3396 亿元、3855 亿元、2111 亿元。油料（油茶、油菜）、水果、水产、茶叶、中药材、南竹产业产值分别为 982 亿元、900 亿元、848 亿元、839 亿元、717 亿元、557 亿元（见图 1）。

（二）加工企业数量居全国前列

近年来湖南实施农产品加工企业倍增行动，把农产品加工业作为提升农产品附加值、促进农民增收、推进一二三产业融合发展的关键性产业来抓，推动农产品加工业发展不断迈上新台阶，农产品加工企业数量持续增加。根据企业注册地址分布，当前湖南农产品加工企业有 27.86 万家，数量居全国第 4 位，其中，长沙、邵阳两市超过 3 万家，常德、衡阳两市超过 2.5 万家

---

① 资料来源：中经网统计数据库、《湖南统计年鉴》、《湖南农村统计年鉴》，以及湖南省委省政府和各市州及其相关职能部门发布的统计数据。本文所指的农产品加工业是广义的概念，包括产业链的上下游，比统计部门的概念更大。

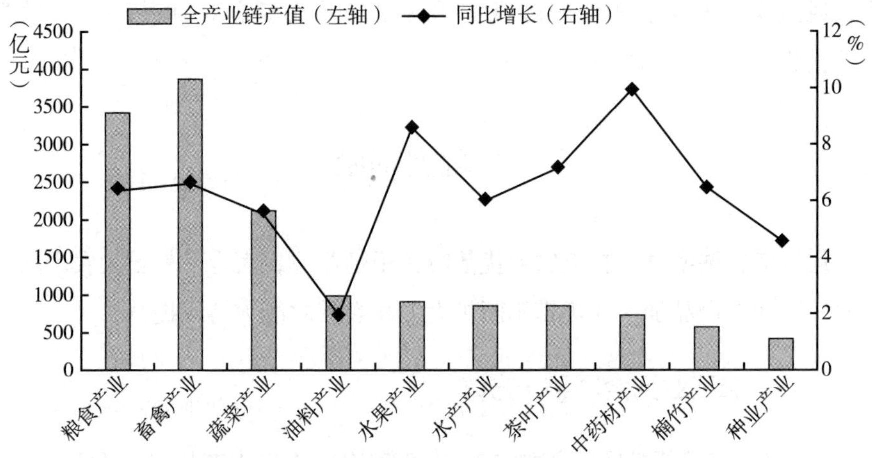

图1 湖南省农业优势特色产业全产业链产值和增长情况

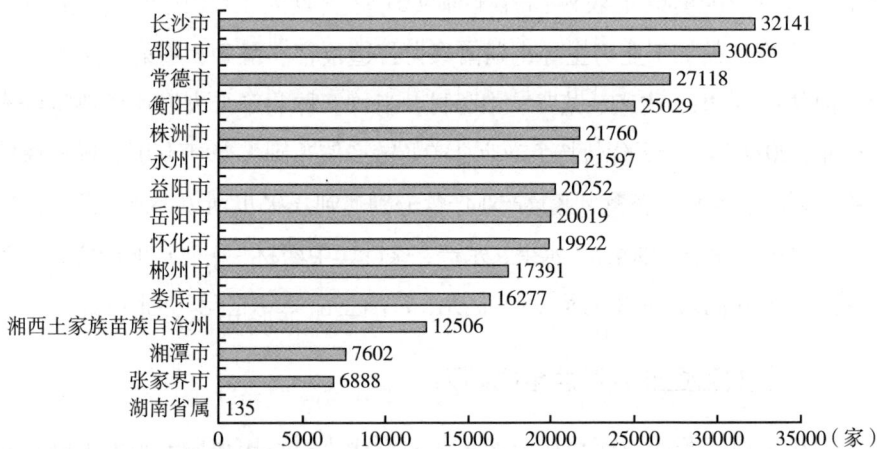

图2 湖南省农产品加工企业区域分布情况

（见图2）。截至2022年底，全省规模以上农产品加工企业达到5599家，较上年增加9.8%，其中年销售收入过100亿元的有8家，过50亿元的有11家，过10亿元的有81家。全省拥有国家级重点龙头企业79家，列全国第10位；有省级龙头企业999家；有农产品加工业上市公司14家，居全国第4位、中部第1位。

（三）加工业集聚、集群化趋势明显

湖南省统筹推进现代农业产业园、优势特色产业集群、农业产业强镇建设，开展农产品加工业示范县创建，引导要素向园区集聚，吸引龙头企业和配套企业向园区集中，推动农产品加工业呈现集聚发展态势。2023 年发布的第四批国家农村产业融合发展示范园创建单位，全国为 119 家，湖南省邵阳、茶陵、平江、凤凰、桂东、芷江等 6 县纳入了创建名单，示范园创建单位数量与山东、安徽、四川、河南、湖北并列居全国第 1 位。全省规划布局 12 个优势特色产业核心产区产业集群，统筹推进"一县一特"农业产业集聚化发展，目前全省创建了优质湘猪、早中熟柑橘、"五彩湘茶"、"湘九味"中药材等国家级产业集群 7 个，是全国最多的省份之一。创建了国家农业现代化示范区 8 个、国家现代农业产业园 10 个、国家级农业产业强镇 71 个，累计创建省级现代农业产业园 37 个、特色产业园 899 个、农业产业强镇 145 个、农业特色小镇 19 个。全省已初步形成了长株潭地区主食、休闲食品加工，环洞庭湖区粮棉油大宗农产品加工，湘南、大湘西"菜篮子"产品加工等区域各具特色的农产品加工业发展布局。

（四）产业链带动能力持续增强

湖南大力培育农业产业化联合体，2019~2021 年，全省共认定农业产业化省级联合体 471 个、省级示范联合体 280 个，湘茶集团、长康集团、崀山果业等龙头企业引领的产业化联合体，推进产加销一体化与农旅融合，加快一二三产业融合发展；唐人神、新五丰、湘村高科等龙头企业引领的产业化联合体，着力延伸行业上下游产业，打造全产业链，联农带农能力不断增强。以打通产业链为依托，湖南省大力推进品牌强农，培育了安化黑茶、湖南红茶、湖南茶油、湖南菜籽油、湘江源蔬菜、湖南辣椒、湘赣红 7 个省级区域公用品牌，崀山脐橙、南县小龙虾、岳阳黄茶、洞庭香米 4 个片区公用品牌和 27 个"一县一特"优秀农产品特色品牌，2022 年 27 个"一县一特"品牌产值突破 1000 亿元，湘产农副产品的品牌溢价能力和带动效应正在不断增强。

二 主要问题

尽管近年来湖南省农产品加工业规模不断扩大，但横向对比来看，整体实力与竞争力仍然不足，离打造农产品加工业发展高地还有较大差距，还存在一些亟待解决的问题。

（一）农产品加工总体水平偏低

一是农产品加工率偏低。据统计，目前全省农产品加工转化率只有53%，比全国平均水平低约12个百分点，2021年农产品加工产值与农业产值比为2.55∶1，仍有较大的提升空间。以蔬菜为例，2021年全省蔬菜产量约4268.9万吨，居全国第7位，但蔬菜加工转化率仅为11%左右。二是精深加工能力偏弱。当前全省农产品加工业中精深加工短板十分明显。以水产为例，湖南省是淡水产品产出大省，但水产加工以冷冻初加工为主，2021年生产加工鱼糜制品及干腌制品66177吨，占淡水水产加工总量的20.6%，这与湖北的33.8%和江西的55.2%相比有不小的差距，而鱼粉、鱼油、鱼肝油、水解蛋白、鱼胶、藻胶、碘、甲壳质等水产精深加工业则几无涉足。三是资源综合利用率低。当前全省农产品加工副产物综合利用率还不到30%，低于全国平均水平约10个百分点。以油茶为例，当前湖南油茶加工产品主要以茶油为主，而茶油仅占茶果生物量15%左右，剩余部分如茶壳、茶枯饼等副产物的进一步加工利用则很少。

（二）农产品加工企业"散、弱、小"特征显著

湖南省农产品加工企业大群体、小规模特征比较突出。全省农产品加工企业中90%是小微企业，规模以上农产品加工企业占比仅为2%，龙头企业和领军企业相对缺乏，尤其是缺乏超大型企业。2021年，全国农产品加工企业前100强中，湖南仅唐人神集团入选，居第77位，其营业收入不及四川新希望集团的1/5。常德某县有茶叶加工厂200多家，而年产值过千万元

的企业只有两家。加工企业规模小、实力不足在很大程度上影响到农产品加工业的科技投入与赢利能力，以上市公司为例，尽管湖南省农产品加工业上市公司数量居全国第 4 位，但 2022 年上市公司研发费用总额居全国第 9 位，整体利润总额为-2.16 亿元，居全国第 24 位。

（三）农产品加工品牌竞争力亟待提升

虽然湖南省近年来一直致力打造农产品品牌，但农产品品牌多、影响力小的现状尚未根本改变，在全国有较大影响力、市场占有率高的品牌不多。以茶叶为例，据不完全统计，湖南拥有大大小小茶叶品牌近 1400 多个，但产品的市场定位、包装、宣传等高度雷同，无序竞争、恶性竞争现象普遍，甚至弄虚作假、以次充优的茶市乱象不时发生，导致"五彩湘茶"的品牌效应难以发挥，造成湖南"有好茶、无大品牌"的局面。再以中药材加工为例，当前湖南省缺乏类似云南白药这样的具有全国影响力的品牌，也由于缺乏具有强劲市场竞争力的大企业、大品种的带动引领作用，全省中药单品种年产值过亿元的只有 28 个，没有年产值过 10 亿元的单品种，缺乏像复方丹参滴丸、片仔癀、云南白药这样的单品种年产值达几十亿元甚至百亿元的大品种带动力，湘产大品种在全国范围内影响不大。同时，受品牌竞争力不足的影响，近年来湖南省农产品出口表现一般，2022 年全省农产品出口额为 179.6 亿元，与同期湖北农产品出口 234.16 亿元相比有较大的差距。

三 若干建议

打造农产品加工业发展高地，湖南省亟须在科技创新、标杆企业培育、园区建设、质量品牌建设等方面发力。

（一）加快农产品加工科技创新步伐

一是推进科技创新平台高质量发展。围绕湖南优势特色千亿产业，建设国家和省级重点实验室、工程技术中心、产学研联合体及高新技术企业孵化器等创新平台，推进国家农业高新技术产业示范区、创新型县（市、区）和产业技术创新战略联盟、科技创新联盟、星创天地建设，支持已有的创新平台装备更新与高效运转。

二是激发企业科技创新主体活力。引导农产品加工龙头企业深化与高校、科研院所、行业技术开发基地合作，实行科技成果入股、人才柔性引进、实验基地共享等制度，建设"政产学研用"优势资源集聚融合的创新联合体。支持农业龙头企业申报省高新技术企业研发中心、企业研究院、重点实验室、企业技术中心等创新平台，申报农机首台（套）装备认定，加快行业前瞻性、关键共性技术集中攻关。

三是加快提升主导产业精深加工水平。鼓励支持稻米、柑橘、生猪、食用油等湖南优势特色主导产业对标国际国内同行业先进的产品开发、重大技改、综合利用等项目实现重点突破。加大国内外先进技术和设备引进力度。

（二）促进农产品加工企业做大做强

一是培育标杆企业。引导、支持龙头企业通过兼并、收购、控股等方式，集中有效资产、重组低效资产、盘活呆滞资产，开展资产重组，组建大型企业集团。支持农产品加工龙头企业扩大数字技术应用，开展数字工厂、数字牧场、数字渔场、农业物联网基地建设，健全智慧农业技术体系。积极扶持农产品加工龙头企业上市，加强上市培育辅导和支持力度，推动企业到主板、科创板或赴境外上市。

二是加大政策支持。支持农产品加工龙头企业上市挂牌融资、发行债券。引导银行业金融机构加大农产品加工龙头企业贷款投放力度，农产品加工龙头企业贷款增速不低于涉农贷款增速。推动农业综合开发、技术改造、科技成果转化等政策性支持项目，重点向领军型龙头企业倾斜。发展农产品加工业供应链金融，支持金融机构为农产品加工业开发金融专项产品。

三是提升服务能力。健全调查分析制度，及时跟踪掌握农业龙头企业发展政策落实情况，对于不同类型企业给予不同的帮扶指导。积极搭建各类公共服务平台、农产品加工对接平台、行业运行分析和监测预警平台，推进政企数字化管理平台有序联通，共建共享数字资源，为中小型企业转型提供支撑。

（三）推进农产品加工园区高质量发展

一是加快农产品加工园区建设。根据省内不同区域的资源优势和农产品优势产业发展现状，因地制宜，科学合理布局农产品加工园区，积极整合和规范发展各类农产品加工产业园，引导园区精准定位，引导农产品加工产业梯度转移。

二是促进农产品加工产业集聚发展。引导和支持农产品加工企业向园区聚集，加强基础设施和公共服务平台建设，推进科技研发、质量检测、冷库冷藏、电子商务直播等设施设备共建共享。打造生产、加工、流通等一体的产业集群，引导优质湘猪、早中熟柑橘、"五彩湘茶"、"湘九味"中药材等六大国家级产业集群不断跃升。

（四）强化农产品加工质量与品牌建设

一是深化标准化生产体系建设。引导省内农产品加工企业建立农产品加工全程质量标准体系，大力推行标准化生产。鼓励企业开展各类管理体系认证，实施质量安全追溯管理，强化企业质量主体责任，大力提升全程化质量控制能力。

二是强化优质农产品加工品牌创建。深入推进"品牌强农"行动，继续支持"两茶两油两菜"省级区域公用品牌宣传推介和品质提升。鼓励农产品加工龙头企业实施品牌战略，创新经营品类，创建自主品牌，推行母子品牌、全产业链品牌以及品牌联盟等模式，创造打造一批具有区域特色的农产品加工公用品牌和知名产品品牌。支持农业龙头企业申请注册国际商标，培育国际农产品品牌。

三是加大农产品加工品牌宣传推介力度。大力实施"湘媒"推"湘品"行动，创新办好中部农博会、农民丰收节和各类展会活动，利用线上线下多种渠道开展农产品品牌推介，不断扩大品牌市场知名度和影响力。

新兴产业篇
Emerging Industry Reports

B.11
湖南省电子信息产业发展现状
及对策建议

湖南省社会科学院（湖南省人民政府发展研究中心）调研组 *

摘　要： 电子信息产业是数字经济的核心产业，近年来湖南省电子信息产业发展势头迅猛，产业规模实现了突破性增长。但还存在产业能级不够高、创新能力不够强、产业基金投入弱、人才流失严重等问题。湖南亟须聚焦重点领域发力、强化创新能力建设、加强企业梯度培育、推动要素资源集聚，做优做强湖南电子信息产业，提升核心竞争力，助推湖南高质量发展。

关键词： 湖南　电子信息产业　高质量发展

---

* 调研组组长：钟君，湖南省社会科学院（湖南省人民政府发展研究中心）党组书记、院长（主任），研究员。调研组副组长：侯喜保，湖南省社会科学院（湖南省人民政府发展研究中心）党组成员、副院长（副主任）。调研组成员：戴丹，湖南省社会科学院（湖南省人民政府发展研究中心）产业经济研究部副部长；左宏，湖南省社会科学院（湖南省人民政府发展研究中心）产业经济研究部部长、一级调研员。

电子信息产业由电子信息制造业、软件和信息技术服务业组成，是国民经济战略性、基础性、先导性支柱产业，在推进数字经济发展、传统产业转型升级、数字强国建设中具有重要的地位和作用。近年来，湖南省电子信息产业在促进工业高质量发展和推动数字经济发展方面发挥了积极作用，但仍存在产业能级不够高、创新能力不够强等问题。当前，在中美贸易摩擦加剧、技术封锁强化的外部环境下，如何做优做强湖南电子信息产业，提升核心竞争力，巩固优势、补足短板，对全面推动湖南高质量发展具有重要的现实意义。

一 湖南电子信息产业发展现状及亮点

（一）产业规模持续提升

2022 年，全省电子信息产业规模达到 6330.08 亿元①，同比增长 18.2%（见图 1），高于全国 10.5 个百分点，增速居中部第 1。其中，电子信息制造业营业收入 4314.08 亿元，同比增长 20.25%，高于全国 14.7 个百分点、全省规模工业 10.1 个百分点，连续两年迈上 3000 亿元、4000 亿元台阶，成为全省工业经济稳增长的重要力量；实现利润 207.90 亿元、同比增长 28.7%，高于全国 23.9 个百分点、全省规模工业 17.2 个百分点。全省软件和信息技术服务业营业收入突破 2000 亿元，达 2016 亿元，同比增长 13.9%，高于全国 2.7 个百分点。

（二）集聚态势不断凸显

近年来，湖南电子信息产业聚集度不断提高，龙头带动作用持续增强。截至 2022 年底，全省电子信息制造业规模企业达 1360 家，数量居全国第 6、

---

① 资料来源：《湖南统计年鉴 2022》、《湖南省 2022 年国民经济和社会发展统计公报》、政府官网公开信息等。

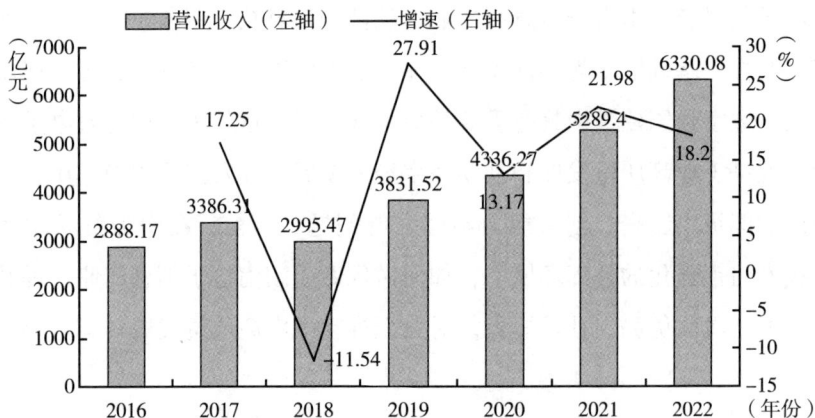

图1 2016~2022年湖南电子信息产业营业收入情况

中部第3；集聚了蓝思科技、时代电气、安克创新等10家百亿级龙头企业；建成国家级创新平台1个，省级制造业创新中心2个，拥有国家网络安全产业园区、国家级车联网先导区、马栏山（长沙）视频文创产业园等一批国家级产业园区及基地，浏阳经开区成为国家新型工业化产业示范基地（电子信息）；长沙新一代自主安全计算系统产业集群成功跻身国家先进制造业集群，新化电子陶瓷、赫山区铝电解电容器入选首批全国中小企业特色产业集群。长沙集聚了全省80%以上的软件企业，软件产业收入占全省总收入的近90%。

（三）优势领域巩固拓展

湖南以优势产业链、产业集群为抓手，打造出集成电路产业、信创产业、移动互联网、超高清视频等特色优势产业集群，其中一些产业领域走在全国前列。比如功率半导体产业，构建了装备、材料、设计、制造、应用的全产业链，布局了一批第三代半导体产业链项目，IGBT等功率半导体在轨道交通和电网领域占有率居全球第一；信创产业、飞腾CPU、麒麟操作系统、GPU芯片等多款湖南产品在国产市场名列第1，目前已有35款湖南整机产品进入国家目录，为我国自主安全IT产业发展贡献了"湖南方案"；

新型显示产业，"强玻引屏补端"工程效果明显，依托蓝思科技、惠科光电、彩虹集团等重点企业，形成了基板玻璃—面板—显示器件及智能终端—超高清视频应用协同的产业布局，同时湖南也是全国重点布局发展超高清视频产业的八个省市之一。

（四）核心技术加快突破

湖南紧盯"卡链处""断链点"问题，突破了一批关键核心技术，涌现了一批重大创新成果。湖南信创工程被列入全国 6 个示范引领省份之一，以飞腾、鲲鹏 CPU 和麒麟操作系统为核心的"两芯一生态"成为国内信创产业的重要技术路线，突破了 IGBT、集成电路成套装备、GPU 等"卡脖子"技术，第五代和第六代 IGBT 芯片技术以及国产 DSP、GPU、SSD 主控等高端芯片研发设计处于国际国内领先水平，光伏装备完全实现国产化。成功研制基于自主架构的全球首台 E 级超级计算机"天河三号"，突破 4~6 英寸碳化硅离子注入机等半导体关键制造装备与整线集成技术。麒麟信安推出"金融信创云解决方案"，为神舟十三号、神舟十四号载人飞船发射等重大航天工程提供安全可靠的产品和关键技术支撑。

（五）产业生态持续优化

作为最早发展电子信息产业的省份之一，湖南抓机遇、抢布局，密集出台电子信息制造业发展规划、软件产业振兴计划、推动移动互联网产业高质量发展的若干意见等一系列政策措施，构建了"5+5"产业政策体系，实行"省领导联系重点产业链"制度，将信息技术应用创新、新型显示器件、5G 应用、3D 打印及机器人、软件、人工智能及传感器纳入 22 条工业新兴优势产业链重点发展。岳麓峰会、世界计算大会、功率半导体行业联盟国际学术论坛、全国工业 App 和信息消费大赛等活动成功举办，吸引了社会各界对电子信息产业发展的关注和参与，产业发展氛围日益浓厚。

二 湖南电子信息产业存在的问题

（一）产业能级还不够高

一是产业规模较小。虽然湖南省电子信息产业近三年年均增长率高达19.4%，但总体来说产业规模较小，占全国比重不足3%，在中部六省排名第5位，仅高于山西省，与广东、江苏等先进省份差距更大，不到广东省的1/10。二是龙头企业、重大项目不多。在全国百强类龙头企业中，2022年全国电子信息百强、中国大数据企业50强榜单中湖南均无一家企业入选，中国软件企业百强湖南仅有两家。引进的行业头部企业又大多以设立省级公司、生产基地为主，总部企业引进太少，难以培育出"链主"。重大项目方面，2019年湖南三安、长沙惠科项目标志着湖南省开始布局百亿级项目，但周边省市已开始布局数百亿甚至千亿级项目（见表2）。

表1 安徽、湖北、重庆部分产业项目情况

省市	项目名称	总投资（亿元）	开工年份
安徽	合肥长鑫12英寸DRAM存储器基地	2200（分三期）	2017
安徽	京东方（合肥） 6代、8.5代、10.5代生产线	175（6代线） 285（亿元） 400（10.5代线）	2009 2012 2015
湖北	长江存储国家存储器基地项目	1000	2016
湖北	TCL华星第6代柔性LTPS-AMOLED显示面板生产线	350	2017
重庆	京东方重庆第6代AMOLED（柔性）生产线	465	2018
重庆	紫光存储芯片产业基地项目	1000（协议投资）	2020

（二）创新能力还需强化

一方面，湖南省电子信息产业的核心基础仍然较为薄弱，核心技术受制于人，例如，湖南省"大智移云"等关键数字核心技术自给率偏低，"卡脖子"问题突出。在长沙调研发现，人工智能及机器人（含传感器）产业链的关键核心技术自给率仅为20%左右。另一方面，创新成果转化不顺，"墙内开花墙外香"现象时有发生。如国防科大对拥有自主标准的射频识别电子标签产业化效果不理想，中南大学、湘潭大学等在微电子领域也有很强的研发实力，科研成果产业化项目在政策支持下有待落地。

（三）产业基金投入较弱

电子信息产业是典型的技术、资本密集型产业，大投入才有大产出，但湖南省对电子信息产业的资金投入较弱。从产业基金情况来看，湖南专业的风投和私募基金管理团队不发达，导致孵化环节资本跟不上或者不敢投。以集成电路产业为例，湖南省省级产业投资基金，目前仅有2016年设立的首期规模2.5亿元的湖南国微集成电路创业投资基金，计划在2015～2017年起步阶段设立30亿～50亿元规模的投资基金一直未落地。湖南省内国防科大的多个芯片设计团队专业人才因项目孵化难，最终解散，大量优秀人才和项目流失或者转行。

表2 我国主要地区集成电路产业基金情况

梯队	基金规模（亿元）	地 区
第一梯队	500	上海、重庆、福建、南京
第二梯队	300～320	北京（300+20）、安徽（300+2.5）、陕西、湖北
第三梯队	100～200	深圳、厦门、无锡、辽宁、广东、四川、昆山、合肥
第四梯队	100≤	天津、江苏、山东、贵州、湖南

（四）人才流失现象严重

当前电子信息产业的人才紧俏，人力资源成本较高，但由于湖南省薪资水平和发展环境与沿海地区差距较大，高等院校和职业院校毕业生更加倾向于赴沿海发达地区求职，留在本地企业工作的较少，外地来湘意愿不够强烈，人才储备严重不足。以半导体行业为例，根据长沙市半导体研究院提供的数据，长沙市境内高校半导体相关专业毕业生在长沙就业人数不足25%，主要流向人才政策较好的上海、深圳、广州等城市；长沙市每年培养微电子相关专业本科生、硕（博）士研究生1000余人，毕业后留在长沙工作的比例仅为5%。

三　做优做强湖南电子信息产业的对策建议

（一）聚焦重点领域发力，提升产业发展增量

一是强化优势产业，打造万亿级电子信息产业。按照习近平总书记强调的"系统集成、协同高效"的要求推进，由湖南省工信厅牵头，会同其他相关部门加强现有政策集成统筹，形成规划、项目、政策、资金、管理"五协同"的跨部门协同行动模式。围绕湖南省政府明确的"万千百"工程、经营主体培育工程、湘商回归工程等重点工作，加大对湖南省具有领先优势的信创产业链、新型显示产业链、功率半导体及集成电路、软件产业等细分领域骨干企业的培育，提高过百亿元电子信息企业数量，从产业链上游实现正向牵引，形成以链引链、"产业高峰在湖南"的云集效应，打造万亿级电子信息产业。二是紧盯融合发展，形成工业互联网应用的"湖南经验"。服务国家重要先进制造业高地建设，创新工业互联网应用场景开发，加快推动制造企业尤其中小型制造企业数智化转型，在装备制造、生物医药、钢铁等湖南重要支柱产业中，积极探索"信息技术+工业互联网"创新应用场景，总结形成具有标准化、可复制、推广性强的工业互联网应用"湖南经验"，结合湖南制造业发展现状，有选择地进行规模化推广，输出行业性系统解决方案。三是打响集群品牌，将新一代自主安全计算系统集群打造成世界一流的产业集群。借鉴硅谷、班加罗尔等国际知名电子信息产业集群品牌建设经验，坚持企业品牌建设与集群品牌建设互相促进、协同共进的策略，瞄准打造国际知名的电子信息产业集群，研究制定湖南省新一代自

主安全计算系统集群品牌建设的顶层设计和分步建设方案。同时，建立全球性的电子信息产业集群展示平台，支持开展集群品牌宣传推广，鼓励有条件的产业集群发展工业旅游和产业旅游，引导企业参与宣传集群品牌，共同扩大集群品牌和企业品牌的社会影响。

（二）强化创新能力建设，赋能产业发展增速

一是建立联合创新体系。以长沙建设全球研发中心城市为契机，聚焦高端芯片、新型显示、国产计算、工业软件、大数据等，由政府引导创建全产业链协同创新机制，强化部门间协同和省市上下联动，采用揭榜挂帅、招投标等方式，探索共性技术联合科研攻关新模式，突破一批制约产业发展的核心技术、关键工艺和标志性产品，实现群体式创新突破。支持和鼓励省内企业、高校科研院所优质资源互补组建联合体，围绕技术研发、标准制定、批量生产、示范推广等环节开展协同创新，构建新型创新合作网络和利益共同体。二是开展科技成果转化"三项改革"试点。借鉴陕西经验，在国防科技大学、中南大学、湖南大学等综合类与理工类高等院校开展职务科技成果单列管理、技术转移人才评价和职称评定、横向科研项目结余经费出资科技成果转化"三项改革"试点，将职务科技成果从现行国有资产管理体系中退出进行单列管理，建立专门的科技成果转化人才评价和职称评定制度，支持科研人员将横向科研项目结余经费以现金出资方式入股科技型企业，破解高校科研成果"不敢转"、"不想转"和"缺钱转"的难题。

（三）加强企业梯度培育，完善产业发展链条

一是培育壮大本土企业，打造"主力军"。高度重视本土企业发展，加强对本土电子信息企业发展状况的调查研究，制定本土企业中长期发展规划，做到和招商引资等重大事项同谋划、同部署。对外来企业和本土企业一视同仁，将本土电子信息企业名优特产品纳入政府采购目录，在同等条件下优先选择本土中小企业的产品和服务。对技术改造项目、技改固定资产投入当年见效的企业，优先推荐申报国家、省重点技改项目，促进本土企业实现

企业转型、产业升级，加快培育自主创新能力，提升核心竞争力。二是招引细分行业龙头企业，打造"生力军"。积极推广"轻资产、重资本"招商模式，聚焦移动智能终端 ODM 龙头企业、LED 封装龙头企业、世界 500 强企业、中国电子信息 100 强企业、中国 VR50 强企业等，重点招引一批基础性、引领性、高成长项目和细分行业龙头企业。三是引培一批"专精特新"配套企业，打造"集团军"。聚焦信创产业、集成电路、新型显示等产业链，围绕现有龙头企业生产需求，梳理供应商清单，以此为重点招引目标，大力实施延链补链强链工程，着力引进一批"专精特新"配套企业；与此同时，组织开展材料、器件、设备等上下游企业供需对接和协同攻关，推动更多的湖南省配套企业和具有自主知识产权的产品进入龙头企业供应链。

（四）推动要素资源集聚，强化产业发展支撑

一是试点"拨改投"改革，突出政府资金引投作用。整合全省电子信息产业基金，借鉴安徽做法，采取股权投资方式，针对省内电子信息企业在不同发展阶段的资金需求，优先支持竞争优势和业务增速明显、商业模式和赢利模式清晰的种子企业，以及对电子信息产业发展具有带动作用的规模企业和重点企业。研究出台引导基金管理细则，明确管理机构、决策程序、投资方式、投资范围、退出机制、收益分配与激励、考核监督、容错纠错等方面事项。二是实施"三项工程"，做优人才发展生态。高精尖人才引培工程：结合湖南省电子信息产业重点关键领域，依托重点项目、骨干企业和产业基地，实施"领军人才+重点项目+核心团队"的引进模式，引进具有高精尖技术水平项目和技术研发团队，释放创新活力。对引进的高精尖人才实施"三个自主"：自主确定基础性和奖励性绩效工资比例，自主确定高层次人才薪酬分配方式，自主决定科技成果转化收益分配和奖励方案。本土人才回归工程：依托本地龙头企业、行业协会、在外商会，组织领导干部开展精准拜访，实施发现储备一批、联络回归一批、评选表彰一批"三个一批"，引导在外电子信息领域精英返湘创业，吸引企业总部回迁，实现"业务员向企业家、原始积累向创业资本"两个转化。技能人才引育工程：梳理电

子信息产业急需紧缺技能人才需求目录，以需求为目标实施"产业引才"，并在落户、税收、就学、住房等方面出台相应优惠政策，提高引才开放度和精准度。每年动态发布全省职业（技工）院校当年各专业毕业生供应情况及企业需求情况，加强校企双方信息共享，优化学科设置，促成双方精准、有效对接。

B.12
湖南新材料产业高质量发展研究

湖南省社会科学院（湖南省人民政府发展研究中心）调研组*

摘　要：　新材料产业是重要的战略性新兴产业，也是其他战略性新兴产业发展的基础。加快先进材料产业发展，是党中央、国务院着眼建设制造强国、科技强国做出的重要战略部署。湖南是全国重要的新材料产业发展聚集地，在多个细分领域形成了特色和优势，但关键核心技术受制于人、研发产业化最后一公里仍未打通等问题突出，创新主体、平台数量和质量不能有效满足高质量发展的要求。为此，调研组提出了"强化基础研究，实施重点领域揭榜挂帅工程；聚焦成果转化，完善新材料产业发展创新链；加大上下游联动，坚持链式发展打造产业集群；创新投入方式，推动创新链与资金链深度融合；优化链条式服务，构筑产业发展新动能"等五个方面对策建议，为推动湖南省新材料产业发展提供参考。

关键词：　新材料产业　高质量发展　湖南

新材料产业是重要的战略性新兴产业，也是其他战略性新兴产业发展的基础。加快先进材料产业发展，是党中央、国务院着眼建设制造强国、科技强国做出的重要战略部署。湖南作为全国重要的新材料产业发展聚集地，在

＊　调研组组长：钟君，湖南省社会科学院（湖南省人民政府发展研究中心）党组书记、院长（主任），研究员。调研组副组长：侯喜保，湖南省社会科学院（湖南省人民政府发展研究中心）党组成员、副院长（副主任）。调研组成员：贺超群，湖南省社会科学院（湖南省人民政府发展研究中心）区域经济研究部副部长；袁建四，湖南省社会科学院（湖南省人民政府发展研究中心）区域经济研究部部长；殷立科，湖南省工信厅原材料工业处处长。

多个细分领域形成了特色和优势，但与"十四五"规划中2025年建成全国有重要影响力的研发及制造高地的目标还有不小差距，关键核心技术受制于人、研发产业化最后一公里仍未打通等问题突出，创新主体、平台数量和质量不能有效满足高质量发展的要求。下一阶段，湖南要抢抓新一轮科技革命和产业革命趋势，加快壮大新材料产业，为推动传统产业转型升级和战略性新兴产业发展提供有力支撑，为打造"三个高地"提供可靠保障。

一 产业概况

截至2022年底，湖南省通过认定的新材料企业数量达1214家，实现全口径营业收入约7000亿元①，基本形成了由大到强、由低端到高端、由分散到集聚的新材料产业发展格局。

（一）集聚发展态势初显

长株潭地区依托高校和科研院所优势，形成了以长沙超硬材料集聚区，宁乡锂电产业集聚区，株洲硬质材料聚集区，株洲纤维/树脂基复合材料产业集聚区，长沙碳化硅、碳纤维及复合材料产业集聚区，醴陵超高压特高压电瓷集聚区等为主的产业集群，产值占全省的40%左右，其中株洲市新材料产业相关企业超170家，规模以上企业80多家，高新技术企业30多家；郴州地区依托资源优势，形成了石墨产业集聚区；岳阳依托化工产业优势，打造了绿色化工产业基地；衡阳依托地下丰富的盐卤资源，打造了松木盐化工产业基地；怀化抢抓国际陆港建设新机遇，打造了洪江精细化工产业基地；娄底发力"材料谷"，其先进结构材料产业集群列入了首批国家级战略新兴产业集群，在先进钢铁材料、先进有色金属材料、先进储能材料、先进陶瓷材料4个领域中优势明显。湖南入选"中国新材料产业园数量TOP10省（区、市）"榜单。

---

① 资料来源：湖南省工业和信息化厅、中经网数据库。

（二）细分领域优势明显

湖南培育了5个国家制造业单项冠军企业，10项单项冠军产品，126家国家级专精特新"小巨人"企业，6家科创板上市企业。部分新材料细分领域企业在国内外具有重要地位，产品市场占有率较高。湖南钢铁集团在海工、工程机械、油气管线、核电等领域树立多个国内第一技术门槛；株硬集团是亚洲最大的硬质合金产业基地；巴陵石化是亚洲最大的锂系合成橡胶生产企业；湘江涂料的汽车涂料、聚脲涂料处于全国领先地位；博云新材研制开发的粉末冶金复合材料和碳/碳复合材料及其制备技术填补了国内空白；蓝思科技成为全球消费电子产品防护玻璃行业领导者；岳阳东方雨虹是全国最大的高分子材料生产发运基地；美程陶瓷在细分领域温控器陶瓷开关盒成功替代德国EJO，国内市场份额在70%以上，新能源陶瓷密封圈成功替代日本京瓷，国内市场份额在50%以上。

（三）创新能力不断增强

拥有中南大学、国防科大、湖南大学、长沙矿冶院、湖南稀土院等一批重点高校和科研机构，有行业内两院院士10余名，国家级工程中心2家、国防科技重点实验室2个、国家级企业技术中心6家，省（部）级创新平台60余家，新材料研发从业人员2万余名。碳/碳复合材料、聚合物树脂基复合材料大尺寸部件、粉末冶金材料、炼油催化材料、新型片式元件关键材料、高性能铝合金制备等技术处于国际先进水平。稀土功能材料、超硬材料、锂系聚合物、树脂基复合材料基体原辅材料和工艺设备以及LOW-E、光伏、电子（显示屏）玻璃等技术居全国前列。据上市公司2022年财报数据，湖南省9家新材料上市公司研发费用总额为86.43亿元，占全国新材料上市公司研发费用总额11.54%，位列第3。湖南钢铁集团加大科技创新，加速数字化转型，产品结构向高精尖调整，重点品种钢销量占比达到62%，湘钢、涟钢钢铁主业劳动生产率提高到1650吨钢/人。

（四）骨干企业引领先行

博云新材、时代新材、晟通科技、株硬集团、湖南有色、杉杉新材、巴陵石化、蓝思科技等骨干企业的示范引领作用不断增强，带动产业链上下游和配套企业形成了联动发展效应。截至 2022 年底，湖南省新材料产业现有上市公司 9 家，排名全国第 5，根据上市公司 2022 年财报数据，湖南省新材料上市公司营业收入总额为 2561.53 亿元，占全国新材料上市公司营业收入总额的 14.34%，位列第 3；上市公司利润总额为 193.98 亿元，占全国新材料上市公司利润总额的 11.21%，位列第 3，净利润总额为 165.88 亿元，占全国新材料上市公司净利润总额的 10.79%，位列第 3。其中，湖南钢铁集团以 340.612 亿美元的营业收入首次登上 2022 年度《财富》世界 500 强榜单，排名第 421 位，成为湖南首家进入世界 500 强的本土企业。

（五）产品结构不断优化

推动新材料产品初期市场推广应用，共投入财政资金 2.68 亿元对 9 批次（2013~2022 每年 1 批次）659 个重点新材料产品首批次应用示范项目进行专项资金奖励，积极落实工信部重点新材料首批次应用保险补偿机制，累计争取工信部支持企业 50 家次，项目 246 个，获得补贴金额 25676 万元，5 年来累计获得工信部新材料保险补偿资金项目数量居全国第 1 位，资金额度居全国第 3 位。通过促进新材料产品推广应用，在部分细分领域涌现出一批具有显著优势的新材料产品。造船板、海洋平台用钢、极限薄规格耐磨钢等先进钢铁材料国内市场占有率第 1；硬质合金材料在全国硬质合金产业中占据半壁江山；先进储能材料产业正极材料、前驱体等领域全国领先；锂系聚合物、己内酰胺、高分子复合材料等化工新材料产品优势突出；大飞机起落系统、装备大尺寸合金材料、高性能碳化硅纤维、芳纶材料、聚酰亚胺薄膜材料等取得突破性进展并进入产业化进程；高性能钛材、特种线缆、炭/炭复合材料、高性能难熔金属基复合材料、结构承载吸波复合材料等一批重点材料在航空航天、国防装备、核电等重要领域发挥关键作用。

（六）产业生态不断构建

国家新材料测试评价平台湖南区域中心落户长沙（全国1个主中心，四川、浙江、湖南3个区域中心），2022年3月，湖南区域中心建成并通过了验收，为中部地区新材料测试和评价提供了有力支撑，也为湖南省建设国家级新材料产业集群打下了坚实的基础。加快推进新材料中试平台（基地）建设，编制印发《湖南省新材料中试平台（基地）建设实施方案》《湖南省新材料中试平台（基地）认定管理办法》，将新材料中试平台（基地）纳入《湖南省打造国家重要先进制造业高地若干财政支持政策》的支持范围，对通过认定授牌并投入运行的湖南省新材料中试平台（基地）给予补助。2023年认定湖南师范大学先进化工材料中试平台等18个平台为省级新材料中试平台。

二 面临形势

从国际看，新材料产业作为战略性、基础性产业，其发展水平已成为衡量一个国家或地区经济、科技实力的重要标志。在新一轮科技革命和产业革命的大背景下，新材料与信息、能源、生物等高技术加速融合，大数据等技术在新材料研发设计中的作用不断显现，材料基因组计划、增材制造、智能显示等新技术不断兴起，新材料创新步伐加速，持续形成新的供给，全球新材料产业将保持快速增长态势。同时，发达国家凭借在国际新材料产业中占据的领先地位，对"卡脖子"关键技术、关键材料封锁力度加大，核心技术、关键材料成为大国、强国竞争的焦点。

从国内看，我国正处于战略转型期，新材料产业的基础地位和支撑作用不断凸显。近年来，我国在从材料大国向材料强国转变的过程中，在基础研究、技术产业化等方面取得突破，航空航天装备、海洋工程和高技术船舶、节能环保、新能源等领域的发展为新材料产业提供了广阔的市场空间，但同时也对新材料质量性能、保障能力提出了更高的要求，特别是关键装备及材料国产化替代加速，新材料产业不能完全满足我国经济和社会发展的需求，材料强国之路仍任重而道远。

从省内看，未来5~10年是湖南省新材料产业发展壮大的机遇期，也是改革攻坚的关键期。"三高四新"战略的深入实施为新材料产业带来了更大的发展空间。在打造国家先进制造业高地进程中，湖南省已将新材料产业作为重点建设的三大国家级产业集群之一。加快推动新材料产业向高端化、智能化、绿色化转型，围绕国家重大战略和国防建设对材料的需求，提升重点领域关键材料的基础保障能力，推动新材料产业成为湖南省经济社会发展的新引擎。

三　存在问题

虽然湖南省新材料产业已具备良好基础，但与2025年建成全国有重要影响力的研发及制造高地的目标还有不小差距，一些领域关键核心技术受制于人，企业规模、创新能力与国内先进省份仍有差距，创新主体、平台数量和质量不能有效满足高质量发展的要求，研发、工程化、产业化、规模化应用等环节仍不够畅通等。

（一）产业竞争力仍不强

与国内领先地区相比，湖南省新材料企业多，但普遍规模较小且分布散乱，产业整体规模仍不够大，龙头企业数量不多，深加工程度不足，多处于产业价值链的低端。一是产品结构性矛盾突出。资源主导型、粗放型的新材料企业多，大部分新材料产品档次偏低，高附加值的高端产品不多且规模化生产能力不强，部分中低端产品产能过剩。以先进储能材料产业为例，长沙市荣登2022年新型储能产业十大城市榜首，但先进储能材料多分布在低附加值的"前驱体、正负极材料、电解液、隔膜"等环节，而江苏常州发力动力电池等高附加值领域，早先布局了储能技术研究院，引进了动力与储能电池生产及配套企业。二是骨干企业示范带动效应不够。湖南省在国内有较大影响的新材料企业不多，能够进入全国前500强的企业屈指可数，主营业务收入超 10 亿元的新材料企业不多,对产业链的带动作用不够。而江苏常州在动力电池领域已有 300 多家新能源汽车及核心零部件企业集聚,在理想汽车等头部企业带动下,2023 年上半年常州税收收入高达 19 亿元,而长沙仅有雨花区比亚迪所属行业税收为正。

(二)原始创新能力不足

行业终端要求性价比高,而企业创新主体作用发挥不明显,企业自主研发、原始创新及成套技术开发能力不强,工程化能力较差,多数新材料企业的创新集中于模仿和逆向开发,参与创新研发少、生产跟踪仿制多,新材料原创性成果和颠覆性产品较少,技术迭代慢、同质化高,与江浙等地存在技术代际差。部分新材料产品的关键核心技术受制于人,关键领域存在不少短板,高端新材料生产设备和检测仪器主要依赖进口,成套核心装备缺乏有效自主保障,关键核心设备、核心技术、核心零部件仍然以进口为主,高品质产品生产所需的工艺、装备和控制系统配套支撑能力不足,存在断供、断链风险。以高温合金制造装备为例,真空感应、保护电渣、真空自耗等冶炼装备均为德国、美国进口。超高温钐钴永磁和热压磁体技术及装备被美国等国外公司封锁。

(三)技术成果转化不畅

新材料技术具有研发周期长、投资金额大、成长速度偏慢等特点,技术成果转化和产业化的要求高、难度大。新材料技术实现商业化的时间平均在 10 年以上,R&D 开销约为软件技术的数倍到数十倍;其商业模型更倾向于传统制造业,在产业化初期需要较大的固定资产投入,在中期需要建立稳定的渠道,进入供应链以获得市场的认可,后期需要在细分领域形成竞争优势以获得更好的议价能力和更好的利润水平。例如,湖南省钛带卷产业从 2007 年生产出中国第一卷大卷重宽幅钛带卷到 2020 年能参与国际钛带市场竞争用了十多年,且由于技术转化前期投入大及产品应用领域市场容量限制,行业整体盈利能力较弱。同时,因缺乏统一规划布局和资源有效整合,湖南省新材料领域集中创新及成果转化、测试评价、供需衔接、信息共享等公共服务平台建设相对滞后，制约了新材料产业技术进步、人才聚集和产学研用及军民融合发展。

（四）产业发展生态不优

创新生态、生产生态、应用生态三个环节存在脱节现象，制约了新材料产业的高质量发展。一是产业上下游融合发展不够，部分新材料产品省内配套不足，与省内工程机械、轨道交通、航空航天、汽车、电子信息、新能源、生物医药、节能环保等新兴产业的对接不足，价值链延伸不够，新材料研发主要以性能为导向，对市场需求关注掌握不够。部分集聚区内主导产业与其他相关产业关联度低，未形成密切配合、上下游协作的专业化生产网络，产业集聚发展受到制约。如湖南省先进钢铁材料虽然在造船板、海洋平台用钢、极限薄规格耐磨钢、桥梁及高层建筑用板等领域优势明显，国内市场占有率稳居第1，但与湖南省三大世界级产业集群建设对接配套不够，先进钢铁材料产品在省内销售量不足30%，支撑作用不明显。二是产业服务体系还不完善，风险投资、金融体系等要素供给碎片化，不能有效地向新材料企业传导，上中下游企业间缺乏社会化专业协作，供需互动性不强，没有形成很好的协同创新生态。

（五）用能成本居高不下

湖南省新材料企业大多属于高耗能企业，企业用电成本占总制造成本较高，以碳基材料产业为例，碳基材料中能耗成本约占产品售价的40%~60%，其中石墨提纯的电力成本占整个生产成本比重高达60%以上。与此同时，湖南工业电价处于全国省（区、市）前10位，在"双碳"战略之下，新材料企业新建项目选址将更加倾向于清洁能源资源、用电量充足、电价控制较低的地区，湖南省将面临新项目落地难、已有项目流失风险。据调研反映，中铝集团计划在湖南汨罗投资上百亿的再生铝循环利用项目，最大的障碍就是电价问题。龙智科技因电力成本过高导致其生产成本持续攀高，目前企业净利润为负值，准备停产一期投产项目。

四 对策建议

（一）强化基础研究，实施重点领域揭榜挂帅工程

一是加快布局一批基础研究重大专项。聚力打造国家重要先进制造业高地、具有核心竞争力的科技创新高地的目标，围绕升级建设"3+3+2"产业集群、工业"五基"重点领域进行短板材料产业化攻关，纳入湖南省制造业关键产品"揭榜挂帅"项目，集中突破一批关键短板材料和一批新材料生产用核心装备及核心原辅料，推动更多领域技术由跟跑并跑向领跑转变，形成一批标志性重大科技成果。聚焦国家重大战略需求，鼓励行业龙头企业在国家紧缺的关键短板材料等方面开展技术攻关，承担国家重点新材料产品补短板工程揭榜挂帅工作。二是组织好关键前瞻性、战略性的重大科技项目实施。在湖南省重点领域研发计划下设新材料领域专项，瞄准新材料国际国内前沿领域，结合省内重大技术和产业需求，形成年度新材料领域专项申报指南，力争在增材制造材料、超导材料、纳米材料、液态金属、生物基材料等前沿技术领域，开展一批基础研究、攻克一批产业化技术，取得重大标志性创新成果。

（二）聚焦成果转化，完善新材料产业发展创新链

一是集中力量开展协同攻关。整合湖南省内科技资源，主动对接国家创新体系，面向工程机械、轨道交通、航空航天、国防装备等重点领域配套需求，制定重点新材料产品工程化攻关清单，构建材料生产、应用企业、科研单位协同攻关机制，对攻关清单内新材料研发企业加大奖补力度。二是布局一批高端研发平台。以湖南钢铁集团为主体，联合相关高校、科研院所，推进建设湖南先进金属制造中心；以湘投金天为主体，培育建设国家级钛合金研究院；以中创空天为主体，依托中南大学轻合金研究院，建设中创研究院；以博云新材为主体，建设国家级大飞机地面动力学研究中心。加快布局

建设有色金属、电子功能材料等重点实验室、长三角/粤港澳联合实验室等新型研发机构。三是完善公共服务体系。支持新材料研发机构、产业（技术）联盟、龙头企业建设新材料大数据与计算平台以及新材料工程化中试平台、孵化园、创新联合体、产业创新服务综合体。

（三）加大上下游联动，打造湖南新材料全产业链

一是积极培育"链主"企业。支持龙头企业湖南钢铁集团优化产品结构，发展取向硅钢、超薄规格耐磨钢、特厚临氢压容板、海工用管等中高端产品，稳定对外出口规模，大力拓展国内市场。巩固湖南省硬质合金在国内规模最大的产业优势和行业领导地位，不断提升高端硬质合金产品供给能力，打造具有国际竞争力的硬质合金、超硬材料产业链，构建以株硬集团为"链主"企业的高性能硬质合金材料产业链。依托全国领先的汽车涂料、聚脲涂料龙头企业湘江涂料，整合上下游产业链，扩大功能高分子材料、石化合成先进化工材料、轻量化材料、功能性涂料、绿色环保涂料等产能规模，打造具有较强国际竞争力的先进化工材料产业集群。二是发展壮大骨干企业。鼓励先进硬质材料、超硬材料、钛合金材料、先进储能材料等领域企业通过与资本强强联合、兼并重组和投资，培育一批"单项冠军"企业。建立重点新材料企业库，鼓励入库企业通过兼并重组、国家重大项目布局等方式，培育一批"独角兽"企业。重点支持一批目前产值规模中等，但在细分行业中具有广泛影响力的企业，培育一批专精特新"小巨人"企业。三是推进市场主体化学融合。发挥龙头企业示范作用，将配套中小企业纳入共同的产业链管理、质量管理、标准管理、合作研发管理，建立稳定的供应、生产、销售等网络化协作关系，促进要素与信息的交流、互动及共享，加快不同主体间的"化学融合"。

（四）创新投入方式，推动创新链与资金链深度融合

一是创新投入方式。充分发挥省、市科技成果转化基金作用，成体系解决核心基础零部件、关键基础材料、先进基础工艺和产业技术基础等"卡

脖子"问题。鼓励省属、市属国企投资基金投向新材料重点领域,通过产业引导基金、股权、债权等方式吸引和撬动社会资本加大投入,强化对新材料产业化和规模化应用重点项目的专项支持。二是加大金融支持力度。加大早期研发和科技成果转化环节的金融支持力度,鼓励金融机构创新信贷产品和服务,合理加大信贷支持,支持符合条件的新材料企业上市融资、发行企业债券和公司债券。鼓励天使投资、创业投资、风险投资和私募股权投资支持初创型和成长型新材料企业发展。将已经认定的新材料企业(含有色金属行业)纳入金融机构融资绿色通道,出台相应的融资政策。鼓励地方政府建立健全贷款风险补偿和贴息奖补机制,支持新材料企业通过供应链金融、股权质押、知识产权质押和保险等获得融资。三是继续推动新材料产品推广应用。重点支持新材料产业关键共性技术攻关、公共平台建设、重点领域新材料产品首批次应用示范和产品标准制订等。

(五)优化链条式服务,构筑产业发展新动能

一是建立新材料领域用能"白名单"制度。综合考虑产品单耗、能源产出率、产业定位、绿色低碳水平等因素,探索建立新材料领域用能"白名单"制度,保障重点新材料企业用能。二是开展新材料产品认定和企业分类评价。建立动态的企业库、产品库、项目库、科技成果库、人才库,分类施策,精准管理。加强新材料产业标准体系建设,强化知识产权运用与保护。三是加强新材料人才引育。深入落实"芙蓉人才行动计划",加大高层次团队、人才引进和服务保障力度。支持职业院校优化相关学科设置,鼓励联合设置专业和课程,推进材料专业向应用技术延伸。健全新材料科技人才评价体系,建立与国际接轨的人才引进、评价和服务保障机制。

B.13
推动湖南省生物医药产业发展的
对策建议

湖南省社会科学院（湖南省人民政府发展研究中心）调研组*

摘　要： 生物医药产业是我国重点发展的战略性新兴产业，也是湖南20个工业新兴优势产业链之一。湖南在生物医药政策、技术、细分行业、新兴企业、产业园区等领域具有较好的基础，但在总体规模、龙头企业、创新要素、市场准入等方面还存在一些亟待突破的瓶颈和短板。本文建议坚持问题导向，持续完善政策体系，建立健全创新平台，加大创新人才培育力度，不断提升产业能级，推动生物医药高质量发展。

关键词： 生物医药　政策体系　产业能级　创新平台　创新人才

为加快湖南省生物医药发展步伐，调研组先后赴浏阳经开区、湖南省医药协会、长沙市高新区、湘江新区、天心区等地开展实地调研，组织召开部门、协会、企业、专家等10余场座谈交流会，深入10余家企业进行现场考察，与湖南省工信厅、湖南省生物医药协会相关部门以及企业的负责同志进行了深度的交流。同时，借鉴了上海、广东、四川等地发展生物医药的先进经验。

---

* 调研组组长：钟君，湖南省社会科学院（湖南省人民政府发展研究中心）党组书记、院长（主任），研究员。调研组副组长：侯喜保，湖南省社会科学院（湖南省人民政府发展研究中心）党组成员、副院长（副主任）。调研组成员：闫仲男，湖南省社会科学院（湖南省人民政府发展研究中心）财政金融研究部副部长。

一 湖南生物医药的五大优势

湖南生物医药政策体系日臻完善，生物科技领先中部，产业发展势头迅猛，尤其新兴生物产业和企业领跑全国和中部地区。

（一）生物医药政策体系全国领先

湖南省委、省政府高度重视生物医药产业发展，成立了湖南省医药产业发展工作联席会，明确要求对标全国最高标准，出台促进全省生物医药产业发展"干货"政策。近年来，湖南省先后出台《关于促进医药产业健康发展的实施意见》《关于深化审评审批制度改革鼓励药品医疗器械创新的实施意见》《湖南省鼓励仿制药质量和疗效一致性评价政策措施》《关于促进生物医药产业创新发展的若干意见》等政策文件，为生物医药产业的高质量发展注入了强大力量。

（二）生物科技创新走在全国前列

一是科教资源丰富。湖南拥有中南大学、湖南农业大学、湖南中医药大学、中南林业科技大学、湖南省农业科学院、湖南杂交水稻研究中心、湖南省林业科学院等50多家生物领域高等院校和科研院所，聚集了夏家辉、周宏灏、官春云、邹学校、卢光琇等一大批院士和领军人才。二是创新平台数量多。全省拥有生物医药领域国家级和省重点（工程）实验室、工程（技术）研究中心102个，企业技术中心45个，院士和博士后工作站37个，公共技术服务平台4个，药物研究机构22个，国家临床医学研究中心3个，国家药物临床试验机构32个，企业海外研发机构4个，已建立生命健康科创基地岳麓山国家大学科技城、中古生物技术联合创新中心等，中部地区第一个国家医学中心有望落户长沙。三是创新成果多。全省生物医药领域龙头骨干企业 R&D 超过4.5%，获国家发明专利900余项，获国家科技进步奖多项，三个项目列入国家重大新药创制科技重大专项，体外诊断、呼吸机等一批高端产品的核心技术达到国际先进水平。

（三）四大细分行业享誉全国

湖南在中成药、原辅料药、化学药、生物制药等四大细分领域具备较强的规模化生产能力和市场竞争力，精准医学检测、个体化诊疗、干细胞治疗、异种移植等走在全国前列。生物农业全球领先，育成了中国首个油菜"双低"优质品种，杂交水稻、杂交谷子和杂交食葵市场占有率全球第1。中药产业全国领先，拥有中药材种类4123种，获国家地理标志产品、地理标志证明商标、农产品地理标志分别达5个、7个、6个，"湘九味"道地药材驰名中外，邵阳廉桥、长沙高桥两个国家级中药材交易市场及靖州、安仁等一批特色药材集散地享誉全国。

（四）产业园区位居全国第一梯队

全省生物医药产业园区突出差异发展，承载能力不断增强。湘江新区着力打造集医、养、研、商、游于一体的生态型产业体系，浏阳经开区（高新区）突出药物集群创新发展特色，长沙高新区以现代中药、医疗器械等为发展重点，长沙经开区打造生命健康产业集聚区，岳阳经开区、常德经开区以大输液、化学制药为发展特色。此外，株洲金山新城生物医药产业园、衡阳白沙洲工业园、永州经开区等园区生物医药产业集聚成效初显。赛迪顾问发布的"2022生物医药产业园区百强榜"显示，湖南有5家生物医药产业园入选，仅次于江苏、山东、广东、浙江，数量位居全国第5、中部第1。

（五）一批企业在全国脱颖而出

一是培育了一批行业龙头企业。圣湘生物、九芝堂跻身全国医药工业百强，天地恒一、方盛制药入选全国中成药企业百强，尔康制药稳居全国药用辅料行业第1，楚天科技成为全球医药装备行业领军企业，三诺生物稳居血糖仪行业全球前3，隆平高科综合实力位列国内领先、世界前10强，中信湘雅成为全国最大的孕前基因检测中心，圣湘生物成为国内第一家实现基因诊断产品出口的企业，爱尔眼科成为湖南总市值最大、跻身全国眼科前列的龙头企业。二是新兴领域企业蓄势待发。企查查大数据显示，湖南在医疗大数据、免疫治疗、辅助生殖、体外诊断、分子诊断等众多新兴生物领域企业数量均处于全国领先、中部第1的地位。如在医疗大数据领域，湖南企业数量比中部排名第2的河南多了111家；免疫治疗等前沿领域，在其他省份鲜有涉足的情况下，湖南已经聚集了11家骨干企业（见表1）。

表1 中部地区部分新兴生物企业数量（家）及湖南在中部排名情况

单位：家

省份	医疗大数据企业		体外诊断企业		辅助生殖企业		免疫治疗企业		分子诊断企业	
	数量	排名	数量	排名	数量	排名	数量	排名	数量	排名
湖南	356	1	151	1	13	1	11	1	18	1
安徽	139	4	107	4	4	4	3	2	16	2
湖北	184	3	119	3	10	3	2	3	18	1
河南	245	2	140	2	12	2	1	4	12	3
江西	73	5	44	6	4	4	0	5	6	4
山西	52	6	51	5	2	5	0	5	3	5

资料来源：企查查。

二 湖南生物医药存在的四大劣势

对标生物医药先进地区，湖南在生物医药规模、龙头企业、创新要素、市场准入等方面还存在一些亟待突破的瓶颈和短板。

（一）产业、产品能级有待提升

一是产业规模偏小。湖南省医药工业主营业务收入仅为排名全国第1省份的1/4。其中，作为湖南生物医药领头羊的长沙生物医药总产值不足千亿，而广州、成都超过 5000 亿元，南京、杭州、苏州超过 2000 亿元。二是缺少医药大产品。湖南省生物医药领域具有核心竞争优势的大品种少，过 10 亿元的"拳头"药品还未实现零的突破，年销售额过亿的单品种仅占 1.5%。

（二）龙头企业发展有待提速

一是龙头企业数量偏少。湖南省生物医药企业以中小企业为主，企业规模整体偏小。企查查大数据显示，湖南省生物医药规上企业数量仅 1217 家（见图 1），占全国比重仅为 2.9%，位居全国第 14、中部第 5，规上企业数量占全部生物医药企业的比重仅为 2.39%，年销售收入过 50 亿元的企业仅 1 家。二是企业影响力小。"2022 第八届中国最具影响力医药企业百强榜"显示，湖南仅爱尔眼科、益丰大药房等两家企业入选，远少于北京（18 家）、上海（18 家）、江苏（16 家）、浙江（11 家）、广东（11 家）等地。

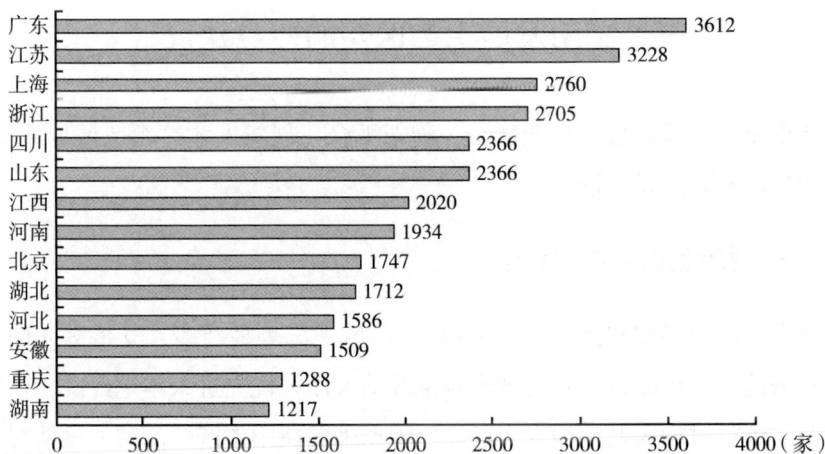

图 1   全国部分省（区、市）规上生物医药企业数量

资料来源：企查查。

（三）创新要素保障有待加强

一是创新人才供给不足。生物医药大部分高层次人才集中在医疗机构和高等院校，企业占比仅 13.2%。生物医药研发人员占从业人员比重仅为 9%，硕士以上学历占比仅为 1.7%。二是缺少"全过程"公共服务平台。调研发现，湖南生物医药外包服务机构、中试平台以及检验检测等公共服务平台较为匮乏。南华生物、明康中锦等多家企业反映，由于公共检测平台匮乏、不专业或者检测项目少等，企业的细胞制品等检测只能去北京、上海等地做。

（四）市场准入尚需放宽

生物医药新产品进入本地市场的限制条件多，进入湖南省医保目录难，本地用湘药的比例不到 10%（外省这一比例在 15% 以上），"湘人用湘药""湘医用湘药"的难题依然存在。

三 湖南发展生物医药的四点建议

湖南要在政策环境、产业能级、创新平台、创新人才等领域做足文章，推动生物医药高质量发展。

（一）持续完善政策体系

一是下好市场空间拓展"先手棋"。借鉴上海等地经验，支持进入国家药品集采的本地产品以及获得湖南省推荐的大品种优先进入本地医院，鼓励全省公立医疗机构采购使用省产药品，根据采购使用省产药品的增量情况给予考核和奖励，推动"湘医用湘药"。推广本地药企备案即可挂网、备案即可销售等制度，支持本地产药品、特别是大品种和新获批文药品直接挂网采购，缩短挂网周期，保持挂网价格的竞争优势。

二是用好国家平台政策"试验田"。争取国家在湖南自贸区设立药品和医疗器械审批中心，争取新药、新器械、新疫苗、新品种试行特殊审批权限。支持有条件区域试点建立保药仓，提供试点区域获得国家批文可立即出药的先行服务。瞄准北京、上海、深圳、海南等先行开放区域，搭建产业合作、信用信息共享等平台，争取将特许医疗、特许研究等政策辐射范围延伸至湖南，联动参与重大制度创新成果的应用推广。

（二）持续提升产业能级

一是推动产业集聚发展。打造特色鲜明、核心竞争力强的"湘九味"道地药材，高端化学原料药与药用辅料，基因检测医疗器械，以及细胞治疗技术和应用等四条标志性产业链，实施一批具有集群化发展示范带动效应的医药重点项目，优化产业空间布局，推动集群化发展。

二是推动企业梯度发展。建立龙头企业培育名录和拟上市重点企业库，推动骨干企业开展跨区域重组和海外投资并购，培育一批具有竞争力的高能级旗舰大企业。吸引国内外领军企业在湘设立区域总部、区域性制造中心、研发中心、跨国贸易等功能性总部，打造行业"领头雁"。推进中小企业发展，认定一批"三品"标杆企业，打造一批"专精特新"企业。

三是推动大品种规模发展。建立拳头品种和优势品种培育目录，对年销售收入超 5 亿元的大品种、超 1 亿元的优势品种和年销售收入超5000 万元的全国独家品种及独家剂型、省独家品种、国家中药保护品种、国家医保或基药品种，纳入省医药大品种培育计划，从市场准入、采购价格、终端销售、医保政策等方面给予精准扶持，实行年度动态管理和成长激励，打造"湖南医药"特色品种群。壮大现有优势品种，鼓励企业通过优化组方、运用新技术新工艺等方式对已上市品种（专利、独家品种）、中药配方等进行二次开发，加快标准体系建立，打响"湘药"大品牌。

四是推动数字化创新发展。建设生物医药大数据平台，布局"互联网+医药"工业互联网平台，推进人工智能、5G、云计算、大数据、区块链等技术在医用机器人、医学影像辅助诊断、药物靶标筛选、医学诊断和临床决策以及生物农业等领域的应用,培育发展智能医学影像、智能诊疗、智能健康管理、智慧种业等新业态。

(三)建立健全创新平台

一是建设两大战略基础研究平台。聚焦"精准医学"建设芙蓉实验室,在精准监测与诊断、精准药物与治疗、精准器械与干预三大方向集中发力。聚焦"生物种业"建设岳麓山实验室,加快推进岳麓山实验室长沙总部建设,实施一批种业创新项目,支撑国家粮食安全和种业安全。

二是搭建公共服务平台。围绕孵化、中试到产业化的全过程,培育引入检测认证以及 CRO、CMO/CDMO 等第三方服务机构,提供药学研究、安全性评价、有效性评价、生物提取、质量检测以及研发外包等服务。

三是完善临床试验平台。建设湖南省临床生物样本库,试点推动临床数据向企业有序开放。支持高等院校联合国际科研机构建设临床转化中心,开展诊疗新技术等临床转化研究。鼓励社会资本和医疗机构建设符合 GCP、ICH 标准的临床试验机构、临床医学研究中心、临床研究型医院、专业药物临床医院。

(四)培育引进创新人才

一是放大创新平台"强磁场"。发挥国家海外人才离岸创新创业基地、湘江创业就业学院作用,高水平建设大泽湖海归小镇,建设生物医药高端人才创新创业园,筹建湘籍院士生物医药园区,建设生物医药院士专家工作站,鼓励生物医药龙头企业在国外建设"人才飞地",吸引海外归国生物医药人才来湘创业。

二是发挥高校人才培养"主阵地"。支持在湘高校加强生物学科建设,支持创办医学科学院、中医科学院,建设生物医药协同创新学院,打造高端医学人才培养基地。建立产学研联合培养机制,在重点高校、科研机构的高层次生物医药人才中选拔"领跑人才"培养对象,加强高端生物医药人才的自主培养。

三是用好校企联办"关键招"。支持生物医药企业设立博士后工作站，联合高校招收博士后科研人员，建立"厂中校""校中厂"等校企合作基地，共同培养技术应用型人才。推广"双元制"职业教育模式，支持职业院校与企业共建一批现代产业学院、联合实验室、实习基地等，发展订单制、现代学徒制等多元化人才培养模式，在生物医药领域培养和引进一批"中华技能大奖""全国技术能手"及相当层次奖项的高技能人才。

B.14
湖南打造种业创新高地的对策建议

湖南省社会科学院（湖南省人民政府发展研究中心）调研组*

摘　要： 种子是现代农业的"芯片"，是国家粮食安全和农业高质量发展的"源头"。湖南农业资源丰富，制种历史悠久，经过多年发展已经形成了独特的人才、技术和产业优势。但对标打造种业创新高地要求，湖南省仍存在一定的短板弱项，突出表现为种质资源保护鉴定和挖掘利用还有较大空间、关键核心技术和新品种（配套系）创新能力待提升、农作物良种繁育基地现代化水平不高、大多数种业企业竞争能力较弱等。围绕锻长板、补短板、优机制，本报告提出如下对策建议：一是下好创新平台打造"先手棋"；二是下好"湘字号"种业品牌培育"关键棋"；三是下好种业企业发展能级提升"制胜棋"；四是下好农作物良种繁育基地提质"重点棋"；五是下好政策集成提效"长远棋"。

关键词： 种业　创新高地　粮食安全　高质量发展

　　种子是现代农业的"芯片"，是国家粮食安全和农业高质量发展的"源

＊ 调研组组长：钟君，湖南省社会科学院（湖南省人民政府发展研究中心）党组书记、院长（主任），研究员。调研组副组长：侯喜保，湖南省社会科学院（湖南省人民政府发展研究中心）党组成员、副院长（副主任）。执行组长：丁爱群，湖南省社会科学院（湖南省人民政府发展研究中心）农村发展研究所（湖南省人才资源研究中心）副研究员。调研组成员：赵旭，湖南省社会科学院（湖南省人民政府发展研究中心）农村发展研究所（湖南省人才资源研究中心）助理研究员；王文强，湖南省社会科学院（湖南省人民政府发展研究中心）农村发展研究所（湖南省人才资源研究中心）所长，研究员；李银霞，湖南省社会科学院（湖南省人民政府发展研究中心）产业经济研究部二级调研员。

头"。以国家实施种业振兴行动为契机，湖南省委省政府立足本省在种业发展上的基础与优势，做出打造全国种业创新高地的战略谋划与决策部署。为贯彻落实省委省政府的决策精神，深入了解湖南省种业发展基本情况与存在的问题，探索加快打造种业创新高地的有效策略，调研组在全省 3 个市州、5 个县市调查走访了政府相关部门、种业企业、制种基地，形成如下报告。

一 湖南省种业发展形成的主要优势

湖南省农业资源丰富，制种历史悠久。省委省政府历来重视种业发展，大力支持种业创新平台建设，加强种业资源整合，推动形成了独特的人才、技术和产业优势。

（一）种业创新平台、人才实力具有全国影响力

湖南省目前建有杂交水稻国家重点实验室、省部共建淡水鱼类发育生物学国家重点实验室、省部共建木本油料国家重点实验室 3 个国家重点实验室，拥有 1 个国家耐盐碱水稻技术创新中心，拥有国家杂交水稻工程技术研究中心、国家植物功能成分利用工程技术研究中心、国家油茶工程技术研究中心 3 个国家工程技术研究中心。湖南省还拥有 9 个国家育种中心或改良分中心，14 个部级种业相关重点实验室或工程研究中心。2020 年 5 月，湖南省政府和中信集团牵头，联合省内外优势产学研单位共同组建了岳麓山种业创新中心有限公司，首期已启动 2 个共性技术研究中心和 8 个专业研究中心建设。当前以岳麓山种业创新中心为组成部分，正倾力打造更宏大的种业创新"航母平台"——岳麓山实验室，计划到 2025 年投入 100 亿元，打造国内顶尖的种业实验室，力争成为种业创新国家战略科技力量。

同时，湖南省拥有水稻、鱼、油菜、养猪、辣椒、茶、果树等领域 8 名院士，拥有湖南农业大学、湖南省农业科学院、湖南杂交水稻研究中心、中国科学院亚热带农业生态研究所等涉及种业创新的高等院校、科研院所 25 家，集聚了一大批优秀创新团队与科研人才，仅隆平高科技园便拥有 5 名两

院院士、7 名国家级人才工程入选者、3900 多名科研人员，湖南省已成为我国生物育种研究院所、科技人才最密集的区域之一。

（二）种业企业数量、优势企业实力位居全国前列

截至 2023 年 3 月底，湖南省有种业存续企业 4413 家，居全国第 7 位，占全国种业企业数量的 5.28%①。种业产业企业在全省 14 个市州均有分布，但以长沙市（占比为 16.79%）和益阳市（占比为 16.66%）居多。以隆平高科技园为核心区的长沙"种业硅谷"，聚集了以袁隆平农业高科技股份有限公司（以下简称隆平高科）为领军企业的近 300 家生物育种产业链上下游龙头企业，是我国生物育种企业最密集的区域之一。

全省种业产业共有龙头企业 22 家，其中产值 1 亿元及以上企业 8 家，10 亿元及以上企业 1 家。2022 年 8 月，国家农业农村部从全国 3 万余家种业企业中遴选了 69 家农作物、86 家畜禽、121 家水产种业企业机构，集中力量构建"破难题、补短板、强优势"国家种业企业阵型，湖南省有 11 家企业入选，居全国第 9 位。隆平高科作为全国种业实力最强的企业之一，正向全球种业巨头迈进，2022 年隆平高科营业收入总额为 36.89 亿元，居全国种业上市公司第 3 位，研发费用达到 4.39 亿元，位列全国种业上市公司第 2 位，占到全国种业上市公司研发费用总额的 22.17%。该企业的"晶两优华占"、"晶两优 534"和"隆两优华占"品种连续四年居全国杂交水稻推广面积前三位，不仅杂交稻种子市场份额居全国第一，玉米、食葵、谷子以及黄瓜、辣椒、甜瓜等蔬菜种子领域市场份额均居全国第一，实力进入世界种业十强。

（三）杂交水稻科研水平处于国际顶尖

以袁隆平院士研究团队为代表的科研团队，在杂交水稻领域的科研实力处于国际顶尖水平，推动杂交水稻研究不断取得突破，实现了从三系到两系再到超级杂交稻的三次重大技术创新，第三代杂交水稻育种技术已成功培育

---

① 本文资料来源：中经网数据库、《湖南统计年鉴》、《湖南农村统计年鉴》等。

出多个高产水稻品种，有效提高了水稻产量。2020 年，实现第三代杂交水稻早晚双季稻平均亩产 1500 公斤的目标。2021 年，亩产达 1603.9 公斤，再创新纪录。科研团队在镉低积累水稻、耐盐碱杂交稻、低成本制种小粒型品种选育等方面也取得了重大突破，耐盐碱稻"超优千号"示范亩产 802 公斤，小粒不育系制种产量提高 20%以上，培育了"莲两优 1 号""韶香 100""两优低镉 1 号"等一批低镉水稻品种，在 34 个县市区进行试验示范，湘潭县示范基地实地抽样检测显示"韶香 100"稻米镉含量为 0.037 毫克/公斤，远低于国家标准。

同时，湖南省有 6 个国家级杂交水稻制种大县，数量居全国首位，每年为全国提供杂交水稻种子 8000 多万公斤，占全国杂交水稻种子市场份额的1/3以上。水稻种业企业数量众多，有 AAA 级种子企业 24 家，占全国总数的1/5，其中 5 家企业的销售额进入全国前 20 强，近年来国审水稻品种湖南占比超四成。水稻种子不断推广到亚洲、非洲和南美洲等多个国家和地区，为全球粮食安全做出了巨大贡献，杂交水稻成为湖南农业的一张亮丽名片。

（四）相关特色品种选育水平进入国内领先

油茶育种水平居全国之首。湖南省拥有国内油茶种业最丰富的人才储备、最成熟的技术体系和最完整的产业链支撑，油茶种质资源库规模位居全球第一。油茶品种 DNA 指纹图谱构建技术研发取得突破，油茶科研"一室一谷"建设全面铺开，"中国油茶科创谷"和岳麓山油茶种业创新中心建设持续推进。14 个油茶良种被纳入全国主推品种名录。

辣椒育种实力在国内领先。湖南是中国乃至全球辣椒种业中心之一，拥有世界最大的辣椒种质资源库，建立了保存份数最多的辣椒种质资源库，创制了应用最广的辣椒骨干亲本。邹学校院士团队培育的"湘研""兴蔬"系列辣椒，是世界上种植面积最大的辣椒品种。

生猪育种国内知名。湖南省生猪产业规模庞大，地方猪遗传资源丰富，有国家级品种 7 个、省级品种 13 个，4 个地方猪品种被列入国家畜禽遗传资源保护名录，建有 5 个国家级保种场以及宁乡猪国家级保护区、21 个生猪原种场、51 个种公猪站，湖南湘猪科技股份有限公司获得"全国十大高水平公猪站"称号。

油菜育种优势明显。湖南油菜产量居全国前列，此前培育出我国第一个油菜优质品种"湘油 11 号"，并成功育成 20 个"双低"杂交品种。官春云院士育成油菜品种 26 个，推广面积近 3 亿亩；刘忠松教授团队通过分子育种技术，首创油菜芥甘种间杂交育种技术体系，实现了将芥菜型油菜的优良性状向甘蓝型油菜转移，其团队选育的油菜品种向全国适宜种植区域累计推广 1.5 亿多亩，增产油菜籽 30 余亿公斤，增收约 150 亿元。

另外，湖南在水产、特色家禽、草食动物、微生物等领域的育种也具有一定优势。水产方面，已建成 4 个国家级水产原良种场、35 个国家级水产种质资源保护区、5 个国家级现代渔业种业示范场以及 42 个省级水产良种场。特色家禽方面，拥有 1 个国家级肉鸡良种扩繁推广基地，9 个禽类地方品种入选国家畜禽遗传资源保护名录。草食动物方面，湘西黄牛入选国家畜禽遗传资源保护名录，建有国家级湘西黄牛资源场 1 个、国家肉牛核心育种场 1 个、国家级种公牛站 1 个。微生物方面，目前存有 1 万余株农业微生物菌种，并建立了省农业微生物菌种保藏中心，该中心目前库藏有功能微生物、食用菌种和药用菌种共计 3624 株，并备份 7.4 万份。

二 种业发展存在的短板弱项

对标打造种业创新高地要求，湖南省在种子资源转化、技术品种创新、龙头企业培育、良繁基地建设和要素支撑等方面仍存在一定的短板弱项。

（一）种质资源保护鉴定和挖掘利用还有较大空间

一是就地保护不足。规模化的种质资源保存和种子贮藏设施严重缺乏，种质资源种类和数量减少趋势明显，很多地方特色品种和主要作物野生近缘种消失风险加剧，有 94% 的水稻地方品种已在湖南省消失。二是精准鉴定不足。多数资源库（圃、场）缺乏保存鉴定条件，现有种子资源中已开展深度鉴定评价的比例不到 10%。三是挖掘利用不足。目前湖南省种子资源多数品种还停留在保种层面，除了少数优秀基因得到利用外，绝大部分基因有待发掘，资源优势还未能转化为产业优势。

（二）关键核心技术和新品种（配套系）创新能力待提升

一是高新技术应用不足。在国际种业进入分子育种、工厂化育种时代，湖南省仍主要采取杂交选育、调研组、作坊式育种。除杂交水稻外，对其他物种采取高新技术手段研究较少，种业的关键核心技术仍受制于人。二是新品种（配套系）培育创新能力不强。新成果转化较慢，满足高质量需求的优势特色品种缺乏。湖南省近 1300 个水稻品种中有 80%属于"同质化"品种，绿色优质、资源节约型品种少；油菜品种中高含油、高油酸、高抗菌核病、高抗倒伏、适机收、适宜湖南气候土壤的优质品种不足；柑橘品种一半以上来自国外，三元能繁母猪占据全省半壁江山，蛋鸡、奶牛核心种源高度依赖国外。三是商业化育种体系尚不完善。种业上下游衔接不紧密，科研与生产融合不够，资源共享不足，市场导向的高效种业创新体系尚未形成。假冒伪劣、套牌侵权行为屡禁不止，未审先推、超范围推广等违法情况时有发生。

（三）农作物良种繁育基地现代化水平不高

一是基地规模小、分布散。湖南省适宜农作物制种的基地普遍面积小、分布散、不连片。以杂交水稻为例，湖南省 6 个国家级杂交水稻制种大县的制种面积在全省的占比不到 60%，而福建 4 个国家级制种大县占比却超过80%。二是农田基础设施和制种设备薄弱。湖南省农作物制种基地中，二十世纪七八十年代修建的老基地占大多数，田间设施老化，晒坪普遍缺乏，烘干机等关键设备不足，机械化和信息化程度低，难以满足现代良种繁育的要求。三是制种现代化水平不高。现有制种模式仍以"公司+农户"为主，散户多、制种面积小，机械化推广、制种关键技术难以落实到位，工作效率不高，生产技术标准和品控措施无法统一，质量难以得到保障。

（四）大多数种业企业竞争能力较弱

一是有实力的龙头企业数量少。尽管湖南省种业企业数量居全国前列，但除隆平高科等少数几家企业有一定实力外，多数企业规模小、缺乏竞争力，现有存续企业的平均注册资本仅约 450.52 万元，而全国平均水平约为580 万元，湖南省比全国平均水平低 129.48 万元，其中 1000 万元以下的企业占比达 88.4%。尽管湖南进入"国家种业阵型企业（机构）"的企业数量居全国前列，但与山东（32 家）、北京（31 家）、广东（22 家）相比差距还很大。二是企业引领产业链作用难发挥。大多数种业企业产业链短、经营产品较为单一，盈利能力和抵御市场风险能力弱，全省具有"育、繁、推"一体化资质的企业仅 12 家，仅占种业企业的 0.28%，企业与科研院所、种业基地、资本市场结合不紧密，引领产业链作用难以发挥。三是企业发展后劲不足。湖南省拥有知识产权的种业企业数量仅占全省总量的3.6%，拥有自主专利的仅占 1.47%，除少数几家龙头企业具备一定的科研能力外，多数企业靠购买产权品种维持生存。

三 加快打造种业创新高地的对策建议

围绕锻长板、补短板、优机制，从平台建设、品牌打造、企业培育、基地提质以及政策提效五个方面入手，统筹推进种业创新高地建设。

（一）下好创新平台打造"先手棋"

一是打造科研攻关核心平台。着力推进岳麓山实验室、岳麓山种业创新中心、华智生物分子育种平台和隆平生物种业产业园等平台建设，开展关键核心技术攻关和重大战略性品种培育。继续支持优势种类重点实验室、技术创新中心、工程技术研究中心等创新平台建设，聚焦农业优势特色产业开展良种创新。二是建设商业化育种创新平台。以企业为主体，聚焦市场需求培育优势特色良种，建设一批高水平商业化育种创新研究中心。三是建立全省统一的种质资源大数据平台。整合省、市、县三级种业管理数据信息，打通品种审定、登记、保护、经营、管理等全链条信息，实现产品信息的"可追溯"，夯实高水平种业管理的技术支撑。四是推动建立海外研发平台。鼓励有条件的企业建立或并购海外研发机构，加强国际合作，联合建立育种研发中心和良种繁育基地，加快湖南省种业国际化步伐。

（二）下好"湘字号"种业品牌培育"关键棋"

一是培育优势特色"湘字号"品种。继续发挥杂交稻国际领先优势，开展低镉稻、耐盐碱稻以及优质绿色、资源节约型超级稻等品种攻关。开展生猪、玉米、油菜、辣椒、柑橘等重大良种创新，创制鲈鱼、鲑鱼、小龙虾等水产名特优新品种。二是研发"湘字号"转基因品种。抓住转基因商业化国家政策正式落地和转基因安全证书审定通道开放时机，大胆创新研究，提前布局转基因种子研发，占领转基因技术的制高点。三是推进"湘字号"良种与良法配套。推进"湘字号"良种培育与良法应用配套，支持加强新品种与农资、农艺捆绑推广，配套信贷、气候、数字技术等服务，为客户提供定制化的解决方案，不断提升"湘字号"种子的市场认可度和知名度。

（三）下好种业企业发展能级提升"制胜棋"

一是提升国家"阵型企业"的国际竞争力。对标德国拜耳、美国科迪华等国际种业"航空母舰"，通过兼并重组等多种方式，推进湖南省种业产业化整合、企业集团化发展，建立产业战略联盟，联手打造具有国际竞争力的湖南"种业航母"。二是培育"育繁推"一体化产业链"链主"企业。遴选优势特色农作物、畜禽、水产等实力企业，建立"一对一"服务机制，制定"一企一策"，通过平台和项目连接"育繁推"各要素资源，打造一批有引领能力的"育繁推"一体化企业，提升行业竞争力。三是梯次培育一批"隐形冠军"种业企业。立足企业和地区特有资源、特色品种，专注于行业细分、地区细分，打造专、精、特、优"单项冠军"企业，统筹打造差异化竞争优势。

（四）下好农作物良种繁育基地提质"重点棋"

一是推进基地"五化"提升。结合高标准农田建设，推进基地耕地集中连片，加强基地五小水利建设。开展国家和省级制种大县、区域性良种繁育基地"规模化、机械化、标准化、集约化、信息化"建设，建设高标准现代繁育制种基地。二是建立重点县域种业产业园。在国家制种大县和区域性良种繁育基地，依托条件成熟的种业企业建立种业产业园，延展试验示范、繁育推广、仓储、检测、大数据分析等功能。三是补齐短缺设施。以县域为单位加快种子烘烤房、加工、低温储藏库及收购中转库等设施的科学布局与建设。

（五）下好政策集成提效"长远棋"

一是完善种业知识产权保护政策。提升种业知识产权保护水平，加大原始创新保护力度，全省定期统一开展种业知识产权专项整治行动，从根本上遏制"假冒侵权""仿种子""未审先推"等问题，建立保护种业创新长效机制。二是完善监管制度和技术标准。建立省、市、县三级归口管理统一的种业监管机构，明确监管责任部门和责任人，强化全程、全域、信息化监管。打造属地、部门、社会合力，加强区域联动，推动市场监管与种业高质量发展需求相适应。三是推进要素集成服务种业发展。强化政策集成，整合分散在各部门的政策，同向发力。将种业列为财政支持现代农业发展的优先保障领域，优先种业用地保障，创新金融、保险、税务支持方式和产品。设立省级种子生产风险基金，分散种业风险。采取全职引进、双聘联聘、兼职兼薪多种聘用模式及柔性合作、设立人才飞地等方式，进一步充实种业高层次人才队伍。

以医用营养食品为切口
推动湖南营养大健康产业突破式发展

湖南省社会科学院（湖南省人民政府发展研究中心）调研组*

摘　要：　党的二十大报告指出，开辟发展新领域新赛道，不断塑造发展新动能新优势。当前，以营养品为代表的大健康产业已成万亿蓝海。湖南省医用营养食品产业在全国具有独有优势和良好基础，有望成为又一新兴支柱产业。但仍面临一些问题，如医用营养食品普及率较低、获准的特殊医学用途配方食品数量较少、缺乏相关标准、无法像药品一样在医院经营和流通等。推进湖南医用营养食品产业发展，需着力解决思想认识、政策支持、人才支持三方面的壁垒。

关键词：　湖南　医用营养食品　大健康产业

党的二十大报告提出，推进健康中国建设，把保障人民健康放在优先发展的战略位置。国务院办公厅印发《国民营养计划（2017~2030年）》，明确提出要规范指导营养健康产业发展。充分开发利用湖南省丰富的特色农产品资源，针对不同人群的健康需求，发展保健食品、营养强化食品、双蛋白食物等新型营养健康食品，是开辟医用营养食品产业新赛道，倡导公民树立"主动健康"理念，推进健康湖南建设的重要举措。

---

*　调研组组长：钟君，湖南省社会科学院（湖南省人民政府发展研究中心）党组书记、院长（主任）。调研组副组长：侯喜保，湖南省社会科学院（湖南省人民政府发展研究中心）党组成员、副院长（副主任）。调研组成员：左宏，湖南省社会科学院（湖南省人民政府发展研究中心）产业经济研究部部长、一级调研员；侯灵艺，湖南省社会科学院（湖南省人民政府发展研究中心）产业经济研究部一级主任科员。

一 发展医用营养食品产业是湖南不可错失的新机遇

营养膳食已成为医疗服务中不可或缺的重要环节。有国外临床研究显示，特殊医学用途配方食品（以下简称特医食品）直接影响肿瘤患者的治疗和康复。自 2019 年以来，我国医用食品市场一直以 50% 的增速发展，预计未来受医改政策、医保 DRG 支付模式等影响，还将迎来爆发式增长。

（一）以营养品为代表的大健康产业已成万亿蓝海

大健康产业正成为继 IT 产业之后的全球"财富第五波"。一是全球市场规模增长迅速。近年来持续受到人口结构、政策、资本、科技四重因素影响，大健康产业保持快速增长。2020 年全球大健康产业产值达到 4.4 万亿美元，中国大健康产业年营收规模超过 9 万亿元。预计 2030 年要达到 16 万亿元。二是国内市场潜力巨大。以膳食营养补充剂为例，数据显示，2021 年中国 VDS（膳食营养补充剂）市场规模达到 267 亿美元，仅次于美国，但人均消费量仅为 20.1 美元，相比美国（104 美元）、日本（91 美元）、澳大利亚（76 美元）以及新西兰（49 美元）均有数倍提升空间。

（二）发展医用营养食品是呼应人民群众对健康关切的重点领域

我国三级甲等医院住院肿瘤患者整体营养不良的发生率高达 80%，而营养不良肿瘤患者的营养干预率只有 34%，前者显著高于发达国家和地区，后者显著低于发达国家和地区。随着公众认识的不断深入，营养食品逐步以一种"刚需"的状态呈现，尤其是老年人、亚健康群体和住院病人等三大群体更是成为"刚需中的刚需"。根据美国菲利普斯研究，患者通过补充口服营养，平均住院时间可缩短 2.3 天，节约医疗费用 21.6%。按照 2021 年全国医保支出 2.4 万亿元的规模测算，对患者进行营养干预治疗直至康复，或将为国家每年节约医保支出 4000 亿元。

（三）发展医用营养食品产业是推动"药食同源治未病"的有力支撑

传统医学经典《黄帝内经·素问》就有"医食同源"的记载。近年来，药食同源产品因无毒且有疗效，逐渐成为中草药领域拓展的新蓝海。世界卫生组织调查显示，达到同样健康标准所需要的预防投入与治疗费、抢救费比例为 1∶8.5∶100，这意味着如在预防上多投入 1 元，治疗费就可减支 8.5 元，并省下 100 元的抢救费。发展医用营养食品，加大对药食同源的研究与推广，相当于在预防环节和"治未病"环节进行干预，既是对我国中医药事业的传承，也是实施"健康中国"战略、促进全民健康的重要手段。

二　湖南医用营养食品产业发展基础得天独厚

（一）湖南有全国"唯一"的国家区域性营养创新平台

2021 年 5 月，湖南获全国区域性营养创新平台建设试点单位。根据国务院办公厅印发的《国民营养计划（2017~2030 年）》，计划在全国创建 3~5 个区域性营养创新平台和 20~30 个省部级营养专项重点实验室。而湖南省作为首个，也是唯一拥有国家区域性营养创新平台的省份，整合了中南大学、省农业科学院、省中医药研究院等 9 所（家）食品营养及相关领域的科研和产品研发创新力量，并拥有一批国内首创、国际领先的科技成果。如湖南米珍宝生物高科技有限公司围绕被誉为"天赐营养源"的米糠（米珍），解决了多项世界性关键技术难题，荣获 20 项国家发明专利，预计投产一年即可实现米糠粉年产量 1 万吨、年产值约 6 亿元，10 年内可实现即食米糠粉年产量 16 万吨以上、创造税收收入约 2 亿元。

（二）湖南是"首批"国家中医药综合改革示范区试点省

当前，中医药传承发展正面临大有可为的历史机遇期。湖南作为首批 7

个国家中医药综合改革示范区之一，中药资源共计5670种，居全国第4位。全国361个常用重点中药材品种中，湖南省拥有241个，居全国第2位①。湖南中医药大学在全国率先成立湖南省药食同源工程技术研究中心。双牌厚朴、安化黄精、邵阳玉竹、龙山百合等品种形成了极具特色的中药材产业集群带。

（三）湖南有全国"首创"医用营养食品地方标准

标准是规范发展的前提，也是推动医用营养食品发展的关键。湖南省已在全国率先制定了《湖南省食品安全地方标准医用临床营养食品制备卫生规范》，并进一步规范了临床营养科建设。同时，《医用营养食品生产卫生规范》等地方标准，已经通过了湖南省食品安全标准专家的审核并立项。

（四）湖南有全国"领先"的医用营养食品产业基础

一是食品业市场主体总量居全国第二。截至2021年底，湖南省食品生产企业注册达2万多家，食品产业总量居全国第七位，并涌现出一批知名食品企业，上市板块企业总数居全国第二位，规模以上食品企业（不含烟草）完成营业收入超过5270亿元，同比增长5%左右。二是拥有优势医用营养食品服务资源。目前，湖南省有中南大学湘雅三医院、长沙市第三医院、株洲市中心医院、中南大学湘雅医院、中南大学湘雅二医院、常德第一人民医院、湖南中医药大学第一附属医院等7家可承接特医食品临床试验的医疗机构，数量居全国第7位。同时，有以谷医堂为代表的新型中医互联网医院。已开发药食同源产品150余款，2022年自研药食同源食品收入约8亿元，占总收入的65%，利税达5000万元。如果能通过医院渠道销售，预计年收入可达80亿~100亿元。三是有一批高层次医用食品类领军人才和优秀团队。如由中国工程院院士刘仲华率领的茶叶深加工与功能成分利用研究团队等。

---

① 如无特殊说明，本文资料均来自湖南省卫生健康委员会。

三　需着力解决医用营养食品产业发展的三大难题

（一）思想认识有壁垒

当前，全社会对于营养学的重视程度还远远不够，医用营养食品在人群中普及率较低。据初步统计，美国约有 65% 营养不良患者使用特医食品，英国有 27%，而我国只有 1.6%。湖南省不少医护人员没有系统学习过营养学课程，也不大关注患者的营养情况，营养干预未能引起足够重视。同时，湖南省医疗机构的临床营养学科建设发展还不够健全。根据问卷调查数据显示，89% 的二级及以上医疗机构未成立营养科室（见图 1），还有 10% 左右的临床营养科划归后勤系统推向社会化。

（二）政策支持有障碍

按照国家卫生健康委的有关要求，全国二级以上医疗机构中 40% 以上的住院患者必须进行营养评估和筛查，对营养不良的患者必须进行营养干预。但截至目前，全国获准的特医食品仅有 92 款，其中有一半以上是婴幼儿配方奶粉，现有特医食品远远无法满足需求。一个特医食品从开始研发到获得认证需要 5~7 年时间以及数千万元的投入，但其他医用营养食品如功能食品、普通营养食品和药食同源食品又没有明确的法律地位，其本质上仍属于普通食品。医用营养食品虽具备"医疗属性"，但归属"食品"类别，因相关标准和制度问题，缺乏一套与之相匹配的准入体系和收费标准，无法像药品一样在医院经营和流通。医用营养食品是否能进医院，既决定了患者营养是不是在医疗体系内，也影响其后续规范化治疗。

（三）专业人才有短缺

根据《健康中国行动（2019~2030 年）》的有关要求，2030 年我国要实现每 1 万人配备一名营养指导员的目标。但目前我国为每 30 万至 40 万人共用 1 名营养师。湖南省营养科临床营养医技护专业人员仅 167 人（见表

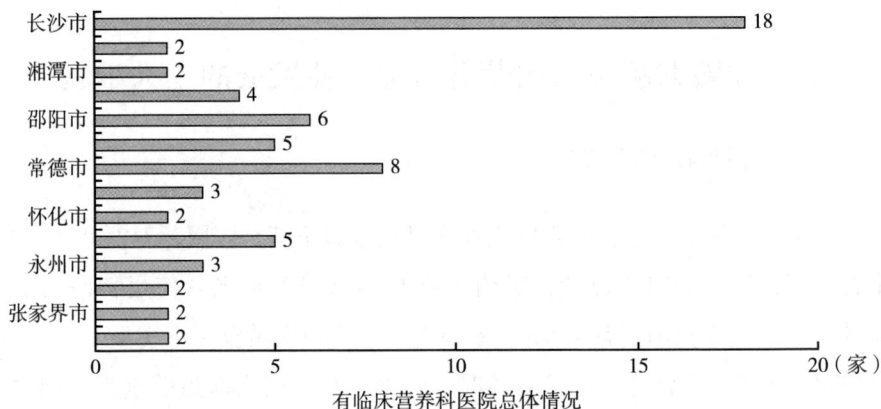

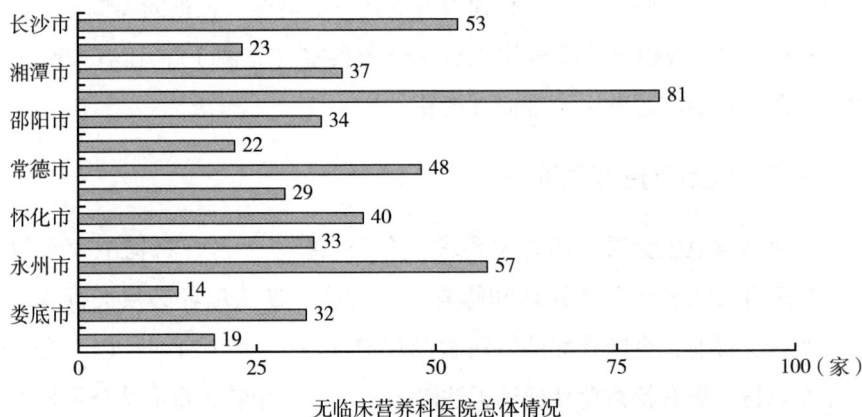

图1 2022年湖南586家二级及以上医疗机构临床营养科建设情况

1)，其中临床类别执业医师人数居全国第16位，公卫类别医师人数居全国倒数第三，仅高于西部的青海和西藏两省，与湖南省排名全国第7的医院资源排位严重不匹配，直接影响医用营养食品的创制水平和临床使用。

表1 2020年湖南临床营养从业人员队伍情况

单位：人

执业类型	总人数	初级职称	中级职称	高级职称
医师	82	15	26	35
技师	34	13	12	7
护士	51	9	28	14

四　推进湖南医用营养食品产业发展的对策建议

（一）建立高规格统筹机制，将医用营养食品产业纳入全省重点产业规划

发展营养健康产业是一项系统工程，需多部门协同联动。建议确定一名省级领导分管该项工作，构建省级营养健康产业发展统筹协调机制，由省政府办公厅牵头，组织省发展改革委、省市场监管局、省卫生健康委、省医保局等有关部门定期会商，加强宏观指导和规划引领，研究协调解决该产业发展中的问题，并将该产业发展纳入全省经济发展的整体规划，创新产业发展模式，打造一批有影响力的品牌。

（二）试行"医用营养食品进医院流通"政策，建立医用营养食品产业标准体系

建议湖南省利用区域营养创新平台试点契机推进医用营养食品院内流通。一是规范定义"医用营养食品"。制定医用营养食品的相关地方和企业标准，为医用营养产品在医疗机构的流通提供标准支撑。二是试行医用营养食品在医院内流通政策。全力支持营养创新平台和国家中医药综合改革示范区试点建设，用活用足平台先创先试政策，授权省食品安全标准专家委员会审核"医用营养食品"企业标准和省市场监管部门发放生产许可，允许在国内外医疗机构已获批允许流通的医用营养食品在全省医疗机构内流通使用。建议选择部分市州先行先试1年后再全面放开。三是建立医用营养食品标准化运营体系。借鉴海南经验，尽快制定出台《湖南省医疗机构医用营养食品临床应用管理规范》等包括临床营养食品的生产标准、收费标准、管理办法和医疗机构流通政策在内的配套制度，使其像药品一样合理、合法、合规地在医院运营。

（三）出台产业发展实施意见，培育医用营养食品产业集群

研究出台《加快推进营养健康产业发展的实施意见》，依托湘茶集团等龙头企业带动发展医用营养食品产业。鼓励企业研发具有湖南特色的优质营养产品，推动其与食品加工、生物医药、现代物流、文化产业等跨领域深度融合，形成从资源到优质产品选育、推广、示范的优势食品营养产业循环链。

（四）鼓励成果来湘转化，打造全球营养科技成果转化高地

研究出台《湖南营养食品科技成果转化优惠政策》《湖南营养食品专业人才中长期培育计划》。建立营养创新科学研究与成果转化的集产、学、研、销和服务为一体的应用联盟，促进营养健康相关学科在理论和应用领域的人才团队建设。为企业提供全链条、一站式服务的科技成果转化标准化服务，吸引国内外营养食品相关产业成果到湖南转化落地，聚集营养健康优秀人才到湖南发展，将湖南打造成全球营养科技成果转化高地。

（五）推动医疗机构营养学科全覆盖，建立"营养+"全生命周期的医疗健康管理体系

一是率先在全省二级以上医疗机构实现临床营养科全覆盖。《关于印发临床营养科建设与管理指南（试行）的通知》（国卫办医函〔2022〕76号）提出："二级以上综合医院以及肿瘤、儿童、精神等专科医院设置临床营养科。"建议先行先试，加快在全省586家二级及以上医疗机构建设临床营养科，并在社区医院普及营养门诊，并加强医疗机构营养食品配置标准化建设。二是加快建立湖南省营养专科医师体系。探索预防医学住院医师规范化培训在医院完成的可能性，为临床营养学科储备人才。可尝试在注册营养师的基础上进行临床营养师的培训工作，为临床营养学科储备营养师人才。

现代服务业篇

Modern Services Industry Reports

B.16

湖南2022年文化创意产业发展图谱*

湖南省社会科学院（湖南省人民政府发展研究中心）调研组**

摘　要： 2022年湖南省文化创意企业营收增速继续领跑全国，文化创意
产业的九大行业呈现"七升二降"的良好发展局面，民营文化
企业和新兴文化创意业态表现"抢眼"，马栏山视频文创产业园
跑出"加速度"，长株潭地区引领辐射功能凸显，文化产业创新
融合发展稳步推进，夜间文化消费成新增长点。然而，湖南省部
分传统文化业态转型升级效益不明显，发展压力增大，营收增速
甚至出现负增长，文化创意服务业发展仍不够充分，产业整体呈
现"投入水平>产出品质"的特征。建议进一步贯彻落实国家文

---

* 本文系湖南省社会科学基金重大项目"文化强省建设研究"（22ZDA016）阶段性研究成果。

** 调研组组长：钟君，湖南省社会科学院（湖南省人民政府发展研究中心）院长（主任）。调研组副组长：侯喜保，湖南省社会科学院（湖南省人民政府发展研究中心）副院长（副主任）；邓子纲，湖南省社会科学院（湖南省人民政府发展研究中心）产业经济研究所所长，研究员。执行组长：郑自立，湖南省社会科学院（湖南省人民政府发展研究中心）研究员，博士。调研组成员：王凡，湖南省社会科学院（湖南省人民政府发展研究中心）副研究员，博士；廖卓娴，湖南省社会科学院（湖南省人民政府发展研究中心）助理研究员。

173

化数字化战略，提高文化创意服务业营收占比，从供需两侧激发文化消费潜力，增加产业创新效益和溢出效益。

关键词： 湖南　文化创意产业　高质量发展

2022年，湖南省文化创意产业经受住新冠肺炎疫情、经济下行等多重考验，在提高营收增速、优化主体结构、创造新产业新业态、推动文化消费复苏回暖等方面又有新作为新亮点，不仅稳住了基本盘，而且使高质量发展的韧性更强、后劲更足。

一　湖南文化创意产业发展的"现实图景"

（一）产业规模进一步扩大，规上文化创意企业营收增速继续领跑全国

2022年湖南省文化创意产业规模进一步扩大，规上文化创意企业由2021年的3864家增加到4027家，营收达3897.81亿元，比2021年增加了257.5亿元。2022年湖南省规上文化创意企业营收增速达9.8%，比2022年的全国（0.9%）和中部地区（5.8%）平均增速分别高出8.9个和4个百分点，且各季度均保持高位匀速增长（见表1）。

表1　湖南及部分省区规上文化创意企业营收与增速情况（2022年）

省　区	规上文化创意企业营收（亿元）	增速（%）
湖南省	3897.81	9.8
北京市	17555.3	0.2
江西省	3305.11	7.8
湖北省	5300.7	8.0
四川省	4797.3	1.4
江苏省	12880.7	2.5
海南省	948.8	-2.4

2022年湖南省文化创意产业的九大行业呈现"七升二降"的良好发展局面。除了新闻信息服务、创意设计服务实现营业收入分别为249.91亿元、324.69亿元，比上年下降2.9%和1.0%之外，其他七大文化创意行业的营收同比均实现增长（见表2）。文化制造业发展不断提速，营业收入同比增长13.6%，高于全国平均水平12.4个百分点。文化娱乐休闲服务业快速走出新冠肺炎疫情影响，文化娱乐休闲服务业营收超过2019年水平，同比增长10.7%，高出全国平均水平（-14.7%）25.4个百分点；内容创作生产、文化装备生产、文化消费终端生产三大行业保持较快增速，同比增速分别为10.3%、15.6%、15.8%。

表2 湖南省文化创意产业九大行业营收及增长情况（2022年）

行业门类	营收(亿元)	增速(%)
内容创作生产	572.12	10.3
文化传播渠道	212.91	7.8
文化投资运营	12.64	0.7
文化娱乐休闲服务	101.06	10.7
文化辅助生产和中介服务	813.52	8.1
文化装备生产	279.54	15.6
文化消费终端生产	1331.42	15.8
新闻信息服务	249.91	-2.9
创意设计服务	324.69	-1.0

（二）主体结构进一步优化，民营文化企业和新兴文化创意业态表现"抢眼"

根据中央财经大学文化经济研究院发布的《中国文化产业高质量发展指数（2022）》，湖南省的主体结构指数位居全国第三，好于2021年（排名第七），这说明湖南省的文化创意产业市场主体结构趋优，具体来看，一方面反映为湖南省的规上文化创意企业和文化类高新技术企业占比提高较快；另一方面则反映为湖南省骨干文化企业发展韧性和抗压能力进一步增强，有力地稳住了湖南省文化创意产业发展的基本盘，与此同时，民营文化企业和新兴文化创意业态有诸多"令人眼前一亮"的表现。

2022年湖南省骨干文化企业积极应对经济下行压力和新冠肺炎疫情反复冲击，稳住了发展基本盘。据湖南省统计局数据快报统计，五家省管国有文化企业2022年实现营收366.93亿元，同比下降3.53%；利润总额20.23亿元，同比下降19.91%。广电集团实现营收208.11亿元，同比下降9.47%，利润总额4.01亿元，同比下降58.05%，但旗下湖南卫视收视率、品牌力、传播力稳居全国省级卫视第一，芒果TV连续六年盈利，稳居行业前三，芒果超媒入列"全国文化企业30强"；出版集团实现营收127.31亿元，同比增长7.28%；利润总额15.96亿元，同比增长7.69%，主要得益于出版发行主业板块强势上扬，中南传媒入列"2022年全球出版50强"第17位，连续十四届入列"全国文化企业30强"；报业集团实现营收7亿元，同比增长1.16%，全年管理费用减少5469.6万元，同比下降22.66%，"新湖南"客户端累计下载量超过6300万人次，其抖音粉丝量居全国省级党报前五；体产集团实现营收23.43亿元，同比增长3.54%，利润总额5005.79万元，其场馆建设、健康食品业务恢复有力，旗下体坛传媒获批国家广电总局信息网络传播视听节目许可证，为全国体育传媒行业首家；演艺集团实现营收1.08亿元，同比下降52.42%，如扣除2021年1.46亿元土地收入，则营收同比增长34%。

2022年部分重点民营文化企业逆势而上，拓维信息深化与华为在算力领域的合作，服务器业务成为新增长极，1~9月实现营收16亿元，同比增长22.87%，净利润1.03亿元，同比增长17.2%；天使文化出版网络文学作品83部，总码洋达3亿元，在网络文学出版领域居全国首位，网络小说《神印王座》改编动画累计总播放量突破15亿次，位列腾讯视频2022年新番播放量第1名。

2022年湖南省文化新业态特征较为明显的16个行业小类实现营业收入320.39亿元，比上年增长8.6%。动漫游戏业：总产值超过448.52亿元，同比增长7.61%。其中，动漫产业总产值180.98亿元，游戏产业总产值267.54亿元，新增5家国家认定动漫企业。会展业：长沙举办各类展会活动 158 场次，展览面积 160.83 万平方米，专业观众 130.89 万人次，参展商 2.08 万家，成交金额 938.70 亿元，各项指标连续保持中部第一。烟花业：全省实现总产值 417 亿元，出口 72 亿元，分别占全国的 70.8% 和 86%。陶瓷业：株洲先进陶瓷产业集群入选省重点培育和发展的先进制造业产业集群，陶瓷类酒瓶产量占全国的 60%，日用瓷占世界市场的 14%，出口量居全国第一。

（三）产业集聚效益进一步增强，马栏山视频文创产业园跑出"马栏山加速度"

长沙市文化产业基地（园区）数量多、规模大，数量占全省的 50% 以上，聚集了较多头部文化企业，马栏山视频文创产业园地位作用尤为突出。省委省政府领导开展密集调研，推动制定《马栏山视频文创产业发展实施方案》，园区发展融入湖南"强省会"战略，呈现蓬勃气象。2022 年马栏山视频文创产业园新引进企业 1027 家，累计新注册企业 3431 家，实现营收 633.5 亿元，同比增长 21.87%；税收 33.18 亿元，同比增长 10.01%；完成重大项目投资 77.4 亿元，研发经费预计 6.6 亿元，同比增长 2%；新增专利授权量 172 件，其中发明专利 75 件，同比增长 108%，高新技术企业有效数达 115 家。

除了马栏山视频文创产业园之外，2022 年一些地市的文化创意产业园区建设亦卓有成效。湘潭昭山文化产业园完成固定投资 17 亿元，主营收入 10 亿元，增速 25% 以上。怀化文化创意产业园形成生态科技、文化旅游、创意设计和数字经济四大产业集群，实现产值 14 亿元，税收 5675 万元，进出口贸易额 635 万元。常德武陵互联网文化创意特色产业园实现总产值 53.02 亿元，增速 5.3%，VV 语音网红直播总部基地、湖南创源文创产业总部基地项目等正式入驻。娄底建设新化文印科技产业园等 2 个省级综合性文化产业园区及中国复印机与耗材制造产业园等 10 余个后备园区。

2022 年湖南省上市文化企业培育取得良好进展。目前，湖南已有芒果超媒、中南传媒、电广传媒、中广天择等 8 家文化企业境内上市，借助资本市场平台形成了良好的产业集聚效应。2022 年 5 月，湖南区域性股权市场文化产业专板正式开板,首批50家文化企业集体挂牌。其中,竹简文化、美创数字、爱心文体等多家首批挂牌企业与券商签约或正在规划IPO上市,彰显文化产业专板较强的发现功能和集聚效应。

(四)区域协调发展进一步巩固,长株潭地区的引领辐射功能凸显

长株潭地区引领辐射功能显著增强。作为文化产业核心区,规上文化企业1601家,总营收2232.22亿元,占全省比重为57.3%,同比增长6.8%。长沙市文化产业和旅游产业发展获国务院督查激励,在国家文化出口基地综合评价中排名第二,2个街区获评第二批国家级夜间文旅消费集聚区;全力创建全国版权示范城市,优版权服务平台贸易额12.23亿元,是2021年全年交易总额的48倍,全年一般著作权作品登记量超13万件,是2021年的2.3倍。浏阳烟花实现总产值236.2亿元,其中出口额61.6亿元,同比增长84.9%。株洲陶瓷、烟花产业优势持续巩固,先进陶瓷产业集群年创产值约740亿元。湘潭万楼·青年码头集市成为全国规模最大的集装箱集市,建成红博园、军博园等文旅项目。

环洞庭湖地区融合发展"融"出新气象,"合"出新效能。依托湿地生态文化资源,环洞庭湖地区推动文化产业与体育、农业、旅游等相关业态融合发展,产业增速较快,规上文化企业1026家,总营收731.38亿元,同比增长17.5%,在全省占比为18.7%。岳阳市钓具(浮标)形成完整产业链条,占有全国80%的市场份额,总产值突破40亿元,同比增长14.3%。益阳着力打造清溪村"中国文学第一村""山乡巨变第一村",推出安化黑茶、桃江竹、紫薇花等农旅品牌。常德市规模以上文化企业营业增速位列全省第一,热市温泉旅游度假区一期、汉寿野生动物世界一期等重点项目建成运营。

大湘南地区依托文化制造优势和文旅产业新进,构筑"双龙戏珠"新格局。大湘南地区规上文化企业611家,总营收483.61亿元,同比增长13.8%,在全省占比为12.4%。永州吉他制造、武术服装、龙狮制作等产业蓬勃发展,成功创建国家级夜间文化和旅游消费集聚区。郴州以承办第二届全省旅发大会为契机,包装重点文旅招商项目48个,招商总金额732.66亿元。

大湘西地区特色文化资源价值持续深挖，且"多点开花"。立足民族民俗文化资源，发挥红色、古色、绿色资源优势，有规上文化企业789家，总营收451.42亿元，同比增长9.3%，在全省占比为11.6%。张家界成功举办首届湖南旅游发展大会，铺排546个项目，总投资708.86亿元，2022年春节期间接待游客人数创历史新高。邵阳《早安隆回》爆火出圈辐射带动效应明显，足球、高尔夫球杆等远销海内外。娄底推动形成现代文印产业链、数字文创与旅游产业链两个产业集群。

（五）"文化+"战略进一步深化，夜间文化消费成新的增长点

文化科技融合发展迈上新台阶。马栏山视频文创产业园在55家国家文化和科技融合示范基地绩效评价中名列第二，5G高新视频多场景应用重点实验室获评国家广电总局年度考核"优秀"等次。广电集团初步搭建由元宇宙平台、数字虚拟人、数字藏品平台等构建的芒果元宇宙体系，"芒果幻城"日活用户数居行业前三。出版集团推进智趣新课后、"一老一小"消费者业务生态圈建设，着力打造数字化头部平台。

文化金融融合"融出"新高度。省区域性股权市场文化产业专板正式开板，目前已有88家企业顺利挂牌，长沙天使文化上市进入实质性程序。湖南文旅产业投融资大会成功举办，签约省级重大文旅招商项目85个，投资总额1147.17亿元，重点文旅产业项目融资放款签约348.5亿元。

文化旅游融合模式优化升级，实现"办会兴城、立标打样"。首届全省旅游发展大会成功举办，建立"1+13+N"办会模式，产生"一地举办、全省联动"的效应；出台《关于加快建设世界旅游目的地的意见》，梳理湖南文旅"五张名片"，提炼"三湘四水 相约湖南"旅游口号和标识。春节期间，全省接待游客人数、旅游综合收入等指标超过2019年同期，增幅大大高于全国平均水平。

"文化+"战略进一步深化，有效激发了居民的消费热情，夜间文化消费成为新的增长点。全省6个集聚区入选第二批国家级夜间文化和旅游消费集聚区，长沙市建立湖南首个夜间经济服务中心，全面优化夜间消费环境。

2022年湖南文旅消费季活动依托夜间经济消费产生经济效益超300万元，人流量突破10万人次。

（六）产业社会效益进一步提升，文化贸易亮点纷呈

根据中央财经大学文化经济研究院发布的《中国文化产业高质量发展指数（2022）》，湖南省的社会效益指数位居全国第九，好于2021年（排名第十），位于第一方阵。图书《奔向共同富裕》、歌曲《你笑起来真好看》获中宣部"五个一工程"奖，湘剧《忠诚之路》获文华编剧奖，电视剧《江山如此多娇》《百炼成钢》获飞天奖、金鹰奖，湘绣作品《群鸡图》获民间文艺山花奖。

2022年湖南省文化贸易经受住新冠肺炎疫情考验，呈现诸多亮点：在版权输出方面，出版集团实现版权输出331项，覆盖35个国家及地区、32个语种，体产集团实施北京冬奥会全球传播工程，出版发行《奥林匹克价值观教育》等6套冬奥系列图书，《从夏蒙尼到北京：冬奥百年》在全球发行。在产业合作方面，湖南广电和香港电视广播有限公司联合制作的《声生不息·港乐季》成为海外综艺爆款。芒果TV与老挝国家电视台签约合作，湖南国际频道落地15个国家。在产品出口方面，2022年长沙市文化产品出口217.2亿元，同比增长11.96%，醴陵市协调开通湘粤非醴陵陶瓷出口班列，为企业内路段降低60%的成本。万兴科技业务范围遍及200多个国家和地区，在全球拥有超过10亿用户。安克创新连续六年进入"中国出海品牌50强"，产品覆盖100多个国家和地区，拥有超1亿用户。明和光电LED电脑切割灯光设备成功点亮卡塔尔世界杯赛场。孝文科技电子烟花产品覆盖全球90余个国家和地区。

二 湖南文化创意产业发展的主要问题

（一）部分传统文化产业营收增速下跌明显，产业增长动能亟须全面提升

目前湖南省部分传统文化业态转型升级效益不明显，发展面临的压力增

大，营收增速甚至出现负增长。新闻出版业的图书出版、音像制品出版、电子出版物出版、出版物进出口利润等实现微增长，营收分别为 36.51 亿元、0.5 亿元、1.86 亿元、0.05 亿元；期刊出版、报纸出版出现亏损，营收分别为 4.46 亿元、14.07 亿元。广播电视业：行业实际创收 263 亿元，同比下降 13.46%，其中广告收入 91.22 亿元，同比下降 25.49%。电影业：全省票房 11.4 亿元，比 2019 年少 10 多亿元；观影 2874.72 万人次，比 2019 年少近 3000 万人次；放映场次 261.68 万场，比 2019 年少近百万场次。

（二）文化创意服务业发展不充分，产业结构有待调整和优化

从产业结构来看，2022 年湖南省文化制造业营业收入 2561.44 亿元，比上年增长 13.6%；文化批发和零售业营业收入 354.69 亿元，比上年增长 7.3%；文化服务业营业收入 981.68 亿元，比上年增长 1.8%。它们的营收占比分别为 66%、9% 和 25%，从图 1 中可以看出，文化制造业的营收占比较大，超过六成；文化服务业的占比较低，不到三成。而根据国家统计局发布的《文化及相关产业分类（2012）》，其中近 80% 的行业都属于服务业，文化创意服务业是文化创意产业发展的核心，强大的文化创意服务业是发展文化创意产业的根本，显然目前湖南省文化服务业的发展并不充分，亟待提高。

（三）产业整体呈现"投入水平>产出品质"特征，部分市州规上文化企业营收出现负增长

根据中央财经大学文化经济研究院发布的《中国文化产业高质量发展指数（2022）》，2022 年湖南省文化创意产业发展在"投入-产出"关系上，呈现投入水平较高而产出品质较低的基本特征（见图 2）。而上海、北京、广东、浙江等省市在新冠肺炎疫情冲击下，仍然都能保持"高投入-高产出"状态，在较高水平上实现了供需平衡。目前湖南省大部分市州的文化创意产业发展仍主要依赖于要素投入、外需拉动和规模扩张，尚未从根本上摆脱数量增长型模式，产业创新效益和溢出效益不佳。

2022 年，株洲、湘潭、邵阳、衡阳、常德、益阳、郴州、永州、怀化规上文化企业营收保持两位数以上增长，长沙、岳阳呈现低增长态势，而张家界、娄底、湘西呈负增长。

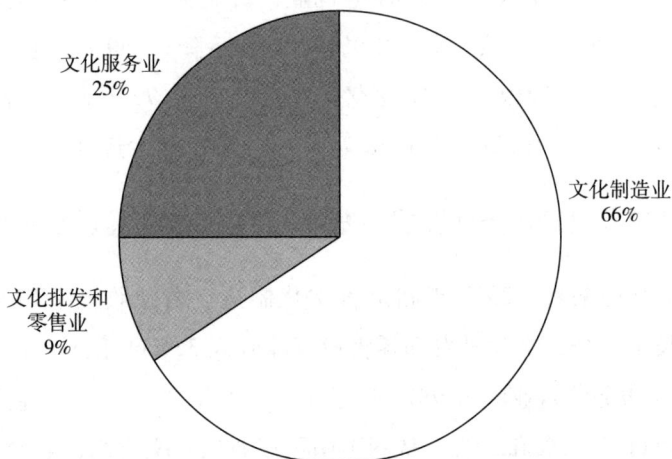

图 1　2022 年湖南省文化创意产业结构

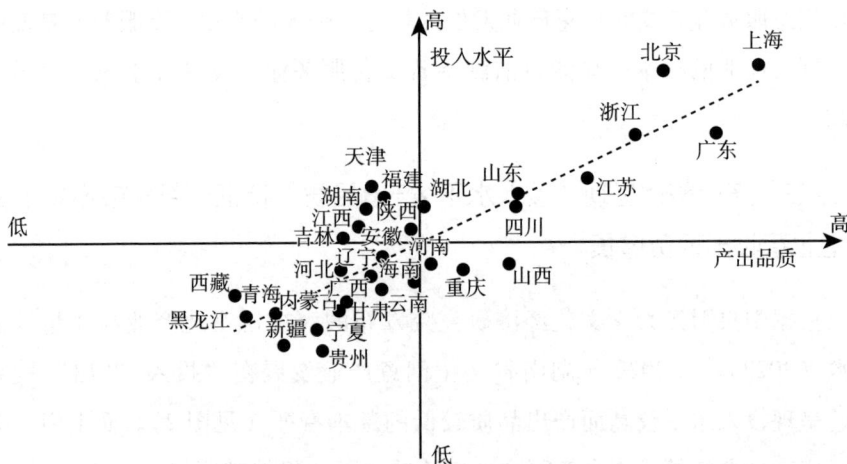

图 2　2022 年中国文化产业高质量发展指数相关省份"投入-产出"关系

三　湖南文化创意产业发展的对策建议

（一）在"转"字上下功夫，贯彻落实国家文化数字化战略

在"转"字上下功夫，就是要着力推动传统文化产业转型升级发展。贯彻落实国家文化数字化战略和重大文化产业项目带动战略，加快筹建数字化基础设施和服务平台，构建线上线下融合互动、立体覆盖的文化服务供给体系。加快推进文化资源数字化进程，统筹抓好文物数字化保护和非遗数字化传承，加强古籍数字化资源管理和开放共享，推动创作、生产和传播向"云上"拓展。大力发展数字经济，积极培育数字视频、数字出版、数字阅读、动漫游戏等新兴业态。充分发挥5G、大数据、人工智能等新一代信息和数字技术优势，大力发展手机媒体、数字电视、互联网新媒体、户外新媒体等新兴媒体，推动传统媒体和新兴媒体在内容生产、产品经营与销售、信息传播管理等方面全面融合。支持湖南日报社、湖南广播电视台、湖南出版投资控股集团有限公司发展新媒体客户端，构建权威可信、面向大众生活服务的数字化信息服务平台，打造"湖南新媒体联盟"矩阵，在提升舆论引导能力的基础上，进一步拓展新闻信息、出版发行等传统文化行业的盈利空间。

（二）在"优"字上下功夫，提高文化创意服务业营收占比

在"优"字上下功夫，就是要着力优化文化创意产业结构，当前比较紧要的是，迅速提高文化创意服务业营收占比。围绕提升先进制造业水平，大力支持汽车设计、工程机械设计、先进轨道交通装备设计、航空航天设计等本地优势产业发展，强化先进制造业相关领域的技术研发和产品及关键性零部件外观、结构、功能的设计与创新应用。围绕生态绿色食品、生物医药、先进储能材料及动力电池等领域，鼓励实施以设计为龙头的总承包服务，提升产业竞争力。推动文化创意服务业融入国家"一带一路"倡议，

积极发展跨境文化创意电商服务行业。实施文化旅游服务提质升级计划，推动景区服务设施、民宿服务、导游服务、餐饮服务、交通服务等提质改进，提升文化旅游服务的便捷性和人文性。大力发展文化体育休闲服务、创意农业服务、文博服务、视频文创服务等新兴文化创意服务行业。注重发挥非公有制文化企业在文化创意服务领域的"生力军"作用，贯彻落实习近平总书记提出的"两个毫不动摇""三个没有变""两个健康"等重要指示精神，建立非国有规上文化企业台账和联系机制，明确内容服务企业导向管理责任主体，引导企业建立与生产经营特点相适应的内容导向审核机制。推动普惠金融、减税降费、稳岗就业等政策在非公有文化企业落实落地。

（三）在"需"字上下功夫，从供需两侧激发文化消费潜力

在"需"字上下功夫，就是要着力扩大"文化内需"。这需要从供需两侧激发文化消费潜力，推动文化消费升级。从供给侧来看，进一步推进现代文化产业体系和市场体系建设。由湖南省委宣传部门牵头，联合省文化和旅游厅、省广播电视局、省商务厅、省社会科学院（省政府发展研究中心）等部门，尽快研究出台《关于进一步促进文化和旅游消费恢复与升级的指导意见》。持续深化"一企一方案"改革，解决公司制管理、主业发展等重点问题，支持和发挥省管国有文化企业在促进文化和旅游消费恢复与升级中的"主力军"作用。通过推动健全湖南广电、湖南日报社"一体化"运行体制机制，推进出版集团"E堂好课"消费者业务生态圈建设，加快体产集团"天天体育"App研发推广、"两中心一公园"建设，以及推动演艺集团数字演艺云平台项目建设等举措，做强做优省管国有文化企业，提升它们的文化生产与供给能力。进一步完善文化产业引导资金管理办法，倡导正确导向、消费挂钩、择优扶持的支持原则，引导和促进文创产品的有效高质供给。加快数字文化基础设施建设，打造一批具有地标性的高端数字文化消费场所。推进高端文创产品供给国际合作，引进落地一系列具有国际口碑的文化艺术时尚品牌项目。从需求侧来看，适度增加居民尤其是"Z世代"的休闲时光，推动文旅消费券发放常态化，增加投放类型和频次。通过深化文化

惠民工程，积极打造和优化基层文化消费空间，培育居民文化消费习惯。通过街头表演、网红打卡地建设、酒吧小剧场等打造更加时尚、新潮的城市文化消费场景。引导和支持有条件的乡村打造独具特色的"乡村夜经济"，刺激农村夜间文化消费。

（四）在"创"字上下功夫，增进产业创新效益和溢出效益

在"创"字上下功夫，就是要在文化创意产业领域着力实施创新驱动战略。着力发挥马栏山视频文创产业园在文化创意产业创新发展上的引领示范作用，推动马栏山视频文创产业园成为全国规模最大、种类最全、质量最高、成本最低、速度最快的视频生产园区。深化园区体制机制改革，优化升级"管委会+国有企业"运行机制，加快国家级文化产业园区创建，探索"基金+基地+产业集群"运行模式。开展园区政策"回头看"，建立全国文化园区政策大数据库，推动马栏山政策优惠升级。建设国内领先的视频技术底座，推动国家级互联网骨干直联点、数字新基建创新中心落户。推动马栏山5G高新视频多场景应用实验室建设成为国家重点实验室。采取"一企一策"，争取行业头部企业落地园区，大力培育本土企业。支持园区设立产业基金、天使基金、种子基金等，以市场化方式"选种育苗"。优化市场主体发展环境，激发各类文化创意市场主体的创新活力。深化"放管服"改革，引导社会资本以多种形式投资文化产业，扶持中小微文化企业向"专、精、特、新"方向发展。发挥文化产业发展专项资金和省文旅发展基金作用，支持引导"互联网+"文化新型业态发展。拓宽中小微文化企业融资渠道，支持文化企业进入多层次资本市场。完善文化和旅游深度融合发展机制，办好第二届湖南旅游发展大会，擦亮"五张名片"。结合乡村振兴战略发展乡村文化新产业，带动区域宣传推广、文创产品开发、农产品品牌形象塑造。

B.17
湖南旅游业高质量发展的对策建议

湖南省社会科学院（湖南省人民政府发展研究中心）调研组 *

摘　要： 近年来，湖南积极应对新冠肺炎疫情带来的不利影响，实施全域旅游战略，深入推进文化和旅游融合发展，旅游业在实现加速复苏的过程中取得了一定新进步。旅游业恢复态势好于全国平均水平，相关企业数量位列全国第一方阵，过夜游客占比显著提升。但当前也存在一些亟待解决的问题，建议从"强产品、强配套、强创新"和"抢跑新赛道"四大方面着手推进湖南旅游业的高质量发展。

关键词： 湖南旅游　旅游业　高质量发展　文旅融合

旅游业覆盖面广、融合度高、拉动力强，具有"一业兴、百业旺"的乘数效应。2023年是新冠肺炎疫情影响消退、旅游业加快复苏发展的一年，着力推动旅游业在稳步复苏的过程中实现高质量发展尤为重要。为此，调研组开展专题调研，分析了当前湖南省旅游业发展现状与存在的问题，并提出几点对策建议。

---

* 调研组组长：钟君，湖南省社会科学院（湖南省人民政府发展研究中心）党组书记、院长（主任），研究员。调研组副组长：侯喜保，湖南省社会科学院（湖南省人民政府发展研究中心）党组成员、副院长（副主任）。调研组成员：郑劲，湖南省社会科学院（湖南省人民政府发展研究中心）社会发展研究部部长；黄晶，湖南省社会科学院（湖南省人民政府发展研究中心）社会发展研究部主任科员；文必正，湖南省社会科学院（湖南省人民政府发展研究中心）社会发展研究部副部长；彭丽，湖南省社会科学院（湖南省人民政府发展研究中心）社会发展研究部主任科员。

一 湖南省旅游业发展情况

近年来，湖南积极应对新冠肺炎疫情带来的不利影响，实施全域旅游战略，深入推进文化和旅游融合发展，旅游业在实现加速复苏的过程中取得了一定新进步。

（一）整体上看，湖南省旅游业恢复态势好于全国平均水平

新冠肺炎疫情发生前，湖南旅游业接待旅游总人次持续增长，旅游业总收入稳步增加。在疫情的冲击下，湖南省多措并举有效促进旅游业加速恢复，旅游业呈相对较好发展态势。2022 年，全省接待国内游客 4.34 亿人次，同比增长 0.96%，高于全国的平均水平（−22.1%）；国内旅游收入同比下降 0.86%，降幅低于全国平均水平（见表 1）。

表 1　湖南省与全国国内游客人次和旅游收入情况（2022 年）

项目	国内游客人数		国内旅游收入	
	总数（亿人次）	同比（%）	总额（亿元）	同比（%）
湖南省	4.34	0.96	6486	−0.86
全国	25.3	−22.1	20444	−30

资料来源：《2022 年文化和旅游发展统计公报》；湖南省文化和旅游厅。

（二）从经营主体看，湖南省企业数量位列全国第一方阵

旅行社方面：2021 年湖南省旅行社数量由 2019 年的 1143 个小幅增至 1202 个，但全国排名由第 15 名大幅升至全国第 8 名；从业人员由 2019 年的 19322 人降至 15787 人，但全国排名升至第 6。根据文化和旅游部《2022 年度全国旅行社统计调查报告》，湖南旅行社国内旅游接待人次位列全国第 4 位，仅次于浙江、湖北、江苏。上市公司方面：根据中经网数据，湖南省旅游产业上市公司占全国旅游上市公司数量的 5%，位列全国第 5。

（三）从游客结构看，湖南省过夜游客占比显著提升

2020 年，湖南省接待游客情况具有"流量大、留量小"的特点，一日游客占比超七成，过夜游客占比仅为 23.3%，远低于四川省的 47.9%。2022 年，"留不住游客"问题得到有效改善，过夜游客占比提升至 49.2%，经济效益相应提高，过夜游客收入占比由 36.9% 提升至 60.7%（见表 2）。

表 2　湖南省国内旅游情况对比（2020 年、2022 年）

项目	旅游人数（亿人次）	过夜游客（亿人次）	过夜游客占比（%）	过夜游客收入（亿元）	过夜游客收入占比（%）
2020 年	6.93	1.61	23.3	3053.41	36.9
2022 年	4.34	2.13	49.2	3937.27	60.7

资料来源：湖南省文化和旅游厅。

（四）分地域看，长郴怀游人多、张益娄收入低

游客接待方面。近年来，长沙以过亿接待游客总人数遥遥领先其他市州。2019 年长沙接待国内外游客总人数 1.68 亿人次，远超排名第二位的郴州（0.8 亿人次）。在疫情影响下，2022 年长沙仍以 1.19 亿人次稳居全省第一，郴州、怀化分别以 5654 万人次、4774 万人次位列全省前三，而张家界、邵阳、娄底游客人数较少。

旅游收入方面。市州旅游收入排序与游客人数大体一致，又略有不同。长沙以 1317 亿元"断层第一"，郴州以 573 亿元居全省第二，株洲（接待人次排全省第 8）旅游收入 456 亿元紧随其后。张家界、益阳、娄底旅游收入较低。

旅游企业方面。2022 年，湖南省旅游产业存续企业共 5.9 万家。其中，长沙旅游企业 21416 家，占全省的比重达 36%。其次，数量较多的分别为常德、株洲、邵阳、岳阳。湘西州、湘潭、张家界数量较少（见图 1）。

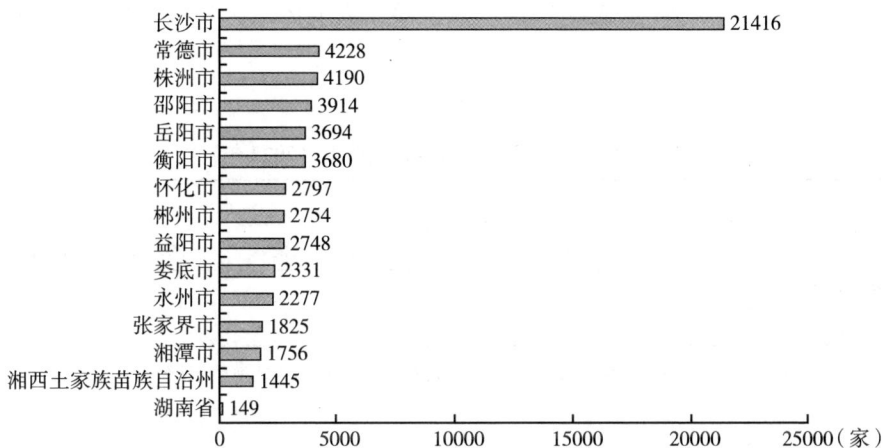

图1　湖南省旅游企业地理分布情况（2022年）

资料来源：中经网。

二　存在的问题

湖南省旅游业发展取得的成绩有目共睹，但也应注意存在的几点"新、老问题"。

（一）游客数量与高知名度不匹配

湖南旅游品牌具有较高知名度，长沙、张家界、韶山、凤凰等旅游目的地城市享誉中外，但游客数量却与其高知名度、网络"高热度"不匹配。2022年，湖南接待游客4.35亿人次，不仅与云南（8.4亿人次）等旅游大省有较大差距，而且也远不及江西的6.55亿人次。从市州来看，对比则更为明显。"网红长沙"是全国知名的旅游品牌，网络热度非常高，2022年在湖南省长沙市以1.19亿人次游客人数"高居第一"，但却与邻省江西上饶市的2.21亿人次、南昌市的1.62亿人次有不小差距，仅略高于吉安的1.13亿人次（见表3）。而张家界作为国内外享有盛名的旅游城市，2022年游客人数却位列全省倒数第一。应注意的是，即使是在疫情发生前的2019年，长沙游客人数（1.68 亿人次）也不及上饶（2.1 亿人次）、南昌（1.79 亿人次）。

表 3　湖南、江西接待游客人数情况（2022 年）

项目	湖南		江西			
		长沙		上饶	南昌	吉安
接待游客人次（亿人次）	4.35	1.19	6.55	2.21	1.62	1.13

资料来源：湖南省文化和旅游厅，江西省、上饶市、南昌市、吉安市等统计公报。

（二）旅游资源得到有效开发，但配套要素仍需加强

湖南旅游资源丰富，架构完整，从自然风光、名胜古迹、风土人情、红色文化，到受青年热捧的"网红城市"，均有享誉中外的"金名片"。2021年，湖南省 A 级景区有 553 个，较 2019 年增加 71 个，旅游资源得到有效开发，但吃、住、行、购、娱等重要旅游要素仍需进一步完善。比如，2021年湖南 A 级景区数量排名全国第 12 位，但星级饭店数量却仅排名全国第 19位。在实地走访调研中发现，湖南省仍有部分具有较好旅游资源的地方虽然景区开发、住宿配套较好，但公共交通可及性较差，"最后一公里"没有打通，难以吸引远距离游客前往。同时，在"吃、购、娱"等方面的配套也不尽如人意，有较大开发提升空间。

（三）收入结构不优，旅游二次消费仍需培育

湖南省旅游景区门票经济依赖较重的现象仍未得到扭转，甚至有加重趋势。大部分高等级旅游景区，仍以门票经济和二次交通经济为主，二次消费整体不足。2020年，湖南省 A 级景区门票收入占旅游营业收入的比重由上年的 15.1% 大幅增至 27.3%，远高于四川（9.8%）、贵州（9.2%）、江西（5.7%）等地（见表 4）。2021年，湖南省 A 级景区数量位列全国第 12 位，但门票收入排名居全国第 5 位。

表4　湖南与四川等地A级景区门票收入情况对比（2019~2020年）

单位：%

项目	湖南	四川	贵州	江西
2020年A级景区门票收入占旅游营业收入的比重	27.3	9.8	9.2	5.7
2019年门票收入占旅游营业收入的比重	15.1	6.2	9.5	7.6

资料来源：2020、2021年《中国文化文物和旅游统计年鉴》。

（四）企业创新研发不足，旅游业的创新创意有待加强

新时期，游客的旅游需求发生显著变化，对旅游产品与服务的创新性、差异性、特色化有更高的要求。湖南省部分地方不断推陈出新收获了"流量"和"留量"，但也有一些地方仍然供给给人"千篇一律"之感的产品与服务，旅游业的创新仍有待加强。《中国红色旅游发展报告（2022）》显示，湖南红色旅游发展资源指数居全国第一，但旅游发展创新支撑指数却位列全国第14名。根据中经网数据，近二年（2020~2022年），湖南省旅游产业拥有知识产权企业数量为2576家，仅占全省旅游企业总量的4.42%。其中，拥有自主专利的企业数量共125家，仅占全省旅游企业总量的0.21%，占拥有知识产权企业的4.85%。

三　对策建议

推进旅游业高质量发展，既需立足湖南实际解决现存的重点问题，又需要把握行业未来发展新趋势，提前布局新蓝海，抢跑新赛道。为此，调研组提出"三强一新"的对策，即"强产品、强配套、强创新"和"抢跑新赛道"。

（一）强产品，以湖湘文化赋能让湖南旅游"特而美"

一是提质升级"核心吸引物"，让特色更加凸显。当前，其他省份已经充分结合当地旅游资源的相对优势打出自己的"特色牌"，如，贵州主打"山地/避暑+"，黑龙江主打"冰雪旅游+"，河南主打"文化+"。建议湖南结合自身地理特点或人文特色，进一步放大做强特质。如，支持长沙基于"网红城市"的影响力，增强文旅创新意识，以前沿的、适应青年需求的旅游新产品、新玩法、新模式，以"主客共享"的理念、"无处不文旅"的思维来打造城市新消费场景及体验，推动商业空间泛文旅化，打造"敢为天下先的创新旅游第一城"，塑造当代青年人向往的"潮游圣地"，助推长沙由"网红城市"向更具特色、更具文化底蕴、更可持续的旅游城市转型发展。二是以大众渴求的"性价比"为重点，优化湖南特色旅游产品供给。从当前看，我国游客的出游意愿不减，但出游花费却明显降低。建议学习淄博文旅出圈的经验，现阶段瞄准"大众旅游"，在二次消费不足的景区景点，以"性价比"为方向进行产品与服务的重设，激发游客来湘游玩意愿。"性价比"不仅是指价格降低到绝大多数普通游客容易接受的程度，更是指产品与服务要有特点、有内涵、有余味，令人耳目一新、印象深刻，让游客有较为强烈的"物超所值"之感。三是顺应"反向旅游"趋势，打造一批"冷而美"的旅游目的地。当前游客热衷"热门景点"，但也有相当一部分人不愿再参与人挤人的旅游体验，选择去人少"冷门但好玩"的地方，即时下的"反向旅游"。应注意的是，"反向旅游"虽刚起步，但有望不断壮大。建议湖南省提前布局，支持市州选出一批有潜力的冷门景点，深化文化赋能，将其改造成适合"快进慢游"、深度游的"小而美"景区。

（二）强配套，以真诚待客之道打造"湖南无忧游"

一是加强文旅公共服务，打造"湖南无忧游"旅游放心品牌。"湖南无忧游"指，只要游客想来湖南游玩，就必定能方便快捷地找到"来之法""游之法"。建议加快建设湖南智慧文旅，开设"湖南无忧游"热线和专栏，游客可电话咨询来湘游玩事宜或进行相关旅游投诉，包括景点预约、公共交通换乘等出游相关信息，专栏则可定期针对游客咨询量大的问题进行公开答复。同时，加快完善"吃住行游购娱"六要素。如，梳理全省公共交通可及性差的景点景区，开设旅游专线，将火车站、高铁站与当地各景点串联起来，确保游客下火车后即可乘坐公共交通直达景区，杜绝因交通不便"劝退"游客的现象。二是培育高品质服务机构。鼓励旅行社服务向品质化转型，精心开发一批极具文化内涵的湖南精品游，培养壮大一批对湖南文化有较深了解的导游，让游客在领略湖南风景之美中充分感悟湖南文化之美，陶冶心灵之美。三是提升旅游接待能力和水平。在旅游旺季，适当延长热门博物馆、文化馆、游乐园开放时间，增加门票投放量或预约名额，通过分时段预约、退票动态回池、弹性调整预约名额等方式，提升预约参观精细化管理水平。

（三）强创新，探索文旅创新发展的"湖南新路子"

一是坚定不移走出一条文旅创新发展的"湖南新路子"。从总体上来说，建议湖南省以"强文化输出+创新型产品"为重点，走出一条特色化新路。具体而言，要坚决摒弃"同质化""跟风"发展思路，坚持以当地历史文脉、民俗风情、地理特点等为基础，以科技、文化赋能为重点进行创新改造，凸显旅游目的地在同类别目的地中的独特性、差异性。比如，张家界应进一步厘清与其他山岳旅游目的地旅游产品供给的差异，找准创新突破口，将游客"非来不可"的理由做得更强，有效提升旅游吸引力。二是设立"湖南文旅创新发展基金"。鼓励文旅与其他行业领域跨界融合，支持湖南省文旅企业加大创新研发投入，加大对创新型文化和旅游领域科技型企业、高新技术企业发展的支持力度。鼓励有基础、有潜力、有创新的地方进行业态更新、场景更新、产品更新。

（四）抢跑新赛道，重点发力研学旅游、亲子游

研学旅游方面。"读万卷书，行万里路"。未来家庭将更有能力和意愿

让青少年出门远游，这从当前暑假火爆的文旅市场可见一斑。但应注意，研学旅游的重点仍是"研学"。建议湖南省率先打造一批高质量研学旅游样本，以富有文化内涵为重要指标制定和细化研学旅游地方标准。支持有条件的文化场馆定期开设"文化体验课堂"，鼓励研学青少年参与。亲子游方面。随着"80后""90后"子女的成长，当前我国亲子游市场迎来"最会玩、最想玩"的人群，相关需求亟待充分释放。建议湖南省旅游产品与服务进行"亲子友好型"升级，完善住宿等相应基础设施，支持相关主体针对当前亲子游的痛点问题推出系列新产品。

B.18
湖南金融业高质量发展研究报告

湖南省社会科学院（湖南省人民政府发展研究中心）调研组 *

摘　要： 金融是现代经济的核心，其发展情况关系经济社会发展的质量和竞争力。近年来湖南金融业发展稳中向好，但也存在一些不容忽视的问题，主要表现为：金融业发展与实体经济的匹配失衡严重，市州之间金融业发展分化明显，地方金融业态发展滞后，金融风险防范与"四早"要求还有差距。建议：一是做优做强，推进金融组织机构高质量发展；二是前瞻布局，高标准建设湖南金融中心；三是多措并举，提高直接融资比重；四是弯道超车，打造金融数字化发展样板区；五是精准施策，营造优良金融发展环境；六是抓早抓小，持之以恒防范化解金融风险。

关键词： 金融业　金融服务　湖南

金融活，经济活；金融稳，经济稳。金融是现代经济的核心，其发展情况关系经济社会发展的质量和竞争力。同时，金融业也是湖南省产业发展的短板，金融业能否发展起来，对湖南省加快实现"三高四新"美好蓝图和推进现代化新湖南建设影响深远。

---

* 调研组组长：钟君，湖南省社会科学院（湖南省人民政府发展研究中心）党组书记、院长（主任）。调研组副组长：侯喜保，湖南省社会科学院（湖南省人民政府发展研究中心）党组成员、副院长（副主任）。调研组成员：刘琪，湖南省社会科学院（湖南省人民政府发展研究中心）财政金融研究部部长；张鹏飞，湖南省社会科学院（湖南省人民政府发展研究中心）财政金融研究部主任科员。

一　湖南金融业发展现状

根据中经网大数据，2020~2022 年，湖南金融业存续企业的注册资本总额分别为 17972.7 亿元、19508.3 亿元、20920.9 亿元①，连续 3 年呈上升趋势，金融业发展稳中向好。

（一）银行业平稳发展，聚焦重点领域加大金融支持

截至 2021 年末，湖南省银行业金融机构总资产 8.0 万亿元，同比增长 9.9%。本外币各项贷款余额 55845.0 亿元，同比增长 13.0%；信贷结构进一步优化，普惠领域贷款保持同比多增，全年全省涉农贷款、民营企业贷款和普惠口径小微企业贷款同比分别多增 89.4 亿元、38.8 亿元和 162.2 亿元，制造业贷款保持较快增长，制造业中长期贷款同比增长 44.8%。贷款利率稳中有降，全年全省企业贷款加权平均利率为 4.80%，较 2020 年下降 6 个基点。

（二）证券保险业平稳运行，市场结构逐步完善

截至 2021 年末，湖南省境内上市公司 131 家，较 2020 年末增加 14 家，其中主板、创业板、科创板、北交所上市公司数分别为 86 家、31 家、12 家和 2 家；三板、四板市场稳步发展，湖南省共有新三板挂牌企业 133 家，湖南股权交易所挂牌企业 934 家。法人证券公司 3 家，下设营业部 584 家，较 2020 年末增加 49 家；非法人证券公司在湘设营业部 439 家，较 2020 年末新增 3 家。全年全省保险业保费收入 1508.8 亿元，同比增长 4.8%；共提供各类风险保障 204.7 万亿元，同比增长 11%。

---

① 本文资料来源：中国人民银行、中国人民银行长沙支行、《中国统计年鉴（2022）》、《湖南统计年鉴（2022）》等。

（三）社会融资规模平稳扩大，金融生态环境进一步优化

2021年，全省社会融资新增10461.1亿元，其中，人民币贷款新增6313.4亿元，企业债券净融资1364.1亿元，政府债券净融资1820.8亿元，非金融企业境内股票融资600.1亿元。截至2021年末，金融信用信息基础数据库共收录全省112.2万户企业及其他组织信息，接入机构162家；累计为758.1万农户和3.9万个新型农业经营主体建立信用档案，助力164.9万农户和1.9万个新型农业经营主体获取贷款。

二　湖南金融业发展中存在的问题

湖南省金融业发展对推进"三高四新"美好蓝图的支撑作用存在不足。

（一）从发展程度看，金融业发展不足，支撑实体经济能力有限

2021年，全省金融业增加值为2288.0亿元，地区生产总值为46063.1亿元，金融业增加值占GDP的比重为4.97%，在全国排名末位，比2019年占比（4.93%）提高仅0.04个百分点。与中部省份比较，低于山西的5.68%、安徽的6.47%、江西的6.67%、湖北的6.86%和河南的5.27%。与全国平均水平比较，低于全国7.97%的平均水平3个百分点。与发达省份比较，分别比江苏（7.88%）、浙江（8.38%）等省份低2.91个和3.41个百分点。湖南金融业发展滞后于经济发展，体现了金融业自身发展不足，对实体经济提供服务的能力有限。从金融业增加值占比变化及其与其他省份的比较来看，湖南金融业需要跨越式发展。

（二）从区域分布看，市州之间金融业发展分化明显，长沙"龙头"作用发挥不够

分市州看，2021年，长沙市金融业增加值为973.5亿元，地区生产总值为13270.7亿元，金融业增加值占GDP的比重为7.34%，为全省最高，

比排名末尾的岳阳市（2.82%）高4.52个百分点。其他市州方面，金融业增加值占GDP的比重为3%~4%的市州有4个，分别是常德市（3.21%）、衡阳市（3.47%）、株洲市（3.62%）、湘潭市（3.72%）；占比为4%~5%的有5个，分别是娄底市（4.12%）、郴州市（4.23%）、益阳市（4.65%）、永州市（4.8%）、邵阳市（4.8%）；占比为5%~6%的为怀化市（5.19%）。金融服务在市州间分布不均衡明显，金融业与实体经济匹配程度差异较大。从金融资源要素集聚来看，2021年长沙市金融业增加值为973.50亿元，占全省金融业增加值的比重为42.55%，与2019年的43.8%相比降低了1.25个百分点，比武汉市金融业增加值占湖北金融业增加值的54.25%低11.7个百分点，长沙对金融资源的集聚不够，"龙头"作用发挥有减弱趋势。

（三）从金融机构看，地方金融业态发展不足

从地方金融业态看，部分领域发展迟缓。全省没有财产保险法人机构、公募基金公司、金融租赁公司等金融牌照及地方法人证券、保险机构等，在机构数量、市场占比、盈利能力方面与全国性大公司比仍有较大差距。以小额贷款公司为例，截至2022年12月末，全省共有小额贷款公司72家，实收资本53.19亿元，在中部省份排名末尾，在全国也排名靠后；实收资本方面，与安徽的296.09亿元、湖北的270.33亿元相比，差距明显。从外资金融机构入湘看，截至2021年末，湖南省外资银行资产总额为72.8亿元，仅为外资银行在华资产总额3.79万亿元的0.2%，外资银行入湘还有很大空间。

（四）从风险防范看，与总书记的"四早"要求还有差距

习近平总书记指出：对金融风险要"科学防范，早识别、早预警、早发现、早处置"，要"下好先手棋、打好主动仗，有效防范化解各类风险挑战"。然而，从湖南省实践来看，在落实总书记"四早"要求上，仍存在不少短板与困境。一是监测预警存在瓶颈。从调研中了解，湖南省已初步建立

了金融风险的监测预警机制，但受限于数据、信息共享等因素，风险预警功能难以得到有效发挥。同时，社会公众风险举报意识较弱。二是对于风险的早期纠正（处置）重视不够。一些地方（部门）对发现或移交的金融风险线索久拖不决，贻误处置时机，可能导致风险主体小事拖大，甚至拖大拖炸。对于一些已经识别发展的风险机构，监管部门也未采取有约束力的限期纠正措施。三是监管手段和力量不足。据调研，湖南省在金融风险防范方面存在监管手段不足、监管效率不高等问题，个别监管机构未按要求实质性开展日常风险监测。

三　湖南金融业高质量发展的对策建议

金融是湖南构建现代化产业体系和建设现代化新湖南必须补起来的短板。当前，金融业要围绕做大总量、优化存量，以优良的发展环境吸引金融要素集聚，建立与现代化产业体系构建相匹配的现代金融体系。

（一）做优做强，推进金融组织机构高质量发展

一是争取国内大型金融机构布局。一方面鼓励金融机构向上争取在湖南布局开展科技金融、供应链金融、绿色金融、普惠金融等各类金融创新试点，提高业务拓展能力；另一方面大力发展金融总部经济，吸引金融机构在长沙设立法人总部，不断增强长沙市金融业的集聚力和辐射力。二是做大做强地方金融业态。落实国务院关于充实中小银行资本的要求，探索建立中小银行资本补充长效机制，推动中小银行股权结构优化和管理能力现代化，提高地方金融机构的资本实力和市场竞争力。梳理地方金融机构中发展落后的金融业态和需要重点培育的业态，比如小额贷款公司、融资租赁公司等，列出问题清单，出台支持政策，补齐金融机构短板。三是壮大金融中介力量。通过给予一次性落户补助、财税补贴、人才引进及业务支持等手段，着力引进国内外知名会计师事务所、律师事务所、信用评级机构、资产评估公司以及财务顾问等金融中介机构；重点培育、大力支持本土金融中介机构持续夯

实业务基础，扩大业务半径。四是争取外资金融机构布局湖南。随着我国资本市场对外开放举措不断落地，证券、期货、基金等证券业金融机构外资持股占比将陆续"松绑"以及《中华人民共和国外商投资法》的实施，国际金融机构加快了在我国的布局。湖南应依托中国（湖南）自由贸易试验区建设和中非经贸合作，推进外资金融机构布局。五是引导金融机构向长沙市以外的市州延伸布局。压实责任，推进金融业发展不足的市州加快引进金融机构，完善网点布局，推进金融服务向县域延伸，提高市州金融业服务能力。

（二）前瞻布局，高标准建设湖南金融中心

一是前瞻布局建设中部金融中心。当前，国家级金融中心主要有四个，分别是东部沿海地区的上海、深圳，华北的北京以及成渝共建的西部金融中心。湖南建设中部金融中心，必然面临武汉、郑州、合肥等城市的激烈竞争。湖南建设中部金融中心的劣势在于经济总量不够领先、金融短板明显；优势在于湖南"一带一部"的区位具有服务构建新发展格局等国家战略的潜力和内在需要。建议依托湖南金融中心，研究建设中部金融中心，明确建设中部金融中心的路径、任务分工、政策措施以及服务新发展格局的着力点，积极向中国人民银行、国家发改委等部门汇报，争取支持。二是支持金融机构、金融资本向外辐射服务。湖南金融业发展，不单要"引进来"，也要"走出去"。建议给予金融机构全国并购重组或设点布局的政策，支持本地金融机构扩大经营规模和提升质量效益，培育具有全国影响力的现代银行、投行、保险公司和金控公司等品牌机构。三是探索建设服务中部地区的湖南省碳交易市场。积极融入全国碳交易市场，依托湖南省联合产权交易所，加快建设中部碳交易市场和全国碳市场能力建设（长沙）中心，开展碳排放权配额、新能源汽车碳配额和国家核证自愿减排量交易。积极开展碳排放权、用能权、排污权、水权等交易业务。同时依托湖南省国际低碳技术交易中心的技术辐射带动作用，将湖南省国际低碳技术交易中心打造成为中部地区低碳技术交易的核心市场和首选平台。四是建立国家级面向非洲的金融开放门户。在金融业对外开放步伐持续加快的背景下，围绕国家"一带一路"倡议和中非合

作，积极争取中国人民银行、国家发改委、商务部、海关总署等国家部委的支持，在湖南建设面向非洲的金融开放门户，构建面向非洲的经济金融合作通道和集散中心，强化面向非洲的人民币跨境结算、货币交易和跨境投融资服务。

（三）多措并举，提高直接融资比重

一是夯实上市后备库。对标上市挂牌标准，深度挖掘高新技术、雏鹰瞪羚独角兽企业，做好科技型企业筛选和培育。积极引导各市州政府，加强与投资机构、券商等市场机构的合作，对规模以上企业进行摸底，多维度挖掘后备企业。二是做好后备企业上市培育。切实用好企业上市联席会议制度，采取"一企一策"重点解决企业关键难点问题，如协调国家相关部门支持企业技术、标准创新；支持后备企业打造技术创新中心、设立研发机构。鼓励银行业金融机构对后备入库企业在信贷评审、授信额度、放款速度等方面设立"绿色通道"。三是加强区域性股权市场建设。继续引导广大创新型、创业型、成长型中小微企业在湖南股权交易中心挂牌，积极拓展挂牌企业多样化直接间接融资渠道，开展私募基金份额登记与报价转让平台试点。

（四）弯道超车，打造金融数字化发展样板区

当前正进入数字经济时代，产业和科技正发生深刻变革，金融不仅需要加速融入产业和科技，还需借助这场变革，利用数字技术实现自身转型。同时，针对中小微企业融资难、融资贵问题的长期性和必然性，提高金融业数字化水平，减少信息不对称，也是缓解中小微企业融资难、融资贵的重要途径。一是健全金融数据信息共享机制。一方面要完善政府各部门数据沟通协调机制，以制度明确数据资源的权利归属与共享范围、数据共享关系中各主体的权利义务关系以及部门数据的格式、标准和授权条件等。另一方面要打通监管部门与监管对象之间的数据鸿沟。完善地方金融机构和新型金融组织的数据监控和统计体系，建立地方金融监管部门与金融机构、中国人民银行之间的数据共享机制，减少监管的信息不对称。二是鼓励金融机构重视金融

科技，运用物联网、区块链等前沿技术重塑业务模式，加快数字化转型，实现流程再造、服务模式优化，提升金融服务效率、风险管理水平和市场竞争能力。三是鼓励大型金融机构的科技体系向外输出相关技术成果和赋能经验，支持中小金融机构数字化经营，共同推进数字化转型。四是加快推进数字人民币试点，积极探索数字人民币运行体系，扩大数字人民币应用场景，推进数字人民币在消费支付、社会民生、生产制造等领域的应用。

（五）精准施策，营造优良金融发展环境

金融业的良性运转依赖于区域金融生态环境。只有努力打造公平、诚信、法治的金融生态环境和促进金融创新的发展环境，金融才能与实体经济发展相匹配。一是深化金融领域改革。主动承接国家金融改革任务，积极复制外省金融改革经验。如兰考县普惠金融改革，浙江、江西等地的绿色金融改革，广西、陕西等地的跨境金融改革，等等。二是研究出台鼓励金融机构立足湖南、服务湖南的激励机制。通过财政存款等资源配给及奖金激励、名誉支持等，对知识产权抵押贷款、制造业贷款增长较快以及存贷比增幅较大的银行业金融机构予以支持，引导金融机构立足湖南、服务湖南。同时围绕中小微企业全生命周期，构建银行"敢贷、愿贷、能贷、会贷"的信贷机制。三是打造良性的竞争环境。从监管政策、税收、补贴等方面入手，全面清理、修订、完善相关鼓励政策、竞争政策，营造公平、公正、公开、透明的市场竞争环境。四是建立促进金融发展与防控金融风险相协调的监管机制。一方面，探索建立金融机构穿透式监管框架，对股东资质、关联交易等进行有效监管；针对地方金融监管部门在监管手段、监管工具等方面薄弱的情况，以本轮金融监管体制改革为契机，适当充实金融监管部门在一线的监管力量，提高监管专业化水平；充分运用现代信息技术手段，加强监管科技建设，提升监管效率，扩大覆盖面。另一方面，加强对金融业新模式、新技术、新需求的深入研究，深刻把握区域金融创新特点和方向，不断完善监管模式，营造鼓励金融创新的监管环境。五是完善社会信用体系。一方面，针对信用体系建设中的部门数据共享、数据更新、失信行为认定、信用修复等堵点难点问题，

探索出台地方政策。另一方面，严格规范信用约束机制，完善信用主体权益保护。

（六）抓早抓小，持之以恒防范化解金融风险

一是探索建立具有硬约束的风险早期纠正机制。建议省地方金融监管局联合公安机关、中国人民银行长沙中心支行等部门，定期分析金融风险发生的重点领域，摸清风险底数，做到六清（风险主体的数量清、类别清、性质清、人员规模清、资金规模清、资金缺口清），建立风险管理清单。对违规操作、存在风险隐患的机构、平台、市场主体等，建立风险早期纠正机制，针对早期纠正机制的触发标准、干预措施、实施主体、纠正期限等明确实施细则，做到不纠正即处置。二是加强政府债务管理。严禁违法违规举债担保和隐性债务的发生，确保债务额严格控制在限额内，牢牢守住不发生系统性、区域性金融风险的底线。三是明确党政领导金融风险防范化解责任。探索建立党政领导负责的金融风险防范化解责任制，明确县市区党委和政府领导班子的金融风险监管、考核方式、责任追究等规定，并作为履职评定、干部任用、奖惩的重要参考。

B.19
湖南省物流业高质量发展的对策研究

湖南省社会科学院（湖南省人民政府发展研究中心）调研组*

摘　要： 2022年，在新冠肺炎疫情冲击、需求不足和经济下行的背景下，湖南积极做好保通保畅工作，全省物流行业发展平稳，需求逐步回暖，呈现产业规模逐步壮大、综合物流网络不断完善、服务效率不断提升的良好态势，但仍存在部分领域物流成本高、效率低等问题。立足现代物流业发展的新趋势，湖南省应从"强融合、抓基础、降成本、优环境"等方面发力，加快实现物流业高质量发展。

关键词： 湖南　现代物流业　高质量发展

现代物流业是融合运输、仓储、货运、信息等产业的复合型服务业，是支撑国民经济发展的先导性、基础性、战略性产业。推进物流业高质量发展是降低实体经济成本、建设现代化产业体系的重要举措。"十三五"时期以来，湖南物流业产业规模稳步扩大，但部分领域物流成本高、效率低等问题仍然突出。下一阶段，湖南将立足现代物流业发展的新趋势，持续深化物流业提质增效，全方位推动现代物流业高质量发展。

---

* 调研组组长：钟君，湖南省社会科学院（湖南省人民政府发展研究中心）党组书记、院长（主任）。调研组副组长：侯喜保，湖南省社会科学院（湖南省人民政府发展研究中心）党组成员、副院长（副主任）。调研组成员：唐文玉，湖南省社会科学院（湖南省人民政府发展研究中心）宏观经济研究部副部长；龙花兰，湖南省社会科学院（湖南省人民政府发展研究中心）宏观经济研究部副部长；周亚兰，湖南省社会科学院（湖南省人民政府发展研究中心）宏观经济研究部主任科员；罗会逸，湖南省社会科学院（湖南省人民政府发展研究中心）宏观经济研究部主任科员。

一 "十三五"①以来湖南省物流业发展的基本情况

（一）社会物流需求平稳增长

一是社会物流总额呈上升态势，增速（除2021年外）均高于全国平均增速。2022年，全省社会物流总额140193.6亿元，同比增长5.2%，增速稍有回落，但比全国平均水平高1.8个百分点（见图1）。二是从需求结构来看，工业品物流总额占比大、增长平稳，消费物流总额增长较快。2022年，全省工业品物流总额88019.1亿元，同比增长6.7%，占物流总额的比重为62.8%；外省流入物品物流总额41894.5亿元，同比增长2.4%；进口货物物流总额1903.6亿元，同比增长8.3%；农产品物流总额7886.7亿元，同比增长3.7%；再生资源物流总额196.3亿元，同比增长4.5%；单位与居民物品物流总额293.4亿元，同比增长10.1%。

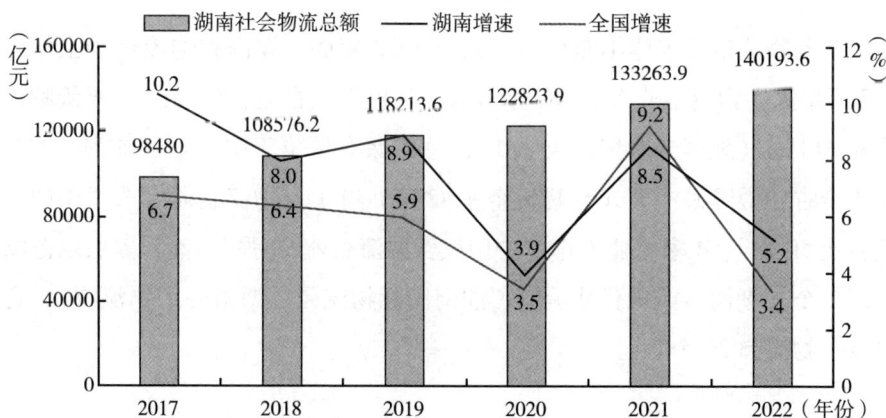

图1　湖南社会物流总额及增速变化（2017~2022年）

---

① "十三五"以来湖南省物流业发展有关资料来源于湖南省发展和改革委员会、湖南省物流与采购联合会历年发布的《湖南省物流业运行（发展）情况通报》，其中2016年未发布有关数据。

（二）物流市场规模不断壮大

一是物流业总收入稳步增长。2017~2022 年，全省物流业总收入稳步上升，2022 年，全省物流业总收入为 4539.3 亿元，同比增长 5.7%，增速高出全国平均水平 1 个百分点（见图 2）。

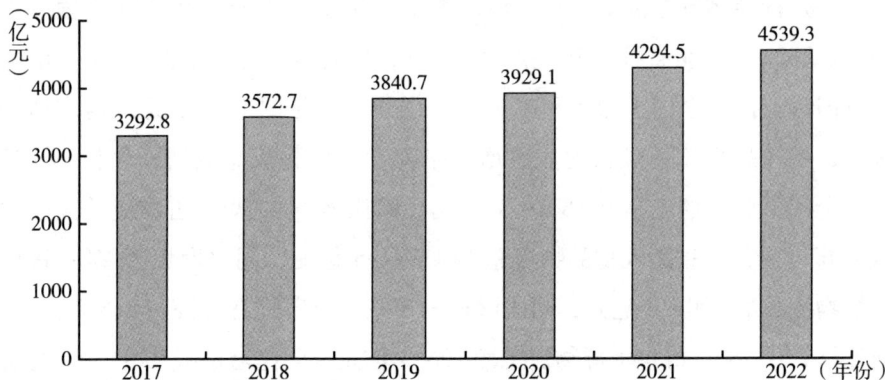

图 2　湖南社会物流总收入（2017~2022 年）

二是物流市场主体不断增加。截至 2022 年底，湖南省物流市场主体有 4.7 万余家，物流从业人员 180 余万人，规模以上企业 1200 余家，A 级物流企业 314 家（地区分布情况见表 1），总体保有量位于中部地区前列；2022 年，全省新增国家标准 A 级物流企业 42 家，有 1 家物流企业入选"中国物流企业 50 强"，4 家企业入选"中国民营物流企业 50 强"；有国家级示范物流园 3 个（湖南金霞现代物流园、湘南国际物流园、湖南一力物流园），省级示范物流园 26 个。

表 1　湖南省各市州 A 级物流企业分布情况（2022 年）

单位：家

地区分布	5A	4A	3A	2A	1A	总数
长沙市	10	78	22	1		111
岳阳市	2	25	10	1		38
郴州市	4	11	21	2		38

地区分布	5A	4A	3A	2A	1A	总数
株洲市	3	11	16			30
衡阳市	3	14	8			25
湘潭市	3	12	7	2		24
怀化市		3	7		1	11
娄底市		3	7			10
常德市		4	5			9
永州市		2	6			8
邵阳市		2	2			4
湘西州		1	3			4
益阳市		2				2
张家界市						0
全　省	25	168	114	6	1	314

资料来源：湖南省物流与采购联合会。

（三）物流运行效率不断提升

2017~2022 年，湖南省社会物流总费用从 2017 年的 5298.5 亿元增长至 2022 年的 7028.1 亿元，年均增长率为 5.8%。从效率来看，2022 年，全省社会物流总费用与 GDP 的比率为 14.4%，该指标实现了连续 6 年下降，并从 2020 年开始扭转高于全国平均水平的态势，2021 年起已连续两年低于全国平均水平（见图 3）；2023 年 1~3 月，社会物流总费用与 GDP 的比率同比下降 0.1 个百分点，物流运行效率持续保持上升势头。从各环节的物流费用来看，物流费用结构总体较为稳定，其中，运输费用占比近半。2022 年，运输费用 3394.8 亿元、同比增长 3.1%、占比 48.3%，保管费用 2523.1 亿元、同比增长 10.1%、占比 35.9%，管理费用 1110.2 亿元、同比增长 3.3%、占比 15.8%（见图 4）。

（四）物流基础设施加快完善

2022 年，全省完成物流相关固定资产投资 1050.7 亿元，为年度目标的

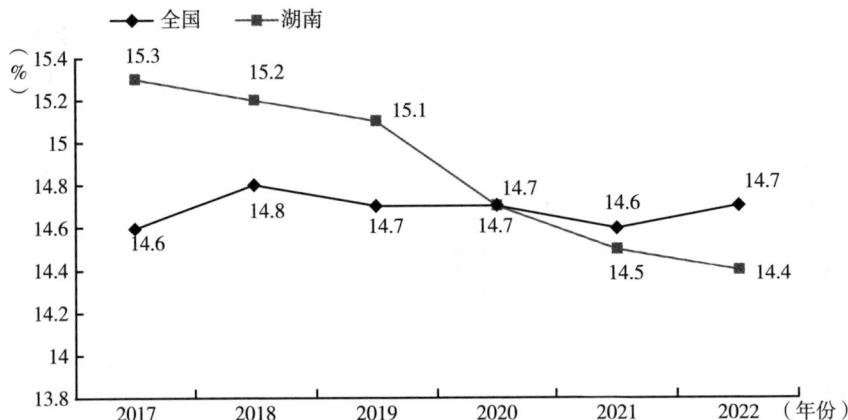

图3 全国、湖南物流费用与GDP的比率（2017~2022年）

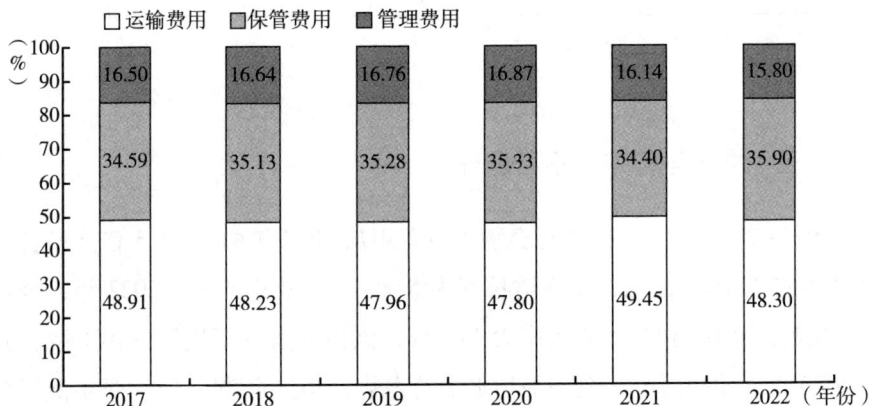

图4 湖南物流费用构成变化（2017~2022年）

130%，同比增长43.1%，投资增幅居全国前列。一是交通网络不断织密。2022年，全省高速公路通车里程超7330公里，实现"县县通高速"，普通国省道总里程达31199公里，位居中部第一；全省内河等级航道里程达4219公里，千吨级泊位达124个，"一江一湖四水"内河航运体系基本建成；全省铁路运营里程达5909公里，其中高速铁路里程达到2249公里，位于全国第一方阵；2022年，全省共有9个民用运输机场，长沙黄花机场货邮吞吐量15.6万吨，位居中部第二。二是物流枢纽能级不断提升。截至

2022 年底，长沙陆港型、岳阳港口型、衡阳陆港型、怀化商贸服务型等 4 个国家物流枢纽相继被纳入建设名单，数量居全国前列；长沙市、怀化市、衡阳市、永州市等 4 个城市被纳入国家骨干冷链物流基地承载城市布局。湖南五大国际物流通道和货运集结中心①建设成效初显；2022 年，全省发运国际货运班列 1522 列，其中中欧班列（长沙）全年进出口到发 1020 列，箱量 84854 标箱，货值 176.71 亿元，到发量在全国排名第三，连续四年稳居全国第一方阵。

二 湖南物流业发展面临的主要问题

（一）市场主体发展水平不高

一是企业散小偏弱。湖南物流业以"夫妻店""兄弟档""朋友帮"等形式经营的专线零担物流为主，缺乏龙头企业，提供的产品、服务同质化严重，方案设计、资源整合、供应链优化、信息咨询、物流金融等增值服务发展不充分。中经网数据显示，截至 2023 年 3 月底，湖南物流业存续企业数量为 34530 家，排全国第 14 名；现有存续企业的注册资本主要集中在 500万元以下，占企业总数的 83.3%；平均注册资本为 706 万元，低于全国平均的 1046 万元。二是盈利能力不足。全省 A 级物流企业 2022 年度财务报表显示，75%以上的企业年利润率低于 5%，超过 18%的企业营收呈下降趋势，仅有 6%的企业利润超过 7%，集中在医药物流和快递企业。三是集约化发展程度还不高。物流园区、物流配送中心、枢纽场站等物流服务平台的承载能力难以满足企业集聚集约发展的需求，存在布局分散、重复建设等问题。

---

① 长沙中欧班列集结中心、岳阳城陵矶江海联运集结中心、株洲（联动衡阳）湘粤非铁海联运集结中心、怀化东盟货运集结中心、长沙黄花机场（联动张家界）区域性国际航空客货运集结中心。

（二）运输结构有待优化

2022 年，湖南公路运输占比 86.86%，远高于广东省（65%）和湖北省（69.2%）。铁路和水运具有的载重量大、运距长、能耗少、成本低的优势未能得到发挥。主要原因在于多式联运综合体建设推进缓慢，多式联运的转运场站和"不落地"装卸设施等投入力度不够，货物转运微循环不畅，"公转铁""公转水"效率不高，物流业过度依赖公路运输。

（三）信息化标准化发展不充分

一是信息化程度较低。智能化、信息化、标准化物流设施设备占比偏低，现代信息新技术和新业态、新模式在物流领域的应用普及不够。大部分物流企业车辆调度管理水平不高，很大程度上依靠人力进行调度，无法较好地实现智能调度、车货匹配。二是缺乏统一的物流信息平台，物流信息极度分散，行业资源缺乏共享机制，很多企业依赖传统线下物流园等揽货，空驶超载等现象时常出现。截至 2022 年底，全省网络货运平台共 42 家，正常开展业务的不超过 5 家。三是标准化体系建设待加强。物流基础设施衔接和配套有待加强，货物装卸、搬运仍然依靠人力，货物、车型、作业流程等尚未标准化；标准托盘在上下游产业链条的延伸还不足，托盘互换机制未建立，重要商品带托运输量不大。

（四）要素保障和制度支撑待加强

一是用地难、通行难。仓储项目一般占地规模较大、投资回报期长，在产出和税收等方面对地方财政的贡献相对较小，企业普遍反映土地供应不足。城市配送车辆、冷链物流车辆市区通行和停靠的难题还有待解决。二是缺乏专业人才。全省物流行业从业人员达 180 余万人，每年毕业的物流相关专业学生不超过 8000 人，占比为 0.44%，具有物流战略规划、供应链架构设计和物流产业研究能力的高端专业人才更加稀缺。三是财税优惠政策有待优化。部分政策落实有难度，如物流企业必须统一办理油卡才能开具增值税专用发票，进而满足进项税抵扣条件，但由于实际运营中油卡管理难度较大，企业只能采取驾驶员分散加油的办法，进项税抵扣的政策无法享受。

三　现代物流业发展的总体趋势

（一）新空间：物流业与其他产业加快融合

一是适应消费升级新趋势，抓住传统消费线上化的趋势，聚焦"最后一公里"物流保障，物流企业与商贸企业深化合作，发展共同配送等集约化配送模式，促进工业品下乡、农产品出村双向物流服务通道升级扩容。二是融入现代化产业体系，物流业与先进制造业融合发展步伐加快，在电子、汽车、家电、医药等产业链条长、配套环节多的先进制造业领域，物流服务范围逐步从传统的采购和销售物流向生产物流渗透，物流企业逐步向供应链服务商转型，构建集约协同的供应链物流服务体系。

（二）新引擎：智慧物流加快发展，新业态不断涌现

一是物流服务模式不断创新。随着人工智能、云计算、大数据、5G、物联网等新一代信息技术的广泛应用，物流服务领域和业态模式不断拓展和创新，形成了智能运输、智能仓储、电子单证、智慧供应链管理等新的智慧化应用场景。二是物流数字化、低碳化转型加速。企业深化经营管理、物流操作、客户服务等业务环节数字化改造和应用，形成了"数字驱动、协同共享"的数字物流服务增长点。同时，立足"碳达峰、碳中和"目标，将绿色发展理念贯穿现代物流发展全链条，加快物流绿色低碳转型是智慧物流发展的新趋势。三是数字物流平台加快建设。即时物流、电商快递、同城货运等数字化物流平台的不断发展，加速推动物流业线上线下融合，为物流组织网络化、规模化运营提供了新路径。

（三）新基建：物流基础设施不断完善

一是物流基础设施建设提档升级。铁路、航空、港口、园区/场站等传统物流基础设施加快数字化改造升级，智慧园区、智能仓储等新型基础设施建设扎实推进，城郊大仓与县域物流网点加快发展，"通道+枢纽+网络"现代物流运行体系不断健全。二是区域物流资源深度融合。结合区域协调发展战略，围绕城市群和都市圈建设，物流基础设施集约化程度不断提高。物流枢纽经济加快发展，物流中心、配送设施、专业市场、末端网点等与物流枢纽功能对接、联动发展，具有区域集聚辐射能力的物流产业集群逐渐形成。

（四）新治理：物流业发展环境不断优化

一是融资支持力度加大。近年来，中央预算内投资、地方政府专项债券、政策性开发性金融工具、制造业中长期贷款、基础设施领域不动产投资信托基金（REITs）试点等，不断加大对物流基础设施建设的支持，在一定程度上减轻了物流企业的融资压力。二是物流市场"放管服"改革不断深化。对物流业与制造业融合发展的新业态、新模式等实施包容审慎有效监管；政府与行业组织、行业企业联动协同，借助数字科技平台，构建新型物流业治理生态；建设物流公共信息服务平台，推进公共数据互联共享。

四　湖南现代物流业高质量发展的对策建议

（一）深化产业融合，推动物流业与制造业会展业融合发展

一是推动物流业与制造业融合发展。依托湖南工程机械、轨道交通、航空动力等先进制造业产业集群，引导制造业企业与物流企业供应链对接，加快发展高品质、专业化定制物流，提升柔性制造能力，打造全国物流业与制造业融合试点示范。支持物流企业配合先进制造业优化生产流程，为企业量身定制供应链一体化物流解决方案，实现制造、流通和消费的无缝对接。鼓

励物流企业托管置换制造业企业的物流要素，对物流企业承租制造业企业闲置的仓储、设备等物流设施给予一定的政策优惠。二是推动长沙物流业与会展业融合发展。长沙市长期承办工程机械博览会、中非经贸博览会、互联网岳麓峰会等全国乃至全球性的会展，会展综合竞争力居中部第一。针对会展个性化需求，整合相关物流资源，发展物流集成商模式，建立会展物流信息化平台，利用物联网、区块链等技术创新物流金融服务模式，重点依托自贸区长沙片区会展区块推动物流业与会展业融合发展。

（二）以集聚集约化发展为重点，促进行业提质增效

一是龙头带动，引导物流资源向园区集聚。研究制定物流园区评价标准体系，根据交通区位、产业规模、发展质量等因素科学评价物流园区的发展水平和潜力；探索整合功能缺失、需求不足和同质化竞争明显的小型物流园。以国家级和省级物流园区为骨干，建立全省物流园区联盟协作机制，推进园区之间资源共享、标准互认、信息互通，逐步形成覆盖全省的物流园区节点网络。充分发挥高规格园区的引领作用，加大项目融资、用地等方面的政策支持力度，增强物流园区对周边小散物流资源的辐射带动能力。支持物流园区智能化改造，建设智能化立体仓库，加快智能仓储、智能配送等应用场景建设，打造以服务制造业为主的智慧物流园区。二是聚焦零担资源整合，打造中南地区有较大影响力的零担物流联合体。湖南衡南籍人士在全国范围内创立的物流企业超过1万家，物流货运量占全国零担专线市场的1/3，形成"车到之处必有物流，有物流必有衡南人"的局面。为此，可以中众衡等领军企业为依托，坚持以商招商，充分发挥异地商会、行业协会的力量，探索资源共享、优势互补、协同管理、互利共生的合作模式，实施零担物流业"引老乡回故乡建家乡"行动，加快推进衡南籍物流资源整合，打造中南地区有较大影响力的零担物流联合体。

（三）着力壮大物流市场主体

一是引进、扶持和提质一批物流企业。引进全国百强物流企业在湖南设

立区域总部，鼓励物流企业通过兼并重组促进转型升级。支持重点物流企业到省外设立分支机构，扩大经营网络。二是推动物流企业创新发展。鼓励公共型信息平台推广使用，推动物流资源供需匹配，有效降低社会物流成本。推动物流、快递配送龙头企业强强联合，引导和鼓励物流配送车辆逐步过渡为新能源车辆，给予更多的通行便利。深入开展农村客货邮融合发展试点，探索农村物流发展新途径，助力乡村振兴。三是加快冷链物流产业发展。重点发展农产品冷链物流，加快构建适应农产品加工、存贮、运输全程、全时冷链物流体系。建立冷链物流检测和溯源体系，不断完善监管措施。

（四）优化交通运输结构，降低运输成本

一是提升航道等级。加快完善"一江一湖四水"高等级航道网及"一枢纽多重点广延伸"港口体系。重点建设沅水常德至鲇鱼口2000吨级航道、湘江永州至衡阳1000吨级航道、澧水石门至澧县1000吨级航道，支持怀化国际陆港舞水航道建设①；以解决碍航闸坝、碍航桥梁等瓶颈为重点，提升高等级航道干支衔接和通畅水平。加强港口集疏运通道与产业集聚区的连接，强化港区与高等级公路、城市公共转运、疏港铁路等的衔接，打通港口集疏运"最后一公里"。二是补齐铁路专用线短板，优化升级铁路集疏运体系。铁路专用线是铁路网的"毛细血管"，可实现铁路干线与重要港口、大型工矿企业、物流园区等的高效连通和无缝衔接。开展铁路专用线规划研究，加快推进华容煤炭储备基地铁路专用线、长株潭生产服务型物流枢纽（一力物流）铁路专用线、怀化东盟国际物流产业园铁路专用线等建设。积极推进铁路场站适货化改造，发展高铁快运。三是加强衡阳南、郴州南等铁路物流园建设，加大政策扶持，增强集货分发能力。四是加快发展多式联运。大力支持霞凝港水运设施升级改造，提升服务能力。利用长沙霞凝港、岳阳城陵矶港等公路、铁路和内河交汇聚集的优势，加强公路与铁路、水路

---

① 《湖南将形成"一江一湖四水"高等级航道，湘桂运河项目已完成前期研究》，http://news.sohu.com/a/665348584_120914498，最后检索时间：2023年6月2日。

组织衔接。推进水铁联运，以环洞庭湖区域和湘南地区发西南地区集装箱粮食为重点，做好"水转铁"项目。

（五）加快行业信息化、标准化发展步伐

一是推动物流业智能化转型。加快物联网、人工智能、大数据、云计算、区块链等新技术在物流领域的应用及物流企业数字化改造。依托中国（长沙）物流与供应链总部基地，建设全省云物流大数据中心和智慧物流应用与管理中心，实现物流信息跨部门、跨区域、跨平台的有效整合与互联互通。支持物流企业加快智能化改造升级，提高供应链管理和物流服务水平，对物流企业智能改造给予资金补贴。二是完善物流信息共享平台。整合、升级现有物流信息平台，提升区域物流信息共享能力，逐步实现全省物流信息互联互通。拓展平台企业社会服务功能，推进"平台+"物流交易、担保结算、金融保险等模式，推动供应链上下游企业实现协同采购、协同仓储、协同配送。三是大力发展网络货运模式。加大对网络货运经营企业的政策支持，做大做强本土网络货运平台，实现分散运力资源的整合和精准配置，发挥平台经济规模效应。四是加快推进物流标准化建设。大力推广长沙、株洲、衡阳等城市标准化及供应链体系建设试点经验，推动建立区域性的标准化托盘联盟。支持对现有运输、仓储、装卸、包装等设施设备和场站进行标准化改造，引导邮政、供销社、快递企业等物流龙头企业率先开展物流标准化改造。

（六）加强要素和制度保障，优化物流业发展环境

一是加强用地保障。每年拿出一定比例的仓储物流用地储备资源，优先保障与先进制造业配套的物流业用地需求。借鉴江苏等地经验，分行业制定新增项目投资强度和产业效益指南，科学设定仓储物流用地亩均产值、亩均税收等使用标准。鼓励企业采取容积率转移、开发权转移、股权转移、归并零星地块等多样化措施，盘活存量用地资源。二是完善支持便利通行的政策。对市区铁路货场集疏运车辆实行差异化管理，避开高峰。优化城区通行环境，指导主要城区合理设置禁行区域，最大限度地减少限行时间、限行区

域、限行路段，增加停车设施。三是降低费用。加快推进网络货运平台代开税票办理税务登记，保障货运业务进项税抵扣。适度扩大道路交通轻微违法行为首违免罚行为的认定范围。关注高速公路差异化收费试点，适时总结经验并推广。比照江苏省做法，降低进出港集装箱运输车辆收费标准。探索有条件的地区对高速公路进行回购，减免高速通行费。

（七）守住安全底线，提升行业规范安全发展水平

一是提高风险防范能力。对违建、临建和改建仓库等进行系统摸排和整改。严格控制临建仓库用途，关停超过有效使用期的临建仓库，消除安全隐患。探索仓储类企业"物联网+全程监管"，支持物流企业利用无线射频、卫星导航、视频监控等技术手段，开展重点领域全程监管。二是规范执法行为。推动市场监管、交通、公安、城管等部门联合制定涉及物流行业的行政执法事项清单，明确行政处罚依据、行政处罚标准、行政执法程序等，并将清单通过互联网等技术手段推送至物流业从业人员。依托"互联网+监督"平台畅通举报投诉渠道，以县道、乡道为重点开展乱收费、乱罚款专项整治行动。

B.20
湖南生活性服务业高质量发展研究

湖南省社会科学院（湖南省人民政府发展研究中心）调研组 *

摘　要： "十四五"时期以来，湖南省生活性服务业发展迅速，总量和质量均有大幅提升，服务消费已成为推动居民消费持续升级的重要力量，为全省实现高质量发展和高品质生活注入了持久动力。但全省生活性服务业发展既有总量问题，又有供需矛盾突出、市场主体不强、区域发展不均衡等结构性问题。基于此，顺应发展阶段转变和社会主要矛盾变化的趋势，牢牢把握生活性服务业发展的新方向、新要求、新机遇，湖南省要在夯实政府战略引导和保基本功能的基础上，坚持市场化、产业化、社会化方向，着力构建优质高效、竞争力强、亲民实惠、便捷体验的生活性服务业体系，为增进人民群众获得感、幸福感、安全感提供坚实保障，为推动全省经济高质量发展、扩大需求、拉动经济增长、转变发展方式、促进社会和谐提供有力支撑和持续动力。

关键词： 生活性服务业　高质量发展　湖南

新形势下，生活性服务业发展的重要目标是更好地满足人民日益增长的美好生活需要，增进人民群众的获得感、幸福感、安全感。调研发现，过去

---

* 调研组组长：钟君，湖南省社会科学院（湖南省人民政府发展研究中心）党组书记、院长（主任），研究员。调研组副组长：侯喜保，湖南省社会科学院（湖南省人民政府发展研究中心）党组成员、副院长（副主任）。调研组成员：刘晓，湖南省社会科学院（湖南省人民政府发展研究中心）副研究员，博士。

几年，湖南省生活性服务业在补齐短板、适应需求升级等方面取得了长足进步，已成为经济增长的重要引擎，但生活性服务业要实现突破性发展仍面临一些困境，最大的问题是结构性问题，而结构性问题主要体现在供给侧，具体表现为供需矛盾突出、市场主体不强、区域发展不均衡等。基于此，应以解决全省人民最关心、最现实的问题为导向，做好生活性服务业基础设施建设、完善市场机制、加强政策引导等工作，为促进全省经济高质量发展、扩大消费需求、拉动经济增长、转变发展方式、促进社会和谐提供有力支撑和持续动力。

一 发展基础不断夯实，生活性服务业建设成效显著

生活性服务业是服务经济的重要组成部分，直接向居民提供物质和精神生活消费品及服务，用于解决消费者生活中的各种需求，包括家政服务、康养服务、教育培训、现代商贸、住宿餐饮等①。"十四五"以来，湖南省生活性服务业发展迅速，总量和质量均有大幅提升，服务消费已成为推动居民消费持续升级的重要力量，为全省实现高质量发展和高品质生活奠定了坚实基础。

（一）新理念带来新发展，服务业成为全省新一轮经济增长的重要引擎

习近平总书记在党的二十大报告中强调，"高质量发展是全面建设社会主义现代化国家的首要任务"。"十四五"以来，湖南省始终坚持以高质量发展引领服务业发展，服务业总体呈持续恢复、稳中向好的发展态势，并以其强大的韧性创造出新发展机遇，推动经济体系不断完善和民生福祉日益增进。2022年，全省服务业实现增加值24885.06亿元，位居全国第十一、中部第三；全年社会消费品零售总额突破1.9万亿元，同比增长2.4%，比全

---

① 《国务院办公厅转发国家发展改革委关于推动生活性服务业补短板上水平提高人民生活品质若干意见的通知》，《中华人民共和国国务院公报》2021年第32期。

国平均水平高 2.6 个百分点。2023 年第一季度，全省服务业实现增加值 6817.97 亿元，同比增长 4.5%，占 GDP 比重为 58.44%，较去年同期提高 1 个百分点；全省实现社会消费品零售总额 4720.37 亿元，同比增长 5.9%，服务业已成为全省经济增长的主要推动力。此外，2022 年，全省人均地区生产总值 73598 元，同比增长 4.8%，高于全年地区生产总值增长率，根据国际经验，人均 GDP 处于 1 万~2 万美元往往是消费结构加快升级、消费需求加速分化且日益追求服务化的阶段，特别是以信息传输、软件和信息技术服务业，科学研究和技术服务业等为代表的现代新兴服务业步入发展快车道，湖南省生活性服务业正迎来重要发展机遇。

（二）新需求催生新动能，服务消费结构快速升级为生活性服务业快速发展注入持续动力

近年来，湖南省居民人均可支配收入不断提高，从 2016 年的 21114.8 元增加到 2023 年的 34036 元，年均增长率为 8.28%，消费已成为全省经济发展的主要拉动力量。特别是新冠肺炎疫情之后，全省餐饮、社区服务、教育、文化娱乐等新的消费热点不断涌现，以娱乐型、享受型消费为特征的"新兴消费品"推动全省服务消费结构快速升级，服务消费在拉动经济增长中的作用不断增强。全省社会消费品零售总额由 2016 年的 12499.97 亿元增加到 2022 年的 19050.66 亿元，年均增长 7.28%。2023 年，湖南出台了关于打好经济增长主动仗的"稳增长 20 条"，为生活性服务业长远发展抢占了先机，2023 年第一季度，全省社会消费品零售总额 4720.37 亿元，同比增长 5.9%，各地亲友聚餐、婚寿宴等大众化餐饮生意兴隆，主导地位日益突显。2023 年全省 400 家零售与餐饮企业日均实现销售额 47160.1 万元，同比增长 18.6%，消费需求得到进一步释放，为全省经济增长注入持续动力。

（三）新目标筑基新供给，短板不断补齐，为生活性服务业优化升级奠定坚实基础

2021 年，国务院发布《关于推动生活性服务业补短板上水平提高

人民生活品质的若干意见》，从 9 个方面提出 30 条任务措施，系统提出了当前和今后一个时期我国生活性服务业发展的重点任务和实施路径。全省生活性服务业短板不断补齐，开始向高品质和多样化方向发展，市场供给更加丰富多元。一是健康养老服务体系基本形成。"十三五"期末，全省社会保障卡持卡人数占常住人口 85% 以上，基本医疗保险参保率稳定在 95% 以上；城乡养老服务设施覆盖率达到 63% 以上，65 岁及以上老年人健康管理率达 60% 以上；全省有国家智慧健康养老应用试点示范单位 3 家、国家森林康养基地 5 家；"互联网+老年教育"新模式创新发展。二是便民商贸服务快速恢复。疫情过后，餐住火爆，营业收入显著提升，"茶颜悦色""文和友"等地方特色本土品牌餐饮业不断壮大，重大节日"一桌难求""一床难求"的盛况重现；各地商超、百货、家电、餐饮等行业消费及各类商业综合体、大型商超、商业街区客流量明显增加。2022 年全省农特产品销售网店超 4 万家，5 家便利店入选"中国便利店百强"；新增 6 个国家级夜间文化和旅游消费集聚区；长沙入选全国一刻钟便民生活圈试点；长沙、湘潭、衡阳入选全国废旧物资循环利用体系建设重点城市；高桥大市场、红星大市场入选全国诚信兴商案例。三是教育培训服务供给不断扩大。湖南职业教育多项核心办学指标位居全国前列，整体发展水平已经进入全国职业教育的"第一方阵"。2021 年，湖南在全国率先实施中职学校办学条件达标工程，校企共建产业学院 156 个、校内实践教学基地 2300 余个、校外实践教学基地 8100 余个，围绕工程机械、轨道交通、航空航天等产业集群设置相关专业点 593 个，在校生 24.17 万人；娄底职业技术学院等 4 所职业院校入选全国乡村振兴人才培养优质校；株洲湖南职教科技园已经建成轨道交通、化工、汽车等 30 多个产教融合实习实训基地及 6 个国家高技能人才培训基地和 7 个湖南省职业技能竞赛基地。湘西 14 所职业院校、8 个县市政府和湘西高新区以及一批知名企业合作，形成了高职院校牵头、中高职有效对接、政行校企研多元互动的共建共治共享发展格局。

二 内生动力不足，生活性服务业突破面临瓶颈

当前，湖南省生活性服务业发展虽然取得了一定成绩，但仍存在供需结构与经济社会发展要求不相适应、产业结构与高质量发展要求不相适应、质量效率与社会需求不相适应等问题。

（一）供需矛盾突出，有效供给不足

湖南省生活性服务业高质量发展面临的首要问题是供需矛盾突出、有效供给不足、服务质量不高等。随着新型城镇化建设快速发展，湖南省居民收入不断提高，但同时人口结构、消费观念也在不断变化，居民对生活性服务业的有效供给提出了更高要求，尤其是教育、健康、养老等方面的消费供需矛盾日益突出。一是优质教育供给不足。学前教育虽然基本解决了"幼有所育"的问题，但与新时代学前教育高质量发展、满足人民群众"上好园"的需求比，仍存在经费投入不足、成本分担机制待健全、教师待遇保障不到位、科学保教质量有待提高、普惠性资源结构性短缺等问题。义务教育受城镇化等因素影响，面临"乡村空、城镇挤"的突出矛盾。现代职业教育起步晚、底子差、历史欠账较多。高等教育高峰不高，引领性的一流大学、一流学科较少，职业教育产教融合发展还不充分，双师型教师缺乏。二是健康服务供给不均。2021年末，全省医疗卫生机构总数55677个，其中医院1716个，基层医疗卫生机构53354个，专业公共卫生机构539个，其他卫生机构68个。与上年相比，医院增加67个，基层医疗卫生机构减少442个，由于农村卫生医疗机构多为村卫生室或乡镇卫生院等基层机构，层级较低，难以满足农民看病就医需求，患者向城市和大医院集中的现象尚未得到扭转。三是养老服务供给不足。截至2021年底，全省共建成103个市、县福利院（福利中心）和205个区域性中心敬老院，全省养老服务床位从2012年的22万张增加到2021年的50多万张，但目前养老服务以提供机构养老服务为主，社区养老、居家养老还处于起步阶段，老年人托老服务、家

务劳动、家庭保健、辅具配置等服务还未形成成熟的商业模式，业态比较单一，养老机构走"医养融合""公建民营""社区嵌入"等特色发展之路任重道远。

（二）市场主体不强，产业发展活力不足

全省现有生活性服务业中，传统业态以零售、餐饮、旅游等消费性行业为主，经营形式多为路边店、夫妻店等，总体规模小、效益差、覆盖范围窄、同质化程度高。新兴生活性服务业管理模式还需进一步创新，缺乏标准化服务的现象广泛存在，制约了生活性服务业的高质量发展。一是产业主体生存能力弱。2020~2022年全省住宿和餐饮业的增长率分别为-9.4%、13.3%和2.2%，租赁和商务服务业增长率分别为1.9%、7.7%和4.9%，生活性服务业发展乏力。住宿、餐饮、零售、家政等生活性服务业经营主体多为小微企业或个体工商户等非企业化机构，采用"轻资产"运营模式，租赁门店为经营场所，缺乏规模经济优势，导致生活性服务业企业普遍面临品牌效应差、市场占有率低、盈利空间小、抗风险能力弱等问题，大量生活性服务业企业陷入停业状态。2021年，全省零售业、住宿业、餐饮业、娱乐业城镇单位就业人员年末人数为23.39万人，占全部城镇单位就业人员年末人数的3.86%，低于全国平均水平0.4个百分点，零售业、住宿业、餐饮业、娱乐业城镇单位就业人员的平均工资分别低于全国平均水平17087元、12373元、9525元、27313元。二是产业发展能级仍有待提高。截至2023年3月底，全省现有存续企业（不含个体工商户）191.75万家，其中生活性服务业存续企业5万家（排全国第12位），占全省企业数量的2.61%，占全国生活性服务业企业的3.32%，这些企业注册资本主要集中在1000万元以下，占生活性服务业企业总量的95.64%，上市公司仅有2家；数字服务创新能力相对乏力，新的现象级的商业模式尚未显现；品牌号召力、创新策源力、产业引领力亟须增强。三是行业尚未建立完善的标准信用体系。生活性服务业行业类别多、行业差异大，特别是养老、育幼、家政、物业服务、残疾人托养等重点领域生活性服务业省级标准不完善，难

以对生活性服务业企业运行进行有效的质量监管，导致部分企业出现诚信度低、服务不规范、服务质量差等问题，损害了居民消费权益，影响了消费者对生活性服务业整体认可程度。

（三）存续企业数量不多，区域发展不均衡

根据中经网大数据挖掘，截至 2023 年 3 月底，全国现有存续企业（不含个体工商户）61341536 家，其中生活性服务业存续企业数量为 1505800 家，占全国企业数量的 2.45%。其中，湖南省现有存续企业（不含个体工商户）1917524 家，其中生活性服务业存续企业数量为 49990 家（排全国省份地区第 12 位），占全省企业数量的 2.61%，占全国生活性服务业存续企业的 3.32%。从空间上看，全省生活性服务业存续企业主要集中在长沙市，为 16992 家，占全省的 33.99%，其他市州生活性服务业存续企业相对数量少、规模小。其中，常德市、岳阳市、衡阳市、株洲市、邵阳市的生活性服务业存续企业数量为 3000~4000 家，张家界市和湘西州处在全省末尾，分别为 1054 家和 1100 家（见图 1）。

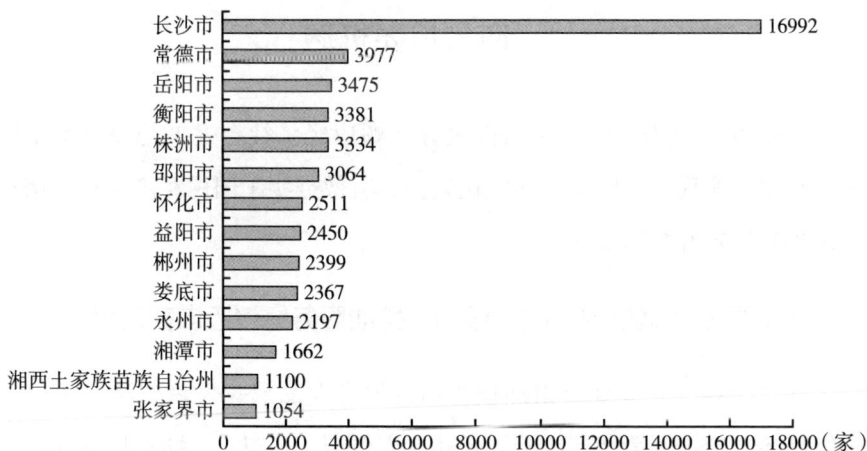

图 1　湖南省生活性服务业企业地理分布情况（截至 2023 年 3 月底）

资料来源：中经网大数据。

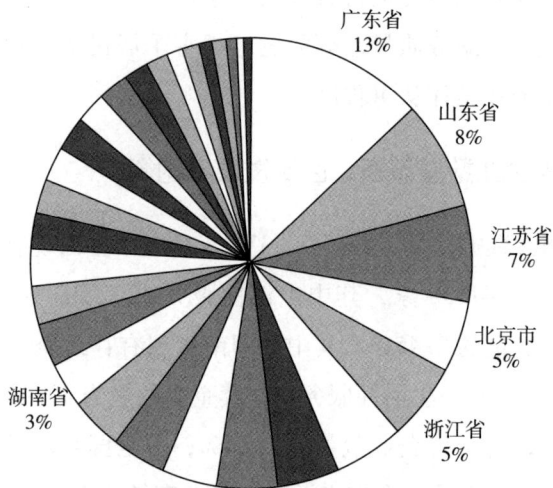

图2　全国生活性服务业存续企业分布

资料来源：中经网统计数据。

三　宏观环境持续优化，生活性服务业发展迎来重要机遇

"十四五"以来，全省生活性服务业顺应经济社会发展趋势，紧跟国家重大战略，实现了新旧动能的快速转换，有效夯实了国民经济中高速增长和经济提质增效升级的根基。

（一）国家战略与相关政策叠加，推动服务经济迈向新时代

国家"十四五"规划提出加快生活性服务业品质化发展，顺应居民消费升级趋势，把扩大消费同改善人民生活品质结合起来，促进消费向绿色、健康、安全方向发展。伴随构建以国内大循环为主体、国内国际双循环相互促进的新发展格局，国内超大规模市场优势和内需潜力被进一步激发，消费类型正快速从温饱型、小康型向多层次、多样化、品质化、品牌化的美好生

活型升级，为全省健康医疗、教育培训、文化旅游、演艺娱乐、体育运动等服务业领域进入市场扩容期和品质提升期创造了条件。同时，受国家、省和市出台加快发展生活性服务业和健康服务业、消费体制机制改革、服务业创新发展等政策叠加效应影响，全省生活性服务业正快速迈向高质量发展阶段，对支撑全省产业结构和消费结构转型升级、扩大就业、提升就业质量和居民生活品质发挥了重要作用。

（二）新型城镇化建设，为生活性服务业迎来新利好

推进以人为核心的新型城镇化是"十四五"期间的重要战略任务，关键在于聚焦"人"的多元属性和现实需求，把人的诉求满足和权益保障等民生议题作为衡量城镇化发展质量的试金石，尤其要在稳定就业、公共服务、社区治理、社会福利等民生事项方面，实现更好的高品质生活，这也是全省城镇化需要解决的核心问题。2022年，湖南省委办公厅、省政府办公厅下发了《关于落实"一县一策"加快推进以县城为重要载体的城镇化建设的通知》，要求对全省86个县市编制县城城镇化实施方案，并提出促进生活性服务业发展的具体措施。未来几年，全省生活性服务业将进入"抓重点、补短板、强弱项"的重要发展阶段。同时，受当前经济增速下行压力的影响，大力发展生活性服务业不仅有利于在经济下行阶段促进就业增收，而且通过增加多层次化、多样化的生活性服务供给还可以舒缓社会矛盾、化解社会风险、更好地发挥生活性服务业作为社会稳定器的作用[①]。

（三）数字化、信息化、智能化，为生活性服务业带来新变革

数字技术与经济深度融合，特别是人工智能、云计算、大数据、5G网络等新一代信息技术加速推广，正推动数字服务经济快速发展，孕育了一批新产业、新业态、新模式，推动传统服务行业改造升级步伐加快，新兴服务

---

① 田鹏：《超越城乡的新型城镇化——理论框架、多重逻辑与实现路径》，《人口与经济》2023年第4期。

业发展规模不断壮大，服务经济发展新动能不断增强。供给端，数字技术应用成本不断降低、第三方服务供给主体的增加及更多成功案例的出现，推动企业主动谋求数字化转型的意愿不断增强，网络与数字技术正从客户引流、在线订单、售后服务等前端环节，向供应链管理、人员管理、运营决策等后端环节渗透，前后端数据逐步打通，企业管理效能不断提升。需求端，消费者线上购物习惯不断巩固，无人便利店、开放货架、自动贩卖机等无人零售新模式迅速发展，互联网餐饮外卖、酒店住宿在线预订、互联网出行等数字化生活服务交易规模快速扩大，在线医疗、在线教育等被广泛接受，逐步成为居民不可或缺的服务需求。

四　动力转换，推动全省生活性服务业高质量发展的对策建议

经济高质量发展的一个重要特征是经济增长动力转换，一个成熟的经济体增长需要依靠内源性消费来拉动。随着中等收入群体的增加，人民对美好生活的需要日益增长，居民消费加快升级，个性化、体验式、互动式等服务消费市场具有巨大潜力、强大韧劲和旺盛活力。全省要抢抓消费升级和长江中游城市群建设等战略机遇，扛起国内大循环的强劲动力源和国内国际双循环的强大链接点的使命担当，以高质量服务供给满足居民高品质需求。

（一）加强基本公共服务能力建设、优化生活性服务业发展环境

加快公益性基础性服务供给、优化生活性服务业发展环境是实现人民群众日益增长的美好生活需要的重要前提。应强化全省基本公共服务保障，加强城乡教育、公共卫生、基本医疗、文化体育等领域基本公共服务能力建设，补齐民生发展短板。

一是推动义务教育均衡发展和城乡一体化。突出均衡发展和质量提升两大主题，着力促进教育公平，实施标准化学校建设工程，彻底解决大通铺、学生洗澡和如厕难等问题。优化城乡义务教育学校布局，重点支持每个乡镇

至少办好 1 所标准化寄宿制学校。有序扩大城镇学位供给，保障农村转移人口随迁子女平等享有基本公共服务。建立全省免费共享的教育资源平台，建好用好乡村学校少年宫。强化乡镇中心学校统筹、辐射和指导作用，完善城乡学校支教制度，均衡城乡教师资源配置，提升乡村教师师资水平。将特殊教育纳入基本公共教育服务体系，加强特殊教育学校标准化建设，支持 20 万人口以上的县市办好 1 所标准化特殊教育学校，鼓励有条件的市州办好一所残疾人中等职业教育学校。

二是优化完善公共卫生体系建设，增强公共卫生保障能力。推进疾病预防控制体系改革，完善以各级疾病预防控制机构和各类专科疾病防治机构为骨干、医疗机构为依托、基层医疗卫生机构为网底的疾病预防控制体系，健全城乡一体、上下联动、功能完备的疾病预防控制网络①。健全卫生应急指挥体系、卫生应急管理机制、应急物资保障体系、舆情应对处置机制，提升突发公共卫生事件应急处置水平。

三是聚焦补短板、堵漏洞、强弱项，基本建成与全省经济社会发展水平相适应、与人民群众健康需求相匹配的医疗卫生服务体系。夯实基层医疗卫生服务网底，在每个乡镇办好一所卫生院，重点建设已达到"优质服务基层行"活动推荐标准的乡镇卫生院，支持其达到二级医院服务能力，建成县域医疗次中心。在建筑面积、科室设置、床位设置、技术准入、设备配备、特殊检验检查等方面达到国家有关建设的要求，落实基层医疗卫生机构建设标准。推进公立医院高质量发展，促进优质医疗资源扩容和均衡布局，依托岳阳、常德、郴州、怀化四市综合实力最强的市办综合医院建设省级区域医疗中心，缩小区域差距，基本实现群众危急重症、疑难病症在省域内得到解决。支持各市州统筹现有资源，设置若干个市级区域医疗中心。支持县办医院发展，提升县办医院综合能力。支持非公立医疗机构规范发展，为城乡居民提供基本医疗服务、高端服务与康复医疗、老年护理、家庭医生签约

---

① 《湖南省人民政府办公厅关于促进基层卫生健康事业高质量发展的意见》，《湖南省人民政府公报》2022 年第 1 期。

服务等。

四是建成文化体育强省，着力推进红色文化保护和传承，打造具有"湘味""乡味"的文艺精品。将马栏山视频文创产业园打造成引领全省、示范全国的文化产业高地；将长株潭都市圈建设成产业高度集聚、创新创业活跃的文化产业核心区；将洞庭湖、湘南、湘西建设成主导产业突出、区域优势凸显的文化产业特色板块。传承和推广优秀湖湘传统体育项目，争取更多的体育非物质文化遗产列入国家各级非物质文化遗产代表性目录，传承体育历史文化。以汨罗龙舟文化为依托，通过国际龙舟赛事宣传中国龙舟传统文化，推动湖湘传统体育文化在世界的传播。

（二）完善市场机制，推动生活性服务业多行业、多模式融合创新

激发市场活力，创新发展模式，增强生活性服务业多层次、多样化供给能力，提升生活性服务业品质化、安全化水平。支持城乡生活性服务业基础设施和消费环境建设，不断提高受众基数，实现更好的高品质生活。

一是创新生活性服务业发展模式，促进生活性服务业多业态融合发展。适应消费需求个性化、多样化趋势，促进传统零售业和生活性服务业逐步融合，引导企业探索"生鲜超市+餐饮"模式，实现线上线下融合；鼓励围绕核心商圈、居住社区等形成特色商业街区，通过打造主题消费街区、增加体验型展览和文艺演出等，发展"商品零售+餐饮+娱乐"多业态融合服务；促进餐饮业加快与互联网融合，形成"线上订餐+线下配送"的餐饮外卖业态。

二是大力推进数字生活新服务，助力"一刻钟便民生活圈"建设。以城市社区居民为对象，让居民在慢行15分钟可达的空间范围内享有较为完善的教育、文化、医疗养老、休闲及就业创业等基本服务。重点推进数字商圈、智慧医院、在线教育、社区智慧物流等重点生活性服务领域数字化，推进商业、文娱、体育、出行、旅游等民生服务数字化新模式、新业态健康发展。鼓励企业推动生活性服务业与数字经济、VR/AR等技术结合，创新服务类型和服务模式，打造湖南省生活性服务业的制高点。

三是借助市场力量推进公共服务供给创新。引入社会资本，在"婴育、教育、就业、居住、文化、体育、旅游、医疗、养老、救助、交通、家政"等领域，满足居民多层次多样化需求。在银发经济红利释放的大背景下，大力推动养老服务与文体旅、餐饮、家政、养生、健康、地产等行业融合发展。围绕鼓励支持有条件的企业建立社区家政服务网点，促进家政服务便民消费，积极发展"互联网+"家政服务，推进家政服务数字化转型与应用。在中心城区，大力建设以生鲜超市等业态为核心集聚的便民服务中心、邻里中心、社区商业中心等，打造社区生活性服务业发展的主要模式。在乡村，着力发展养老托幼、卫生健康、环境卫生、餐饮家宴等农村生活性服务业。

（三）加强政策引导，推动生活性服务业优化方案高效落地

生活性服务业的发展需要有相对宽松的社会氛围和政府相应的政策配套，同时政府政策的落实也有助于行业的健康、互利发展。

一是优化行业空间格局。打造主次分明、特色鲜明、结构清晰、高效畅通的生活性空间格局，提升行业发展效率。提高中心城市和城市群综合承载力，打造各具特色和竞争力的区域消费中心、品质消费高地。夯实生活性服务业发展基础，推进生活性服务业集聚发展、集群发展、集约发展。

二是推进行业标准体系建设。鼓励创新生活性服务业商业模式和组织方式，推进绿色化、连锁化、网络化、集成化等方面的供给能力建设。鼓励商会、行业协会、产业联盟和标杆企业发挥带动作用，制定高于国家标准的行业标准、企业标准，鼓励新兴服务业推进标准研制。鼓励地方打造富有特色的生活性服务业区域品牌，支持富有竞争力的湖南服务品牌"走出去"。

三是加强财税和投资支持。推动各市（州）贯彻落实好小微企业税收优惠政策，清理各类基金和收费项目，落实生活性服务业企业用水、用电、用气价格优惠政策。加强教育、医疗卫生、文化、旅游、社会服务、"一老一小"等设施建设，积极支持城镇老旧小区改造配套公共服务设施建设，对于价格普惠且具有一定收益的公共服务设施项目，符合条件的纳入地方政府专项债券支持范围。积极运用再贷款再贴现等工具支持包括生活性服务业

企业在内的涉农领域、小微企业、民营企业发展。引导商业银行扩大信用贷款、增加首贷户，推广"信易贷"，使资金更多地流向小微企业、个体工商户。鼓励保险机构开展生活性服务业保险产品和服务创新。

四是完善行业可持续发展能力建设。以市场主体需求为导向，通过持续深化"放管服"改革，加快推动生活性服务业用地审批改革，各级政府在土地规划和城乡规划中落实好生活性服务设施用地政策。鼓励通过大数据及时推广应用和对接平台型企业、供应链组织，增强金融对生活性服务业企业提供差异化、个性化服务的能力，以及金融机构对生活性服务业企业的风险防控和管理能力。各市、州建立相应的工作推进机构，对生活性服务业市场的供需平衡、服务质量、劳务纠纷等社会信息、舆情进行重点监测和预警，及时把握公众、媒体和社会关注的焦点，有针对性地进行积极引导，为全省生活性服务业健康发展营造良好的社会氛围。

部 门 篇
Department Reports

B.21

2022年湖南发展改革情况及2023年展望

黄东红[*]

摘　要： 2022年，湖南全省上下坚决贯彻习近平总书记"疫情要防住、经济要稳住、发展要安全"的重要指示精神，全面落实"三高四新"战略定位和使命任务，坚持"稳进高新"工作方针，经济社会发展"难中有进、稳中向好、好于预期、好于全国"，经济总量达到4.87万亿元，同比增长4.5%，增速高于全国平均水平1.5个百分点。2023年宏观环境依然严峻复杂，不确定难预料因素增多，经济运行面临不少风险挑战，经济社会发展机遇与挑战并存。

关键词： 湖南　宏观经济　绿色发展

---

[*] 黄东红，湖南省委财经办主任，省发展和改革委员会党组书记、主任，省国动办（省人防办）党组书记、主任（兼）。

一 2022年湖南省发展改革总体情况

2022年，面对风高浪急的国际环境和艰巨繁重的发展改革任务，以及需求收缩、供给冲击、预期转弱三重压力，全省上下坚决贯彻习近平总书记"疫情要防住、经济要稳住、发展要安全"的重要指示精神，在省委省政府的坚强领导下，全面落实"三高四新"战略定位和使命任务，坚持"稳进高新"工作方针，全力抓好"两个统筹"，积极应对汛情旱情疫情叠加冲击，经济社会发展"难中有进、稳中向好、好于预期、好于全国"，经济总量达到4.87万亿元，同比增长4.5%，增速高于全国1.5个百分点，取得"取其上、得其上"的超预期效果。主要有以下特点。

（一）经济大盘总体平稳

全面落实国家各项稳增长政策，迅即出台稳工业"26条"、促进服务业恢复"36条"、稳经济大盘"1+8"政策体系和19条接续政策省内工作方案。大力开展"纾困增效""万名干部联万企"等专项行动，建立"两个统筹"督导服务机制，推动政策红利转化为发展实效。全省累计办理退减缓税费超千亿元，新增社会融资规模近万亿元，贷款余额同比增长11.7%。经过3、4月份的短暂下滑，规模工业、投资、消费等迅速企稳回升，湖南以一域之力为全国经济大盘稳定做出了贡献。

（二）有效需求稳步扩大

投资持续发力。坚持稳增长关键是稳投资，强化前瞻性扩投资谋篇布局，年初突出重大项目铺排、集中开工，年中重点抓招商引资、湘商回归，年末抓进度落实、目标完成，全年重点抓形成实物量。1428个重大项目集中分次分批开工。809个支撑全局引领发展的重大基础设施项目集中铺排。335个省重点项目完成投资6025亿元，为年计划的1.3倍。十大基础设施项目完成投资435.6亿元，为年计划的110.8%。消费稳定恢复。首届全省旅游发展大会成功召开，促进消费措施不断出新出力，新能源汽车下乡、家电以旧换新等促消费活动加快落地，"夜经济"等新兴消费加快成熟。全社会消费品零售总额同比增长 2.4%，高于全国 2.6 个百分点。

（三）产业动能加速强劲

市场主体稳中有增。实施市场主体倍增工程、新增规模工业企业行动和企业上市"金芙蓉"跃升行动。三一重工、中联重科等 5 家企业跻身"全球工程机械 50 强"。全省实有市场主体达到 635.4 万户，同比增长 16.4%，其中新增 132.7 万户。先进制造业高地建设加快推进。实施产业发展"万千百"工程，升级建设"3+3+2"产业集群。全省制造业增加值占比达到 28.2%，较上年提高 0.4 个百分点。规模工业企业近 2 万家，新增 1116 家。新增制造业单项冠军企业（产品）21 个、国家专精特新"小巨人"企业 174 家、全球独角兽企业 2 家。现代服务业增势良好。服务业助企纾困 36 条、规上服务业企业培育工程、生活性服务业补短板上水平行动等加快实施。先进制造业和现代服务业融合发展深入推进，新增省"两业"融合发展试点园区 2 家、企业 38 家。规模以上服务业营收同比增长 7.5%，软件信息、科技等新兴服务业增速超过 30%。五好园区建设有力有效。"五好"园区建设双月通报机制运行不断完善，园区土地利用清理专项行动、以亩均效益为导向的园区评价机制加速实施。省级以上产业园区规模工业同比增长 7.9%，占全部规模工业的比重提高 2.8 个百分点。全省新增技工贸总收入过千亿元的园区 2 家，总数达到 17 家。

（四）"三大支撑"持续强化

电力保障更加有力。永州电厂、南昌—长沙特高压投产，电力稳定供应能力较上年增加 400 万千瓦。宁电入湘稳步推进，益阳、株洲等 4 个火电项目及安化、攸县等 4 个抽水蓄能项目开工，风电、光伏规模化开发建设步伐加快，审批和开工的抽水蓄能项目装机容量居全国第 5。电煤储运进一步加强，需求侧管理更趋科学完善，以电力为基础的能源支撑体系更加坚强有力。算力水平不断提升。持续推进实施算力服务、算法创新等六大提升行动，建成 5G 基站 8.8 万个。"天河"新一代超级计算机系统启动运行，长沙国家级互联网骨干直联点建成开通。全省数字经济保持两位数增长，总量突破 1.5 万亿元。动力潜能持续释放。围绕着力打造具有核心竞争力的科技创新高地，全面启动知识产权强省建设，"三区两山""四大实验室""四大战略科技基础设施"建设顺利推进，"十大技术攻关项目"实现了 26 项关键技术突破。2022 年，全省获发明专利 2 万件，技术合同成交额较上年增长 1 倍，达到 2544.6 亿元。

（五）改革开放走深走实

重点领域改革加快推进。国企改革三年行动全面完成，长株潭要素市场化配置国家综合改革试点即将获批。持续深化投融资体制改革，"多图联审""零跑腿、零接触、零付费"等改革经验被列为国务院第七次大督查典型案例，科技型企业知识价值信用贷款、制造业动产抵押融资等改革试点顺利推进。营商环境持续优化。继续实施三年行动计划，打造营商环境"升级版"。"用地清单制+告知承诺制""拿地即开工""交房即交证"等改革实现突破，企业平均开办时间压缩至 1.5 个工作日以内。湖南在全国工商联2022 年度"万家民营企业评营商环境"中排全国第 7、中部第 1。对外开放水平不断提升。加快构建以"一带一路"为重点的全方位对外开放格局，怀化国际陆港建设提质提速，五大国际物流通道和货运集结中心初具规模。大力开展"稳外贸百日攻坚"行动，积极对接《区域全面经济伙伴关系协定》（RCEP），深化对非经贸合作。全年进出口总额同比增长 20.2%，总量突破 1000 亿美元；实际利用外资同比增长 46.1%，规模居中部第 1。自贸试验区形成 47 项制度创新成果。

（六）重大战略持续加力

强省会战略开局良好。出台落实强省会战略"1+N"系列政策，长株潭都市圈发展规划落地实施，长株潭多层次轨道交通规划获批，长沙市跻身特大城市行列。绿心中央公园总体设计和湘江科学城规划落地实施。对接融入国家重大区域发展战略取得积极进展。深度融入粤港澳大湾区建设、长三角一体化发展、长江经济带发展，深入开展湘赣边区域合作、湘鄂赣高质量协同发展，与海南自贸港开展务实合作。乡村振兴战略深入实施。建成高标准农田 460 万亩，全年粮食总产 603.6 亿斤，连续三年总产超过 600 亿斤。深入推进"六大强农"行动，农产品加工业营业收入同比增长 7.2%。狠抓脱贫攻坚突出问题整改，推进巩固脱贫攻坚成果同乡村振兴有效衔接。新型城镇化战略加快推进。"一县一策"编制县城城镇化实施方案，深入实施城市更新行动，开工改造老旧小区 3083 个，改造燃气管网 1158 公里。

（七）改善民生用心用情

就业保持稳定。出台稳岗位、提技能、保就业十六条措施，建设高端乡情人才数据库。城镇调查失业率平均为 5.5%，保持中部地区最好水平；全省居民人均收入分别达到 47301 元、19546 元，分别同比增长 5.5% 和 6.8%。民生实事扎实推进。10 件 22 项重点民生实事有望顺利完成。促进"双减"工作落地见效，成功举办全省首届职业技能大赛。全省本科录取人数同比增加 2.86 万人。国家医学中心和区域医疗中心申报建设有序推进。稳妥抓好保供稳价，CPI 上涨 1.8%，低于全国平均水平 0.2 个百分点。社会保障水平稳步提升。民生投入占比保持在 70% 以上。持续扩大社会保障覆盖面，城乡低保和特困人员救助供养标准普遍提高，企业退休人员养老金实现"十连增"。生态环境质量持续改善。持续抓好中央生态环保督察交办问题、长江经济带警示片披露问题整改和"4+1"工程，发起污染治理"夏季攻势"，打好蓝天、碧水、净土保卫战。"双碳"战略稳步统筹实施并取得成效。

（八）风险防控有力有效

科学精准防控疫情。落实"三零四最"工作要求和"六再"工作部署，迅速有效处置省内疫情，为全国抗疫大局做出了湖南贡献。防范化解政府债务风险。落实"六个一批"风险缓释措施，加快推进国有"三资"清查处置和市县融资平台公司清理和"子孙公司"关停并转，坚决遏制违规举债、虚假化债，完成隐性债务年度化解任务。稳妥推进房地产领域风险处置。落实"保交楼"各项工作部署，用好保交楼专项贷款，加快风险项目资产处置，积极化解房地产项目逾期交房风险。强化金融风险防控。加强金融领域风险隐患排查，加大非法集资打击力度，P2P网贷风险基本出清。扎实开展安全生产大检查、居民自建房安全专项整治两个百日攻坚行动，全省安全生产事故数、死亡人数分别下降30.1%、28%。

二 2023年宏观经济形势展望

2023年宏观环境依然严峻复杂，不确定难预料因素增多，经济运行面临不少风险挑战。一是全球经济衰退风险加剧。受新冠肺炎疫情、俄乌战争、通货膨胀超预期和美国等主要国家宏观政策快速收紧等多重因素冲击，世界经济面临增长放缓和通货膨胀高企双重压力。美国对我国科技、政治、军事、外交、意识形态等方面进行全面打压遏制，加大了湖南省利用国际市场的难度。二是国内有效需求不足。优化疫情防控措施、有序放开防疫管制，客观上有一个疫情反复的过程，可能导致文化旅游、住宿餐饮、交通出行等接触性、场景性消费受限。居民收入增速放缓，消费能力减弱，消费信心不足。房地产市场仍未明显筑底，居民购房观望情绪较重。三是市场主体预期偏弱。上游原材料成本居高不下，下游终端消费低迷，叠加疫情反复导致生产经营活动频繁受阻，企业产能过剩加重，盈利能力下降，发展信心不足。四是省内结构性矛盾突出。省内产业整体处于新旧交替的关键阶段，传统优势产业面临市场天花板，面临转型升级的巨大压力。疫情冲击进一步加大了动能接续的难度。五是重点领域风险依然突出。疫情管控放开，短时间内可能对医疗体系和劳动力市场造成冲击。地方政府债务仍然较重，房地产下行和部分市场主体资金链断裂触发金融风险的可能性不容忽视。

但湖南省发展仍然处于重要的战略机遇期，具备不少积极有利因素，经济健康稳定发展的局面不会改变。一是有党的二十大胜利召开凝聚的强大合力。党的二十大报告就未来五年乃至更长时期党和国家事业的发展做出了全面部署，极大地鼓舞了士气、提振了信心，对外增强了对国际社会的吸引力，对内凝聚了强大的发展合力。二是有持续发力的稳经济系列政策。中央政治局会议提出要更好统筹疫情防控和经济社会发展，更好统筹发展和安全，大力提振市场信心，推动经济运行整体好转，强调积极的财政政策强调加力提效，稳健的货币政策更加精准有力，加强各类政策协调配合，优化疫情防控措施，形成共促高质量发展的合力。政策面上可能面临更多利好。三是有构建新发展格局的历史机遇。二十大报告将构建新发展格局作为推动高质量发展的重要支撑，更加强调增强国内大循环内生动力和可靠性。湖南省有沟通联结国内大市场腹地的区位优势，有人口众多、内需强大、产业基础较好的市场优势，面临重大机遇。四是有省内产业发展的广阔前景。工程机械经过一年多的调整已出现触底反弹迹象。中国电科半导体装备制造产业园、比亚迪新能源乘用车基地、岳阳己内酰胺等项目加快建设，电子信息、新能源汽车、现代石化等产业有望保持快速增长。大健康、通用航空等产业具备广阔的发展前景。五是有改革创新形成的强大动力。长株潭要素市场化配置国家综合改革试点即将获批，投融资体制改革取得重大进展，国企国资改革成果加速显现。四大实验室建设全面铺开，国产替代持续推进。改革创新对经济增长的驱动力有望进一步增强。

总体看，2023年经济社会发展机遇与挑战并存，只要我们把二十大精神贯彻落实到每一项具体工作中，以自身的确定性来应对外部的不确定性，就可以实现全省经济平稳健康发展。要突出抓好以下十方面的工作：一是以构建新发展格局为目标，着力扩大有效投资和消费需求，推动经济运行整体好转，打好经济增长主动仗。二是以构建现代产业体系为目标，强化创新发展能力培育，打好科技创新攻坚仗。三是以汇聚发展动能为目标，坚持"两个毫不动摇"，加快构建统一大市场，深化重点领域改革，打好优化发展环境持久仗。四是以重大风险基本可控为目标，切实防范化解地方政府债务、金融、房地产等领域风险，打好防范化解风险阻击仗。五是以平安湖南建设为目标，强化安全隐患排查和审批源头管理，打好安全生产翻身仗。六是以人民生活品质稳步提升为目标，切实推动就业提质、建设健康湖南、完善社会保障，打好重点民生保障仗。七是以融入对接国家重大战略为目标，深入推进强省会，加快长株潭都市圈建设，促进省内区域协调联动发展和县域高质量发展，不断激发区域经济新动能。八是以保障粮食安全为目标，持续加强农业农村基础设施建设，推动农业特色化发展，深化农业综合配套改革，加快建设农业强省，推动形成乡村振兴新局面。九是以共建“一带一路”为目标，依托自由贸易区、中非贸易博览会等对外开放合作平台，高质量招商引资，构建内陆开放高地，加快建设贸易强省。十是以绿色发展为目标，统筹“双碳”和能源安全，稳步推进环境污染防治和生态修复，积极培育绿色发展新形态。

B.22
2022年湖南财政运行情况及2023年展望

刘文杰*

摘　要： 湖南全省2022年地方财政收入完成3101.8亿元，扣除退减缓税等因素后，同口径增长6.6%。重点推进了着力支持打造"三个高地"、助力稳住经济大盘、全力破除财政体制机制弊端等五个方面的工作。2023年湖南财政经济形势依然错综复杂，财政仍将处于紧运行、紧平衡状态，必须提前谋划、主动出击，努力在危机中育新机、于变局中开新局。

关键词： 湖南　财政改革　财税体制

一　2022年湖南财政改革发展情况

2022年，全省地方财政收入完成3101.8亿元，扣除退减缓税等因素后，同口径增长6.6%。其中地方税收2004.5亿元，同口径增长6%，增幅高于全国平均水平；非税收入1097.3亿元，非税占比35.4%（同口径31.1%），与上年基本持平，收入质量得到巩固提升。一般公共预算支出突破9000亿元大关，达到9005.3亿元，同比增长8.2%。重点推进了以下几个方面的工作。

（一）牢记殷殷嘱托，着力支持打造"三个高地"

全面落实"三高四新"战略定位和使命任务，完善财政政策体系，

---

* 刘文杰，湖南省财政厅党组书记、厅长。

抢占发展制高点，积蓄发展新动能。一是着力支持打造国家重要先进制造业高地。出台支持制造业高质量发展17条财政政策，助推提升产业基础能力和产业链现代化水平。制定财政支持先进制造业供应链配套发展政策实施细则。实施制造业关键产品"揭榜挂帅"，对企业研发"五首"产品给予奖励。二是着力支持打造具有核心竞争力的科技创新高地。出台21条财政政策，强化企业科技创新主体地位。兑现企业研发奖补资金，带动全省研发经费投入突破1000亿元。开展科技型企业知识价值信用贷款风险补偿试点，累计为中小企业投放纯信用贷款超70亿元。深化省级科研经费管理改革，为科研人员"松绑减负"。三是着力支持打造内陆地区改革开放高地。兑现财政奖励政策，支持湖南自贸试验区平台提质、改革创新。出台一系列稳外贸稳外资财政支持政策，带动全省进出口贸易高速增长。支持举办世界计算大会、全球湘商大会等重大活动，支持张家界承办首届全省旅发大会。积极争取国外贷款，全年新增额度达9.2亿美元。

（二）用足用好财税政策，助力稳住经济大盘

积极的财政政策靠前发力、应出尽出、早出快出，全力助推经济回稳向好。一是打好助企纾困"组合拳"。顶格落实近年来最大规模组合式税费支持政策，全年退减缓各项税费1099亿元，其中留抵退税685亿元，惠及4.9万户市场主体。用好政府采购政策，扩大中小企业政府采购份额。健全政府性融资担保体系，加强财政金融联动，着力破解企业融资难题。二是掀起财源建设"新高潮"。推动将财源建设单列为省政府真抓实干督察激励重要内容。省财政安排15.2亿元，对财源建设成效好、园区亩均税收提升快的地区给予奖励。出台全国第一个税费精诚共治办法，全年通过综合治税增收约50亿元。三是激活投资消费"双引擎"。全年新增专项债券规模达到1463亿元，是发行规模最大、利率成本最低、使用进度最快的一年。建立多元融资模式，破解铁路建设筹资难题。协同相关部门争取中央专项借款、政策性开发性基金及金融机构银团贷款近300亿元，支持"保交楼"和重大项目

建设。实施车购税优惠政策。四是绘就民生保障"新画卷"。国省衔接推进乡村振兴资金规模近 120 亿元，资金使用绩效居全国第 1 位。坚持人民至上，全年民生支出占比保持在 70% 以上，有力促进了疫情防控、就业、教育、社会保障、应急救灾、污染防治等民生事业发展，有效提升了人民群众的获得感、幸福感、安全感。

（三）深化重点领域改革，全力破除财政体制机制弊端

坚持问题导向、目标导向，纵深推进财税改革，加快建立现代财政制度。一是深化预算管理改革。全面落实过"紧日子"要求，省直部门一般性支出连年下降。深入推进预决算公开，湖南省财政透明度位居全国第3。开展省级专项资金三年整体绩效评价，专项数量由 47 项进一步压减到 43 项。二是优化省以下财政体制。修订水利省与市县财政事权和支出责任划分改革办法。完善财力性转移支付制度，加大对困难地区倾斜力度，激励市县壮大骨干税源、发展园区经济、提升收入质量。三是大力盘活国有"三资"。全面清查各类国有资产资源，能用则用、不用则售、不售则租、能融则融，拓宽财力来源渠道。设立省直单位公物仓，新增资产配置优先通过公物仓调剂。继续加大结转结余资金和财政专户资金清理力度。四是加强政府债务管理。规范政府性投资决策和立项管理，提级审核资金来源。加强专项债券项目申报、储备、发行、建设全过程管理。压实部门化债责任，构建"谁形成谁化解"的隐性债务化解机制。配合省纪委监委开展"违规举债虚假化债"专项监督。

（四）持续规范财政管理，努力提升财政治理效能

紧盯财政管理关键领域和薄弱环节，加力固底板、锻长板、补短板，促进财政稳健运行。一是落实落细"三保"责任。推动省政府出台进一步做好县区财政平稳运行工作的 15 条措施，强化分级负责、分色预警、分类管理。预算编制事前审核实现 123 个县市区全覆盖。加大财力下沉力度，省对下财力性转移支付增长 51.6%。二是着力履行财会监督职能。开

展七大领域财经秩序和会计行业"四类问题"专项整治，通报一批典型案例，形成有力震慑。以开展财政部内控信息化试点为契机，加快内控建设从"立规矩"到"见实效"转变。推动出台《关于进一步规范财务审计秩序促进注册会计师行业健康发展的实施意见》。三是全面夯实财政管理基础。推进预算管理一体化建设提质扩面，湖南省综合排名位居全国前列。规范公务员工资津贴补贴。设立省政府投资基金管理中心。加快推进政府投资项目全范围、全过程评审。加强涉案财物集中管理，修订省以下法检两院办案成本补偿办法。支持厅归口管理公司做强做优做大，成功组建湖南银行。

（五）强化政治统领党建引领，奋力打造忠诚干净担当财政干部队伍

牢固树立政治机关意识，全面加强机关党的建设，以高质量党建引领财政高质量发展。一是在强化理论武装上走深走实。出台厅党组会议"第一议题"制度，通过集中学习、学习竞赛、财政讲坛等方式，推动习近平新时代中国特色社会主义思想入脑入心。制定厅党组深入学习宣传贯彻党的二十大精神工作方案，带动全省财政系统迅速掀起学习宣传、狠抓落实的热潮。二是在党建业务融合上同步同向。深入推进支部"五化"建设，深化"三表率一模范"机关创建，扎实开展"一课一片一实践"活动。出台意识形态工作责任制实施细则，坚守意识形态工作财政主阵地。上下联动开展文明创建，成功入选"全省文明行业"。三是在干部队伍建设上有力有效。树立正确选人用人导向，加大干部交流力度，用好职务职级并行制度，激发全厅干部工作积极性。录制财政精品课程，举办全省市县财政经济工作专题研讨班。四是在党风廉政建设上抓紧抓严。修订厅机关落实全面从严治党主体责任考评办法，出台清廉财政建设实施意见。全面接受省委巡视"体检"，高质量做好巡视整改"后半篇文章"。大力支持驻厅纪检监察组开展工作，推动主体责任和监督责任一体联动。

二 当前湖南财政经济形势预判

总的来看，2023年湖南财政经济形势依然错综复杂，财政仍将处于紧运行、紧平衡状态，必须提前谋划、主动出击，努力在危机中育新机、于变局中开新局。

有利因素和潜在机遇在增多。具体表现为"四大利好"：一是经济形势整体好转。疫情防控措施优化调整，一大批重大项目加快实施，一揽子稳增长措施相继出台，将带动全省经济稳步回升，促进收入形势回暖向好。二是中央政策红利持续释放。中央加力提效实施积极财政政策，提高赤字率，扩大专项债券规模，完善税费支持政策，转移支付继续保持较快增长，并更多向困难地区和欠发达地区倾斜，为湖南省争取中央支持、稳定财政运行提供了有利条件。三是财政增收后劲更足。近年来，财源建设纵深推进，减税降费"放水养鱼"，综合治税不断加强，为财政增收打下坚实基础。四是存在低基数效应。2022年集中实施留抵退税后基数偏低，有利于抬高2023年的收入增幅。

不利因素和风险挑战仍不少。具体表现为"四大困难"：一是外部环境难预料。国际局势动荡不安，世界经济可能陷入滞胀困局。疫情冲击还未完全消退，各类衍生风险需要高度警惕。二是经济下行压力较大。实体经济发展面临多重困难，市场主体预期不稳、信心不足问题较为突出。房地产市场短期内难以全面复苏，对严重依赖土地收入的市县造成巨大影响。三是挖潜空间在缩小。经过多年的挖潜，易清欠的都清欠了，好盘活的都盘活了，财政一次性增收的空间不断缩小。四是收支矛盾更突出。中央一次性补助退出，全省可统筹使用的财力基本没有增加。与此同时，各种刚性支出仍在攀升，财政收支紧张状态仍将持续。

三 2023年湖南财政重点工作

坚持以习近平新时代中国特色社会主义思想为指导，深入贯彻党的二十大和全国"两会"精神，坚决落实省委、省政府决策部署，加快推进财政高质量发展，为落实"三高四新"战略定位和使命任务、推进中国式现代化新湖南建设提供有力支撑。

（一）多渠道拓宽财源，持续增强财政保障能力

紧盯全年地方财政收入增长8%以上预期目标，持续加强财源建设，依法加强收入征管，不断提升经济发展的"含金量"。一是纵深推进财源建设工程。实施新兴财源培育、主体财源提质、园区发展转型、税费精诚共治等"八大攻坚"行动，力争2023年地方财政收入超过10亿元的县市达到50个。加强财政、税务、中国人民银行、审计、金融等部门联动，构建税费齐抓共管工作大格局。二是大力盘活存量国有"三资"。扩大清理范围，将沉淀资金和低效资金收回财政统筹使用。聚焦矿产、林业、水利、能源、土地、数据等"六类资源"，实物、债权、股权、特许经营权、未来收益权等"五类资产"，"用售租融"多措并举，促进盘活效益最大化。三是全力以赴争取中央支持。密切跟进中央政策动态，会同相关部门推动更多重大工程、重点项目、重要试点纳入国家总体布局，争取中央转移支付分配更多向湖南倾斜。

（二）加力提效实施积极财政政策，全力服务全省经济社会高质量发展

出台财政服务打好打赢"发展六仗"的政策措施，全力办好发展经济这个最大实事，促进发展红利惠及千家万户。一是着力支持"三个高地"建设。整合资金，握指成拳，着力支持打造"3+3+2"现代产业体系。持续加大科技投入，推动"十大技术攻关项目"和"四大实验室"等重大创新平台建设。加强国际财经交流合作，推出湖南自贸试验区财税政策"升级版"。二是着力服务扩大内需战略。把恢复和扩大消费摆在优先位置，统筹用好相关专项资金和补贴政策，巩固提升传统消费，培育壮大新型消费。用好用活专项债券，适当提高用作资本金比例，并与政策性开发性金融工具做

好衔接，有效带动社会投资增长。三是着力激发市场主体活力。密切关注中央税政动态，精准快速落实好中央新出台的减税降费政策。完善政府性融资担保体系，促进中小企业融资增量、扩面、降本。落实"两个毫不动摇"，在财政补助、税费优惠、政府采购等方面对各类市场主体一视同仁、平等对待。四是持续保障和改善民生。持续加大民生投入，支持办好"十大重点民生实事"。合理确定民生政策标准，促进民生改善与经济发展相协调，与财力可能相匹配。健全"三农"投入保障机制，加强涉农资金统筹使用，全力推进乡村振兴。完善财税支持生态文明建设政策体系，加快发展方式绿色转型。

（三）扎实开展"绩效管理提升年"行动，全面提升财政治理效能

牢固树立"大绩效"理念，向管理要效益，以绩效论英雄。一是全面提升财政政策效能。对拟出台的重大财税政策开展事前绩效评估，论证政策出台的必要性、投入经济性、方案科学性、筹资可行性，防止"拍脑袋决策"。对重大财税政策开展后评估，对政策不适用、效果不明显的及时加以调整和优化。二是全面提升资金分配使用效益。对财政重大专项和政府重大投资项目开展全周期跟踪问效，并逐步拓展到其他使用财政性资金的领域，构建"花钱必问效、无效必问责、违规必严惩"的长效机制。深化财政投融资改革，培育壮大省级政府投资引导基金。三是全面提升财税改革效果。推动出台省以下财政体制改革实施意见，加快构建权责配置更为合理、收入划分更加规范、财力分布相对均衡、基层保障更加有力的省以下财政体制，进一步完善乡财县管、村账乡代理制度。四是全面提升财会监督效力。推动出台湖南省加强财会监督的实施意见，深入开展财会监督和预算执行监督专项行动，切实让财经纪律"长牙带电"，成为不可触碰的"高压线"。深入开展惠农补贴重点抽查三年行动和PPP清查整治行动，堵塞管理漏洞，提升监管效能。五是全面提升内部管理效率。大力倡导"精益求精、争创一流""案无积卷、事不过夜"的工作理念，全面提升抓落实的质量和效率。健全财政机关内部事务"大综合"机制，推动机关高效有序运转。

（四）全面规范财政管理，夯实财政高质量发展根基

坚持建章立制、夯基垒台，不断提升财政治理现代化水平。一是切实加强预算管理。强化"四本预算"统筹，深化全口径预算管理。加快推进财政支出标准化，建立以基本支出标准、项目支出标准、重大基本公共服务支出标准为主体的财政支出标准体系。把过"紧日子"作为预算安排的长期原则，健全节约型财政保障机制。二是坚决兜牢"三保"底线。完善财力性转移支付体系，财力分配向经常性收支缺口大、财政运行风险高的困难县区倾斜。健全库款精准调拨、预算编制事先审核等机制，兜牢兜实市县"三保"底线。三是持续加强政府债务管理。坚持举债有度、用债有方、还债有源、管债有法，坚决遏制增量，有序化解存量，强化风险应急处置，确保到期债务不违约、风险地区不爆雷、舆情事件不发生，牢牢守住政府债务风险底线。四是进一步夯实财政管理基础。加快预算管理一体化系统建设，实现所有财政资金全流程动态监控。推进投资评审转型，更好地发挥投资评审在预算管理中的重要作用。深化省以下法检两院财物统管改革，建立省本级跨部门涉案财物管理机制，优化"一村一辅警"省级补助机制。全面推进非税收入收缴电子化改革。

B.23
2022年湖南住房和城乡建设情况及2023年展望

唐道明*

摘　要： 2022年湖南住建厅坚持稳市场、强保障，住房发展企稳向好。全年完成房地产开发投资5180亿元（同比减少4.6%）、新建商品房销售面积6793万平方米（同比减少26.1%），开发投资降幅低于全国平均水平，在全国楼市降温低迷的情况下，全省房地产市场相对稳定。

关键词： 湖南　住房和城乡建设　新型城镇化　房地产开发

2022年面对多重超预期因素的重重挑战，面对艰巨繁重的发展稳定任务，湖南省住建系统坚定贯彻"疫情要防住、经济要稳住、发展要安全"的重要要求，知难不畏、攻坚克难，以超常努力应对超常挑战，交出了一份难中求成、殊为不易的发展答卷。

一　2022年工作回顾

（一）坚持稳市场、强保障，住房发展企稳向好

市场调控见行见效，在坚持"房住不炒"下，全省制定完善政策工具

箱，因城施策、持续发力，各地陆续出台财税、金融、住房公积金等一系列政策"组合拳"，支持刚性和改善性住房需求。全年完成房地产开发投资5180亿元（同比减少4.6%）、新建商品房销售面积6793万平方米（同比减少26.1%），开发投资降幅低于全国平均水平，在全国楼市降温低迷的情况下，全省房地产市场保持了相对稳定。风险化解有力有效，持续开展整治规范房地产市场秩序三年行动，推行商品房预售资金识别监测账号试点。着力"保交楼、保民生、保稳定"，实行减免土地出让利息、调规调容等支持政策，采取"去恒大化"处置措施，建立府院联动机制等。全省45个恒大"保交楼"项目销号率、复工率均达100%。全省争取国家第一批"保交楼"专项借款资金147亿元、居全国第2，第二批资金93亿元、居全国第6。第一批"保交楼"263个项目复工率达到99.2%，交付房屋18371套，居全国第一。强化保障精准提效，全年完成棚改2.5万户、保障性租赁住房4.58万套，改造农村危房1.72万户，全省争取住房类专项资金38.09亿元，老旧小区和农村危房改造资金量分别位居全国第2、第6。全省乡村教师住房保障工作获住建部、教育部推介。湘潭市城镇老旧小区改造、棚户区改造和发展保障性租赁住房工作获国务院真抓实干激励。

（二）坚持提效能、促转型，建筑管理稳中有进

全省完成建筑业总产值1.45万亿元，同比增长9%，增加值占全省GDP比重为8.2%。加大纾困帮扶，实行建筑业纾困解难十二条措施，推进建筑市场主体倍增及"万千百"工程，全省总承包和专业承包的独立核算建筑企业数量同比增长10.2%。出台深化建筑业资质改革十条措施等7个资质管理文件，全年获批高等级资质119项，居中部六省第2位。加快绿色发展，推进绿色建造国家试点，加快打造绿色建造"湖南样板"，高效完成省委书记专题办公会议交办的高校宿舍标准图集编制和并联审批工作。长沙市获批住建部智能建造试点城市，衡阳市、株洲市获批国家绿色建材促进建筑品质提升试点城市。加力效能提升，打造工程审批制度改革2.0版，推进分阶段办理施工许可，对重点项目试行部门承诺制。优化计价依据动态调整，

加快造价立法。持续推进 BIM 技术应用，在施工图审查系统可对 776 条标准规范条文智能审查。全省加强对招标代理机构及专职人员事中事后监管做法获住建部专题推广，并列入国家发改委招标投标领域改革创新成果。

（三）坚持强品质、优环境，城乡建设提质增效

推进新型城镇化主动作为，出台全省《关于推动城乡建设绿色发展的实施意见》，统筹推进以人为核心的新型城镇化建设，2022 年全省常住人口城镇化率达到 60.31%。加强园林城市创建，全省县以上城市新改建口袋公园 100 余个。汝城县、溆浦县获评全国传统村落集中连片保护利用国家示范县，新增第六批中国传统村落 46 个。加强基础设施建设，全年新扩建县以上城市污水处理厂 16 座，完成污水管网新建改造 1493 公里，242 个建制镇污水处理设施基本建成通水，新增 110 个乡镇垃圾中转站。株洲市获评国家海绵城市建设示范城市，邵阳市、常德市入选国家公共供水管网漏损治理试点城市，益阳市成功创建国家节水型城市。污染防治攻坚善战勇为，对全省 59 个农村小型生活垃圾焚烧设施取缔拆除并生态复绿。5 个长江经济带警示片问题整改销号率，中央环保督察和"夏季攻势"垃圾填埋场、"洞庭清波"专项监督问题整改率，洞庭湖总磷污染控制与削减项目完工率实现"四个 100%"。岳阳市花果畈垃圾填埋场封场入选国家长江经济带突出问题整改典型案例。怀化市、娄底市乡镇污水处理设施建设工作经验列入全省"夏季攻势"十佳典型案例。

（四）坚持打硬仗、补短板，城市管理稳步提升

城市更新有新进展，8 个市州制定出台了城市更新实施办法。长沙、岳阳、益阳等 3 个市州开展第一批省级绿色完整居住社区创建示范。长沙、常德两地完成城市体检。全省纳入改造计划的 3222 个老旧小区全部开工，省级加快项目审批做法以及长沙、湘潭、常德等地 8 项工作经验获住建部全国推广，全省工作成效获国务院第九次大督查通报表扬。全年加装电梯开工 4443 台（已竣工 2303 台），超额完成年度任务。智慧增效有新成效，推进

构建省市县三级城市信息模型 CIM 体系，常德市加快试点实现平台数据互联互通。永州市城市管理工作体系建设住建部试点全面铺开。衡阳市国家智能社会治理（城市管理）实验基地建设启动并授牌。"株洲市智慧城管实践"入选"2022 年数字政府建设优秀案例"。执法管理有新力度，深入开展全省执法监督检查和燃气领域执法专项监督检查，各地认真整改并建立健全各类行政执法程序。湘潭市制定了城市管理综合执法协作规定，张家界市、娄底市等 11 个地级市相继出台住建领域行政处罚与事中事后监管衔接配合制度。

二　2023年工作展望

2023 年是全面贯彻党的二十大精神的开局之年，做好住房城乡建设工作意义重大。从经济上看，中央、省委经济工作会议强调提振信心、稳字当头，对推动经济运行整体好转做了全面部署，预计两会后将有一系列提振经济的政策措施陆续出台。省政府出台打好经济增长主动仗、实现经济运行整体好转20条政策措施，为稳定房地产领域投资、加快项目实施等提供了政策空间，住建事业发展动力将显著增强。从行业上看，房地产市场基本面没有变，城镇化仍有较大增长空间，将带来一定的住房新需求。基础设施建设发展空间大，城市更新、老旧小区改造仍处于政策风口。国家扩大专项债规模，向市政基础设施、保障性安居工程等"稳、准、快"投放，将有力促进项目落地。经济发展从"有没有"转向"好不好"，人民群众更加注重好住好用好看，住建事业发展站在新的方位和起点。

2023 年湖南省住建系统将坚持以习近平新时代中国特色社会主义思想为指导，全面贯彻党的二十大精神，完整准确全面贯彻新发展理念，全面落实"三高四新"战略定位和使命任务，坚持稳中求进工作总基调，更好统筹发展和安全，全力守安全、防风险、保民生、促发展、强队伍，推动住房城乡建设工作高质量发展。全力"守安全"，全面动员发动、全面梳理职责、全面摸清底数、全面压实责任、全面严格执法、全面考核考评，举全系统之力打好安全生产翻身仗。着力"防风险",防范化解房地产领域风险,严格预售许可、遏制新增风险。全力"保交楼",消除存量风险。防范化解城乡突出环境问题风险,抓好垃圾填埋场整治及城乡生活污水、垃圾治理等。防范化解住建领域信访维稳风险,开展住建领域信访问题源头治理三年攻坚行动。倾力"保民生",抓好城镇老旧小区项目策划储备工作,提前策划入库,项目滚动实施。解决好新市民、青年人等群体住房困难问题。保障农民工工资支付。大力"促发展",推动房地产市场企稳回升,房地产业向新发展模式平稳过渡。坚持建筑业"六化"发展方向,推动建筑市场发展向"宽进、严管、重罚"转变。打造工改3.0版。致力"强队伍",强化系统能力建设,着力打造一支忠诚、干净、担当的干部队伍,建设一支规模宏大、改革创新、素质优良的行业人才队伍。

B.24
2022年湖南国资国企改革发展情况
及2023年展望

肖文伟*

摘　要:　2022年湖南全省地方监管企业资产总额达54884亿元,实现营业收入8187亿元、同比增长3.9%,实现利润474亿元、同比增长3.5%。2023年是贯彻党的二十大精神开局之年,省国资委将深入贯彻落实党的二十大精神,坚持稳中求进工作总基调,抓好"十项"重点工作,加大科技创新力度,完善国资监管体系,防范化解重大风险,不断提升企业核心竞争力和增强核心功能,实现质的有效提升和量的合理增长,为现代化新湖南建设贡献国资国企力量。

关键词:　湖南　国有资产管理　国企改革

一　2022年湖南国资国企改革发展情况

2022年以来,湖南省国资委坚持以习近平新时代中国特色社会主义思想为指导,深入贯彻党的二十大精神,认真贯彻中央决策部署和省委、省政府工作要求,以"深化改革、强化管理、持续创新"为主题,抓重点、补短板、强弱项,大力推动国资国企高质量发展,各项工作取得明显成效。

---

* 肖文伟,湖南省人民政府国有资产监督管理委员会党委书记、主任。

（一）坚持以高质量发展为首要任务，持续提升企业核心竞争力

一是发展质效明显提升。截至2022年底，全省地方监管企业资产总额达54884亿元，实现营业收入8187亿元、同比增长3.9%，实现利润474亿元、同比增长3.5%。其中，省国资委18户直接监管企业实现营业收入5478亿元、同比增长7.9%，实现利润268亿元、同比增长23.2%，增速均高于全省地区生产总值增幅、全国省级监管企业增幅。二是降本增效取得突破。深入开展降本增效专项活动，三项费用同比下降10.6%，其中销售费用、财务费用分别下降16.6%、13.5%。狠抓"两金"压降，监管企业"两金"同比下降1.5%，占流动资产比重下降2.9个百分点。三是项目建设亮点纷呈。省国资委监管企业43个项目列入2022年省重点建设项目，涉及投资额4527亿元，累计完成投资1994亿元。中联泵送智能装备基地、湘钢提质增效、机场改扩建工程、犬木塘水库工程等重大项目建设加快推进。

（二）坚持以优化国资布局为重要抓手，加快战略性重组和专业化整合

一是推动重组整合。按照"自上而下、积极稳妥、统筹协调、分步实施"的原则，合并重组10户一级企业，组建建设集团、农业集团、有色集团、旅游集团、兴湘集团；分拆发展集团，合并新设医药集团；完成长丰集团合并司法重整；对监管企业之间有关资产资源进行专业化整合。本轮改革重组涉及资产近5000亿元、职工近8万人。二是深化内部改革。重点加强制度建设，出台或修订管理制度20000多个，初步形成分级分类、结构合理、运行有效的制度体系。优化企业集团总部机构，规范设置价值创造主链、服务链、保障链部门。大力推进压层级、减法人，省属监管企业管理层级原则上控制在三级以内，减法人工作按计划有序推进。三是扩大开放合作。省国资委与军工央企共同主办"三航"产业发展论坛，助推省政府与中国电子信息产业集团、中国稀土集团签署战略合作协议。参与

筹备全省首届旅发大会、民革中央助力现代化新湖南建设招商大会等重大活动。

（三）坚持以改革创新为第一动力，积极打造原创技术策源地和一流企业

一是全面完成改革任务。国企改革三年行动圆满收官，国务院国资委领导表扬湖南国企改革既注重全面性，又突出重点。多项措施如重组与专业化整合在全国都是可圈可点。二是有序建设一流企业。制定《关于监管企业加快建设世界一流企业的若干措施》，首批推动钢铁集团等 3 户企业创建世界一流企业，华菱线缆等 5 户子企业创建世界一流专精特新企业，重点提升自主创新能力、增强战略管理能力、突出价值创造、培育知名品牌、塑造优秀企业文化，拉开建设一流企业的序幕。三是大力推动科技创新。研究制订《关于推进省属国有企业打造原创技术策源地的实施意见》。加大研发投入，省属监管企业 R&D 经费投入强度达 2.82%，高于全国省级监管企业平均水平 1.67 个百分点。与高等院校、院士团队深度合作，通达电磁能等一批重大科研成果加快落地。

（四）坚持以提升监管效能为主要目标，着力构建国资监管闭环管理体系

一是健全监管体系。印发《关于加强对监管企业事前、事中、事后监管的通知》，形成全过程监管闭环。印发《监管企业年度财务审计工作办法（试行）》和《关于加强中央企业融资担保管理工作的通知》。完善企业负责人绩效考核制度，构建以党建工作、核心经济指标、重点工作、"一票否决"事项为主的"3520"绩效考核指标体系。二是防控监管风险。加强企业内部审计监督，3 年轮审 1 次，实现内部审计全覆盖；对重大投资项目、重大风险领域实施重点审计，每年至少审计 1 次。全面清理企业银行账户13000 多个，启动实时监测分析。全面清理融资性贸易，坚决整改非主业贸易问题。梳理企业重大司法诉讼案件，与省高院建立日常沟通联络机制，联合省检察院、省工商联等九部门建立涉案企业合规第三方监督评估机制。三是构建监管格局。加强对市州国资监管工作的指导，出台《关于构建全省国资监管大格局的意见》。推进信息化与监管业务深度融合，完成国资国企在线监管大数据系统建设并上线运行。

（五）坚持以党的建设为核心引领，为国资国企改革发展提供坚强保证

一是强化理论武装。深入学习宣传贯彻党的二十大精神，部署安排省国资委系统各级党组织近 18 万名党员学习讨论，开展宣讲 500 余场。坚持"第一议题"制度学习，省国资委党委学习达 40 多次、企业集团党委 421 次、分子公司党组织 1.58 万次。二是促进党建融合。全面落实"两个一以贯之"，省国资委深入开展"党建深化融合年"活动，持续深化"千名书记联项目""万名党员先锋行"活动，全年书记联项目 2760 个、创建党员先锋岗 4712 个、党员责任区 1996 个、党员立项攻关 1459 个，创效达 20 亿元以上。三是加强队伍建设。建好"三支队伍"，选拔"英培计划"人才 88 人。组织开展"百名工匠传薪火"活动，评选表彰 100 名优秀国企工匠。四是全面从严治党。推进清廉国企建设，重点聚焦金融活动、涉砂涉矿、工程建设、粮食购销、融资性贸易等领域，持续整治"风腐一体"问题。

（六）坚持以践行社会责任为根本担当，使国有企业成为最可信赖的依靠力量

一是承担功能显作为。围绕企业功能定位，农业集团、轻盐集团、旅游集团、医药集团更好地发挥民生保障作用，在全省粮油肉收储、食盐储备、打造吃住行游购娱全产业链、发展医药医疗器械产业等方面发挥主力军作用；高速集团、机场集团、轨道集团、湘水集团承担全省高速公路安全保畅、机场行业管理、轨道及水利水运水务基础设施投资建设和管理等功能性任务；湘投集团、湘煤集团、有色集团加大省内外优质能源、有色金属资源整合力度，更好地承担全省能源保供功能性任务。二是乡村振兴促发展。承担对口帮扶绥宁县，联点帮扶汨罗市、桑植县、泸溪县以及驻村工作五项任务。绥宁县乡村振兴以发展产业为突破，落地产业项目3个、投资额4.5亿元，对接项目5个、投资额9.6亿元；帮扶汨罗市乡村振兴示范创建项目，监管企业以资金支持、工程建设等方式援助1519万元；支持桑植县乡村振兴项目资金4000万元；做好泸溪县抗洪救灾物资援助工作。三是应急处突勇担当。医药集团在新冠肺炎疫情期间累计向湖南市场投放超139万粒"复方布洛芬片"，加班加点生产中药配方颗粒和中药超微饮片，保障14个市州60多个县域1400多个基层医疗机构及连锁药房的物资供应；建设集团派出40人团队为"4·29"事故救援提供技术支撑和资源保障，出动500余人次、支援20余台设备参与新田山火扑救。扎实推进就业工作，组织20户省属企业和264户分子公司招聘应届高校毕业生4746人，同比增长50%，远高于23%的全国增长率，有效彰显国有企业的托底作用。

二 2023年工作展望

2023年是贯彻党的二十大精神开局之年，做好国资国企工作意义重大。省国资委将深入贯彻落实党的二十大精神，全面落实中央决策部署和省委、省政府工作要求，坚持稳中求进工作总基调，更好统筹发展和安全，坚持党对国有企业的全面领导，深化提升改革专项行动，抓好"十项"重点工作，加大科技创新力度，完善国资监管体系，防范化解重大风险，不断提升企业核心竞争力和增强核心功能，实现质的有效提升和量的合理增长，为现代化新湖南建设贡献国资国企力量。

（一）把握"稳"的要求，确保国有资产保值增值

重点强化防范系统性风险双监管体系。在持续巩固国资事前事中事后"553"监管体系、严格执行"十严禁"监管要求的基础上，进一步规范加强企业借款管理和投资决策，做到"两防"，即防投资决策出现失误，防借款掩盖运营问题；"两要"，即企业每一分借款都要集团董事会

决策，每一分借款都要明确用途；"双监管体系"，即省国资委监管企业集团制度执行落实，企业集团监管所属企业经营决策和防范风险。把握好"五要点"：一是坚定主业发展方向，二是严格规范投资决策，三是严格规范借款管理，四是全面强化企业审计，五是全面压实管理责任。进一步完善制度措施，将重大投资决策、新增债务管控、经营现金流管理等纳入企业负责人绩效考核，纳入财务负责人、外部董事、审计部门负责人年度履职评估定级，对未正确履职或履职不到位的严格追责问责。制定《关于打好"强化防范化解系统性风险双监管体系仗"总体实施方案》，全面系统推进防范、稳控、化解系统性风险，进一步筑牢国资国企发展基础。

（二）找准"进"的方向，推动重点领域取得重大突破

一是在布局结构调整上"进"。在巩固钢铁、有色金属、农业、盐及盐化工等传统产业地位的同时，加大高端装备、新材料、军民融合、生物医药等产业布局力度，加快新一代电磁电气技术、超精密制造技术等产业化进程，培育新的经济增长点。市场化推进省属国企重组，充分发挥产业基金在布局优化和重组整合中的资本支撑作用。二是在重大产业项目上"进"。重点推动中联先进智造基地、涟钢冷轧硅钢等列入省政府十大产业项目的重大项目；推动湘钢技改、高新创投超精密光学制造产业化、省储备粮仓房新扩建及提升等其他重大产业项目；推动一批重大项目的策划与储备。三是在重点技术攻关上"进"。加快实施一批重大技术攻关项目，重点推动深远海超大功率直驱永磁海上风电机组关键技术等列入省政府十大技术攻关的重点技术攻关；推动大飞机地面动力学试验平台等其他重点技术攻关。四是在重要产品创新强基上"进"。加快推动国企上市，年内推进兵器股份、建筑设计院主板上市，力争金天钛业科创板上市，中联重科智能高空作业机械公司借壳上市。指导企业进一步提升质量管理能力，积极创建中国及省长质量奖。加大"五首"等创新产品和传统优势产品的推广力度，扩大品牌影响力。

（三）盯住"高"的目标，加快国资国企高质量发展

一是高站位推进国企深化改革。谋划实施新一轮国企改革深化提升行动，重点完善中国特色国有企业现代公司治理，深入开展国有企业公司治理示范创建活动，加快建设专业尽责、规范高效董事会。真正落实市场化机制，完善市场化导向的新型劳动人事分配制度。二是高标准推进一流企业建设。深化创建示范、管理提升、价值创造、品牌引领"四个专项行动"，从对标世界一流、国内一流、行业一流三个维度，建设一批产业链供应链价值链上的龙头企业，培育一批专精特新"小巨人"和单项冠军企业。三是高水平推进企业科技创新。发布《打造原创技术策源地示范企业和重点项目名录》，继续深化与高等院校、院士团队合作，持续加大研发投入，创建高能级创新平台，做深做实"成果+资本+产业"的科技成果转化机制。深入推进企业数字化转型三年行动，培育数字化转型标杆企业，推进5G、人工智能、区块链等技术在生产制造工序的应用。加快"国资云"项目建设，有效提升数据治理能力。四是高效率推进与央企、市州合作。以"三航论坛"、中非经贸博览会、在湘央企座谈会等活动为契机，深化与央企对接合作。加强对湖南稀土引入中国稀土、南岭民爆引入中能建易普力等重点合作项目的跟踪服务。以支持郴州承办第二届省旅发大会、"国资国企走进市州"等活动为抓手，深化与市州对接合作。

（四）谱写"新"的篇章，提升国资国企监管效能

一是明确国资监管新要求。进一步细化国资事前事中事后"553"监管具体举措，按照"依规监管、智慧监管、综合监管、公正监管、优服监管"的要求，健全即时监测、风险提示函、及时约谈、月通报、季调度、半年综合调研、年度综合考评、专项审计、专职外部董事和财务负责人专项报告等工作机制，形成全方位、全过程监管闭环。严格执行"3520"绩效考核制度，强化绩效考核与薪酬管理、工资总额、任期制契约化管理、中长期激励等协同联动。二是完善企业管理新制度。指导企业加强制度建设，完善竞

争、激励、监督、约束四大机制，将工匠精神、劳动精神、劳模精神和社会主义核心价值观融入制度建设，把党的领导和建设贯穿制度建设始终。三是健全内控管理新机制。着重加强机关内控标准化管理体系建设，以工作目标任务执行和跟踪督办为主线，实现目标任务全覆盖、执行过程全留痕，促进政务工作协同化、高效化、体系化。四是构建国资监管新格局。进一步加强对市州国资工作的指导监督，形成全省国资监管"一盘棋"。推动国资数字监管系统共建共享，统一数据标准、接口规范和管理制度，形成全省国资监管"一张网""一朵云"。

（五）坚持党的领导，以高质量党建引领保障企业高质量发展

一是旗帜鲜明讲政治。深化"第一议题"制度、"对标看齐"制度，扎实开展学习习近平新时代中国特色社会主义思想主题教育。守牢意识形态阵地，讲述好湖南国资国企故事。指导企业对标一流打造企业文化，持续抓好文明创建活动。二是多措并举推融合。推动党建工作与中心工作深度融合，实现党建强、生产经营强"双强"目标。建强企业基层党组织，以建设"五化"党支部为目标，以"一支部一品牌"创建为抓手，大力实施提质增效、提亮增色、提能增技"三大"工程。三是凝心聚力强队伍。坚持党管人才原则，建设好"三支队伍"，引领人才向重点产业聚集、向产业链供应链价值链中高端聚集、向解决"卡脖子"关键核心技术聚集。强化正向激励，持续开展"国企楷模"评选活动。大力弘扬企业家精神，支持企业各级领导人员争做优秀企业家。四是全面从严固清廉。深入落实中央八项规定及其实施细则精神，驰而不息纠"四风"树新风，以自我革命精神一体推进"三不腐"建设，扎实推进清廉机关、清廉国企建设。深入开展"靠企吃企"专项整治，消除影响国有企业发展的腐败问题滋生的土壤和条件，营造风清气正的良好政治生态。

B.25
2022年湖南金融形势分析
及2023年展望

张瑞怀*

摘　要：　2022 年，湖南省金融系统以习近平新时代中国特色社会主义思想为指导，认真贯彻落实稳健货币政策，全省金融总量较快增加，存款余额突破 7 万亿元，增速创近年新高。贷款余额突破 6 万亿元，增速持续高于全国平均。2023 年，国际国内经济金融形势纷繁复杂。湖南省金融系统将紧扣全面建设社会主义现代化国家部署，坚持稳中求进工作总基调，加大金融对实体经济的支持力度，围绕打赢"发展六仗"贡献金融力量，为全省经济高质量发展营造适宜的货币金融环境。

关键词：　湖南　金融形势　高质量发展

2022 年，湖南省金融系统以习近平新时代中国特色社会主义思想为指导，紧密围绕"三高四新"战略定位和使命任务，认真贯彻落实稳健货币政策，持续加大对湖南经济社会发展的支持力度。全省金融总量较快增加，存款余额突破 7 万亿元，增速创近年新高；贷款余额突破 6 万亿元，增速持续高于全国平均，结构不断优化；社会融资规模保持高位。

---

* 张瑞怀，中国人民银行长沙中心支行党委书记、行长。

一 2022年湖南金融运行主要特点

（一）各项存款增速高于全国平均，住户存款主导作用明显

2022年末，全省金融机构本外币各项存款①余额70141.9亿元，同比增长11.5%，增速同比提高2.9个百分点，由2018年以来的个位数升至10%以上；由2018年以来持续低于全国平均水平转为高于全国约1个百分点，余额在全国排名保持第14位。全年新增存款7250.8亿元，同比多增2271.8亿元。其中，住户存款发挥主导作用。年末住户存款余额41313.9亿元，同比增长16.3%，分别占各项存款余额、新增额的58.9%、79.7%，分别同比提高2.4个和6.2个百分点；住户存款同比多增2120.2亿元，占各项存款同比多增额的93.3%。

（二）各项贷款增速高于全国平均，企业类贷款增速加快

2022年末，全省金融机构本外币各项贷款余额为62351.5亿元，同比增长11.7%，余额在全国排名保持第13位；增速同比回落1.4个百分点，但仍高于全国平均水平1.3个百分点。全年新增贷款6506.5亿元，同比多增64.3亿元。其中，企业和机关团体贷款支撑作用明显。年末企业和机关团体贷款余额40498.9亿元，同比增长15.9%，增速同比提高3.0个百分点，全年新增5554.4亿元，同比多增1570.0亿元，分别占各项贷款余额、新增额的65%、85.4%，分别同比提高2.4个、23.5个百分点。

（三）重点领域和薄弱环节贷款力度持续加大

一是制造业贷款增速创新高。在设备更新改造再贷款财政贴息等政策支

---

① 金融机构本外币各项存款除了包含住户存款、非金融企业存款、财政性存款、机关团体存款、非银行业金融机构存款外，还包含境外存款。

持下，2022 年末，全省制造业贷款余额同比增长 20.1%，增速同比提高 6.2 个百分点，再创新高。全年制造业贷款新增 727.1 亿元，同比多增 286.8 亿元。其中，制造业中长期贷款增长 49.1%，高技术制造业中长期贷款增长 49.7%。二是基础设施类贷款①增速小幅回升。基础设施项目配套贷款持续跟进投放，金融机构支持力度加大。2022 年末，全省基础设施类贷款余额同比增长 9.0%，增速同比提高 1.6 个百分点，8 月份以来新增额连续 5 个月同比多增。三是普惠领域贷款保持较快增速。2022 年末，全省涉农、民营、小微企业、普惠小微贷款余额分别同比增长 14.5%、10.9%、20.9%、22.1%，除民营企业贷款增速同比小幅回落外，涉农、小微、普惠小微贷款增速分别同比提高 0.1 个、7.0 个和 0.1 个百分点。四是企业信用、保证贷款增速加快。2022 年末，全省企业信用贷款、保证贷款分别同比增长 24.4%、19.9%，增速分别同比提高 4.4 个、3.0 个百分点；合计全年新增 3515.7 亿元，同比多增 1043.2 亿元，合计占企业贷款新增额的 70.0%、同比多增额的 77.2%。五是房地产贷款保持正增长。在房地产开发投资、房屋销售大幅下降的情况下，2022 年末，全省房地产贷款余额同比增长 1.9%，增速同比回落 6.2 个百分点。其中，房地产开发贷款在"保交楼"专项借款、房地产金融 16 条等政策措施持续推进下同比增长 3.4%，增速同比提高 4.1 个百分点；个人住房贷款同比增长 2.5%，增速同比回落 9.7 个百分点。

（四）社会融资规模保持高位，间接融资新增较多

2022 年，全省新增社会融资规模②接近万亿元，达 9831.8 亿元。从结构看，间接融资占比 63.5%，同比提高 6.0 个百分点，新增 6238.0 亿元，同比多增 224.5 亿元；直接融资占比 11.2%，同比下降 7.6 个百分点，新增 1101.3 亿元，同比少增 863.0 亿元。其中，非金融企业股票融资新增 250.6

---

① 基础设施类贷款=交通运输、仓储和邮政业贷款+水利、环境和公共设施管理业贷款。
② 2019 年 12 月起，中国人民银行进一步完善社会融资规模统计口径，将"国债"和"地方政府一般债券"纳入社会融资规模统计，与原有"地方政府专项债券"一并成为"政府债券"指标。

亿元，同比少增 349.6 亿元，企业债券新增 850.7 亿元，同比少增 513.5 亿元。政府债券融资新增 1797.8 亿元，同比少增 23.0 亿元，占比 18.3%，同比提高 0.9 个百分点。其他融资新增 694.8 亿元，同比多增 32.2 亿元，占比 7.1%，同比提高 0.7 个百分点。

（五）利率市场化改革继续深化，融资成本稳步下降

引导金融机构将贷款基础利率（LPR）内嵌到内部转移定价和传导环节，对普惠小微企业贷款减息 1 个百分点等额给予资金激励。2022 年 1～12 月，全省一般贷款加权平均利率为 5.15%，同比下降 67 个基点。其中，企业贷款加权平均利率为 4.36%，同比下降 68 个基点。企业贷款分规模看，大型、中型、小微企业贷款加权平均利率分别为 3.70%、4.38% 和 4.86%，同比分别下降 48 个、56 个和 25 个基点；普惠小微企业贷款加权平均利率为 5.38%，同比下降 70 个基点。2022 年，金融机构通过发放贷款、票据融资等渠道向各类市场主体让利 285 亿元。

二　2023年湖南金融形势展望

展望 2023 年，国际国内经济金融形势纷繁复杂。从全球来看，经济增速处于数十年来低位，尽管近期通胀压力有所缓和，但主要经济体央行加息对经济金融的影响正在进一步显现，新冠肺炎疫情的伤痕效应明显，乌克兰危机仍在持续，国际贸易限制措施不断增加，全球经济复苏困难重重。从国内来看，一方面我国疫情防控已经取得重要决定性胜利，"稳增长"被摆在更加突出的位置，境内外机构纷纷上调我国经济增长预期，各级政府也都制定了较高的经济增长目标，2023 年经济大概率要实现较高水平增长。当前主要指标也出现了较为明显的修复，但一些指标同疫情之前相比还有一定的差距，需求收缩、供给冲击、预期转弱三重压力仍然较大，特别是需求不足的问题较为突出。另一方面，房地产风险、金融风险、地方政府债务风险等相互交织，有效防范化解重大经济风险还面临较

大压力，平衡稳增长与防风险的难度更大。在上述宏观经济金融环境下，全省金融运行面临新的机遇和挑战。

（一）稳健的货币政策更加精准有力，推动经济运行实现质的有效提升和量的合理增长

中央经济工作会议明确指出，2023 年稳健的货币政策要精准有力，保持流动性合理充裕，保持广义货币供应量和社会融资规模增速同名义经济增速基本匹配。中国人民银行工作会议也提出，精准有力实施好稳健的货币政策，综合运用多种货币政策工具，搞好跨周期调节，保持流动性合理充裕，多措并举降低市场主体融资成本。从信贷投向看，要加大金融对国内需求和供给体系的支持力度，支持恢复和扩大消费、重点基础设施和重大项目建设；坚持"两个毫不动摇"，对各类所有制企业一视同仁，引导金融机构进一步解决好民营小微企业融资问题；落实金融 16 条措施，支持房地产市场平稳健康发展。从融资成本看，2023 年将继续深化利率市场化改革，发挥贷款市场报价利率改革效能和指导作用，推动降低企业融资和个人消费信贷成本。

基于以上背景，2023 年 1 月，中国人民银行明确延续实施 3 项结构性货币政策，即碳减排支持工具延续实施至 2024 年末并扩大金融机构支持范围、支持煤炭清洁高效利用专项再贷款延续实施至 2023 年末、交通物流专项再贷款延续实施至 2023 年 6 月末。从 2023 年 1 月份全国贷款增长情况看，1 月份人民币贷款新增 4.9 万亿元，创历史新高。同时，中国人民银行也强调要兼顾短期和长期、经济增长和物价稳定、内部均衡和外部均衡，坚持不搞"大水漫灌"，稳固对实体经济的可持续支持力度。总体看，2023 年金融体系信贷总量将有效增长，助力实现促消费、扩投资、带就业的综合效应，同时统筹金融支持实体经济与风险防范，为经济发展营造适宜的货币金融环境。

（二）全省信贷投放预计平稳增长，但保持快速增长的难度加大

从影响湖南省信贷投放的有利因素来看：一是经济社会活力明显恢复。疫情防控政策优化后，市场主体预期改善，经济恢复增长的确定性大。2023

年湖南地区生产总值增速预期目标为6.5%左右，比2022年实际增速高2个百分点左右。湖南省政府从促进消费恢复升级、保持投资稳定增长、推动外贸扩容提质、培育壮大产业动能、全力帮扶实体经济五方面出台了"稳增长20条"措施，以上措施的落地实施将为湖南带来旺盛的信贷需求。二是投资要素保障进一步强化。政策性开发性金融工具支持经济发展力度大，全省加大了相关项目的落地实施力度，2023年项目将陆续形成实物工作量。此外，2022年11月以来，中国人民银行与银保监会联合发布"金融16条"，建立首套住房贷款利率政策动态调整机制等系列措施，支持房地产市场平稳健康发展。各要素保障到位下，预计2023年全省投资增长将继续发力。三是消费需求预计企稳回升。在疫情防控政策优化与各类促进消费恢复发展政策刺激下，消费需求将持续释放，住宿餐饮、出行旅游等接触类消费迎来复苏良机。数据显示，2023年全省春节假期累计实现旅游综合收入同比增长66.5%，增幅高于全国36.4个百分点，较2019年同期增长5.1%，已实现恢复性增长。

从制约湖南信贷投放的不利因素来看：一是贷款增长显疲态。2022年末贷款增速虽然仍高于全国平均，但增速差在近两年持续收缩，2021年末高于全国贷款增速1.7个百分点，2022年末高1.3个百分点，与2019年、2020年末高出4个百分点相比明显收窄。二是实体经济贷款需求偏弱。中国人民银行银行家问卷调查显示，2022年第四季度银行贷款总需求指数为69.4%，比上年同期低7.1个百分点，其中小型企业贷款需求指数为71.9%，较上季度和上年同期分别低2.5个和5.0个百分点。工业企业家问卷调查显示，2022年第四季度，企业固定资产投资支出指数为51.4%，较上季度和上年同期分别低2.5个和6.8个百分点，反映出企业后续投资意愿不足。三是部分重点领域恢复不及预期。2022年，受"强制停贷"事件、预期转弱等影响，年中全省房地产开发贷款增速一度为负值，年末开发贷款增速为正，比全国房地产开发贷款增速低0.3个百分点。四是总部经济持续削弱企业对贷款的依赖。湖南省总部经济发展滞后，辖内部分企业主要依靠地处省外的集团总部集中配置资金，对本地银行信贷渠道的依赖较弱。五是资金约束、不良增长等对贷款增长形成制约。2022 年末，辖内仍有少数农村商业银行资本充足率接近 10.5% 的监管红线，且农村商业银行资本补充渠道有限，制约其信贷投放能力。2022 年末，全省银行业金融机构不良贷款余额有所上升，且存在部分领域贷款风险未完全暴露等问题。

三　2023年湖南金融工作重点

2023 年，湖南省金融系统将以习近平新时代中国特色社会主义思想为指导，紧扣全面建设社会主义现代化国家部署，坚持稳中求进工作总基调，加大金融对实体经济的支持力度，围绕打赢"发展六仗"贡献金融力量，为全省经济高质量发展营造适宜的货币金融环境。

（一）认真落实精准有力的稳健货币政策，保持信贷总量稳步增长

充分引导和激励银行机构信贷投放均衡增长，发挥各行优势特点，推动形成齐头并进、百花齐放新格局，不断增加对湖南的有效信贷投入。发挥央行低成本政策资金引导作用，多措并举推动市场主体融资成本继续下降。

（二）做好结构性货币政策工具与政策性开发性金融工具的"加法"，促进湖南信贷增长优结构

更加及时有效地用好用足各类结构性货币政策工具，加强与行业主管部门协同联动，通过组织召开银企对接会、向银行机构推送"白名单"企业等方式，加大对制造业、小微企业、科技创新、供应链、绿色发展、乡村振兴等国民经济重点领域和薄弱环节的投入力度。及时将符合条件的企业项目向政策性开发性银行推送，提升其稳增长后劲。

（三）积极防范化解重大金融风险，保持全省系统性区域性金融稳定

在省委省政府统一领导下，与中央驻湘金融监管部门、地方金融监管部

门密切协作，压实金融机构主体责任、地方政府属地责任、监管部门监管责任，聚焦中小地方法人机构，加强风险防控清单化管理。切实做好房地产金融工作，指导金融机构保持房地产融资平稳有序，既不缺位也不越位配合做好"保交楼"相关工作。

（四）全面加强信用体系建设，有效提升中小微企业融资便利性

进一步优化省级征信平台建设，完善平台信用信息服务、在线融资审批、优惠政策对接功能。借鉴外省成熟经验，推动征信平台开发企业收支流水大数据"画像"等功能，解决银企信息不对称、中小微企业首贷比例偏低等问题，营造良好的社会信用环境和金融生态环境。

专 题 篇
Special Reports

B.26
"首要高地"建设的成效、差距与对策思考

——湖南打造国家重要先进制造业高地进展情况调研报告

湖南省社会科学院（湖南省人民政府发展研究中心）调研组*

摘　要： 本文以湖南先进制造业为研究主体，厘清了三年来湖南先进制造业发展的进展和成效，分析了湖南与国家重要先进制造业高地的差距。在此基础上，提出树立制造业"当家"理念、明确高地创建标准、促进产业集群发展、构建"草灌乔"产业体系、推

* 调研组组长：钟君，湖南省社会科学院（湖南省人民政府发展研究中心）党组书记、院长（主任），研究员。调研组副组长：侯喜保，湖南省社会科学院（湖南省人民政府发展研究中心）党组成员、副院长（副主任）。执行组长：李晖，湖南省社会科学院（湖南省人民政府发展研究中心）经济所所长，研究员。调研组成员：许安明，湖南省社会科学院（湖南省人民政府发展研究中心）经济研究所研究室主任，助理研究员；肖琳子，湖南省社会科学院（湖南省人民政府发展研究中心）区域经济与绿色发展研究所研究室主任，助理研究员；杨顺顺，湖南省社会科学院（湖南省人民政府发展研究中心）经济研究所副所长，研究员；文必正，湖南省社会科学院（湖南省人民政府发展研究中心）社会发展研究部副部长；戴丹，湖南省社会科学院（湖南省人民政府发展研究中心）产业经济研究部副部长；宇银霞，湖南省社会科学院（湖南省人民政府发展研究中心）产业经济研究部二级调研员；罗黎平，湖南省社会科学院（湖南省人民政府发展研究中心）区域经济研究所所长，研究员；左宏，产业经济研究部部长、一级调研员。

进"拨改投"改革等十个方面的对策建议，以期推动湖南打造国家重要先进制造业高地取得新进展、开创新局面。

关键词： 湖南　先进制造业　高地建设

欲筑室者，先治其基。制造业是立国之本、强国之基。2020 年 9 月，习近平总书记在湖南考察时，勉励湖南打造"三个高地"、践行"四新"使命、落实五项重点任务，并将打造国家重要先进制造业高地摆在各项任务要求之首。2023 年 3 月，李强总理履新调研首选湖南先进制造业，希望湖南加快打造国家重要先进制造业高地。为贯彻习近平总书记关于湖南工作的重要指示精神，三年来，湖南把先进制造业作为发展实体经济的主战场，高位谋划，全力推进。然成效如何？进展怎样？我们距打造国家重要先进制造业高地究竟还有多远？这是当前亟须反思与重视的问题。值此全党上下大兴调查研究之风之际，湖南省社会科学院（湖南省人民政府发展研究中心）调研组以湖南先进制造业发展为主题，在省内外开展了深入调研。为自省其身，省内我们看长沙、走株洲、访湘潭；为对标先进，省外我们南下广州佛山、北上武汉、东赴合肥、取经江浙，以期厘清自身基础，找准发展差距，思考未来之策，加快推动湖南打造国家重要先进制造业高地取得新进展、开创新局面。

一　先进制造业的湖南印象

要白描湖南打造国家重要先进制造业高地的基本面貌，首先要搞清什么是先进制造业、湖南先进制造业有哪些、其进展成效如何这三个要素。调研发现，三年来，全省上下牢记殷殷嘱托，沿着习近平总书记指引的方向自信自强、笃行不怠，湖南先进制造业符合未来方向、具有先进特征，打造国家重要先进制造业高地总体进展顺利、整体成效明显。

（一）先进制造业的基本内涵

国内外不同专家、机构对先进制造业内涵给出了不同的诠释，本轮调研座谈中也有不少人给出了各自的看法。综合各方意见，调研组认为，先进制造业是指不断创新和吸收先进技术（特别是人工智能）并综合运用于研发设计、生产制造、营销服务和企业管理全过程，具有核心竞争力并取得良好经济效益、社会效益和生态效益，符合新发展理念，能够实现可持续高质量发展的制造业。其"先进性"，不仅体现为技术、工艺的先进性，也体现为制造模式、生产组织方式、管理模式和商业模式的先进性；在范围上，既包括依托先进技术形成的战略性新兴产业、高技术产业，也包括技术改造、工艺革新、商业模式和生产组织方式转型升级后的传统产业。

（二）湖南先进制造业的主要构成

根据先进制造业内涵特征及湖南制造业现实基础、未来潜力，结合2021年底制定的《湖南省先进制造业统计监测体系（试行）》，湖南省对先进制造业进行划定。湖南省先进制造业主要包括6大产业，分别为先进装备制造业、先进电子信息制造业、先进材料制造业、节能环保及新能源制造业、生物医药制造业、先进消费品制造业。

先进装备制造业。先进装备制造业是湖南工业的支柱产业。在先进装备制造业七大重点发展领域中，以中联重科、三一重工等为代表的中高端工程机械装备及关键零部件，以中车株机为代表的高端电力牵引轨道交通装备及关键部件两大重点领域的优势明显，产业发展基础较好，产业配套比较完善，综合竞争能力较强。

先进电子信息制造业。湖南是全国最早发展电子信息产业的省份之一。目前，长沙自主可控计算机及信息安全产业、新型显示器件、功率半导体等产业全国领先；株洲、湘潭计算机整机制造、智能终端等领域初具规模；郴州、永州、怀化主动承接珠三角电子信息产业转移，形成以电子元器件、半导体照明等为主的重要集聚区。

先进材料制造业。湖南是有名的"有色金属之乡",资源优势明显,技术人才及产业基础较强。形成了以郴州和衡阳等地为中心的有色金属新材料产业基地、以岳阳中石油和中石化为核心的石油化工新材料产业基地、以湖南钢铁为代表的精品钢材产业基地、以株洲硬质合金等为代表的先进硬质材料产业基地。

节能环保及新能源制造业。湖南重金属污染治理、脱硫脱硝、工业除尘、废旧家电及汽车拆解回收等技术和装备制造领域,处于国内领先地位。新能源制造业中,风电有中广核、特变电工、中国水电、华润风电等新能源主力企业在湘投资。新能源汽车在湖南已经形成整车制造、电机电控、动力电池、电池材料和电池回收利用的完整产业链。

生物医药制造业。近年来,湖南形成了四大生物产业集聚区、13个生物医药产业园,涌现了一批生物医药上市企业。长株潭核心集聚区重点发展干细胞与基因工程药物、先进医疗器械等产业前沿技术;洞庭湖集聚区以大输液、生物合成技术产业等为主;湘中南医药带集聚区以生物制品、中药制剂等生产为主;大湘西中药谷集聚区以中医药育种、区域化种植、药材加工等为主。

先进消费品制造业。湖南纺织服装行业历史辉煌。20世纪七八十年代湖南纺织服装工业产量、产值、出口创汇位居全国前列。近年来全省每年衣着类消费超500亿元,但本土品牌消费额仅50亿元左右。湖南日用化学制品工业曾生产过火柴、肥皂、洗涤剂、牙膏、化妆品等产品,但随着企业改制,湖南日化产业没能跟上市场步伐,导致品种缺失严重。家电行业消费品企业与品牌处于较低水平。食品行业消费品企业与品牌在全国处于中等水平,行业整体实力有待提升。

(三)湖南先进制造业的进展成效

调研发现,三年来,湖南坚持把发展经济的着力点放在实体经济上,大力发展先进制造业,奋力打造国家重要先进制造业高地,制造业总量规模、产业集群、企业实力、创新平台、智能绿色得到大幅增强,优势特征日益凸显。

1. 总量规模不断扩大,实力贡献持续增强

2020年以来,湖南工业总量不断扩大,制造业对经济增长的贡献不断

271

增强。2020~2022 年，湖南省工业增加值由 12401.35 亿元增加到 15039.15 亿元，占 GDP 比重由 29.9%增加到 30.9%。2022 年，全省规模工业增加值增长 7.2%，高于全国平均水平 3.6 个百分点，居全国第 6 位、十强省第 1 位；制造业增加值占 GDP 比重为 28.2%，高于全国平均水平 0.5 个百分点；规模以上制造业增加值同比增长 7.5%，高于全国平均水平 4.5 个百分点，占全省规模工业比重为 91.0%，对规模工业的增长贡献率达 94.2%；规模工业高技术制造业增加值年均增长 18%，高于全国 10.6 个百分点。

2. 产业集群不断壮大，竞争优势明显提升

2022 年 11 月工信部公布的 45 个国家先进制造业集群中，湖南有 4 个集群入选，集群总数与浙江并列全国第 3 位，仅次于江苏和广东。工程机械产业集群拥有主机及配套规上企业 600 余家，行业资产、营业收入、利润总额连续 12 年居全国第一位，全球工程机械 50 强中，湖南 5 家企业上榜。轨道交通装备产业集群吸引了 400 多家上下游配套规上企业集聚，产值占全国行业比重超过 30%，是国内最大的研发生产和出口基地。中小航空发动机及航空航天装备产业集群拥有 331 厂、608 所等企业约 500 家，是全国唯一的集预先研究、型号研制、生产制造于一体的中小航空发动机暨直升机传动系统研制基地。新一代自主安全计算系统产业集群的银河、天河系列超级计算机广泛应用于国家、军队超算中心；长城、鲲鹏等六大整机连续 3 年位列国内市场第一；飞腾 CPU、景嘉微 GPU、国科微 SSD 等七款自主芯片和麒麟 OS 市场占比遥遥领先。

3. 企业实力不断增强，经济效益稳步提高

2020 年，全省规上工业企业为 18239 家，2022 年超过 2 万家，两年时间增加了 3789 家；4 家企业营收突破千亿元，50 家企业突破百亿元。2021 年，三一重工首次跻身全球企业 500 强。在全球工程机械制造业 50 强名单中，2022 年湖南有三一重工、中联重科、铁建重工、山河智能、星邦智能 5 家企业上榜，其中，三一重工、中联重科分别列第 4、第 6 位。2020~2022 年，中国制造业企业 500 强湖南入选企业数量由 6 家上升到 7 家。制造业单项冠军数量和质量成为衡量区域制造业发展水平的重要指标，截至目前，工信部在全国范围内已遴选七批次制造业单项冠军，共计 1100 余家，湖南有

48 家入选，位列全国第 6、中部第 1。

4. 创新平台建设不断拓展，"卡脖子"技术取得突破

2020～2022 年，国家级重点实验室、省级重点实验室、国家地方联合工程研究中心（工程实验室）、国家认定企业技术中心等 8 类创新平台由 1225 个增加到 1369 个（见表 1）。全省形成了"1 家国家级+11 家省级"制造业创新中心发展格局，2022 年全省 12 家制造业创新中心投入研发经费 1.97 亿元。国家先进轨道交通装备创新中心攻克无线无源传感器等 5 项"卡脖子"技术并实现关键产品进口替代，研制了全球首列智能轨道快运列车、首列商用磁浮 2.0 版列车等重大产品和高端装备，中低速磁浮技术在世界处于领先水平。湖南省功率半导体创新中心拥有高压高功率 IGBT 芯片及其模块等自主创新成果，有效解决了国内能源电网和输变电、轨道交通等领域关键芯片、能源电子器件"卡脖子"问题。工程机械领域突破了多项核心零部件技术，诞生了全球首款 5G 遥控挖掘机、5G 遥控旋挖钻机，首台无人摊铺机、无人压路机、无人塔机等智能绿色产品。

表 1 湖南国家级、省级创新平台（2020～2022 年）

单位：个

创新平台	2020 年	2021 年	2022 年
国家级重点实验室	19	19	19
省级重点实验室	338	339	337
国家工程研究中心（工程实验室）	16	11	12
省级工程研究中心（工程实验室）	286	331	354
国家地方联合工程研究中心（工程实验室）	38	38	42
国家认定企业技术中心	59	65	68
国家工程技术研究中心	14	14	14
省级工程技术研究中心	455	452	523
合计	1225	1269	1369

资料来源：湖南省统计局网站。

5. 智能化绿色化加速推进，发展质量显著提高

智能制造、绿色制造成为湖南先进制造业发展的闪亮名片。"灯塔工厂"是智能制造的标杆和先行者，全球 132 座"灯塔工厂"中有 50 家中国

企业，湖南的三一重工和博世位列其中。在2021~2022年工信部公布的209家智能制造试点示范工厂揭榜单位名单中，湖南有11家入选，在全国排名第5（见图1）。

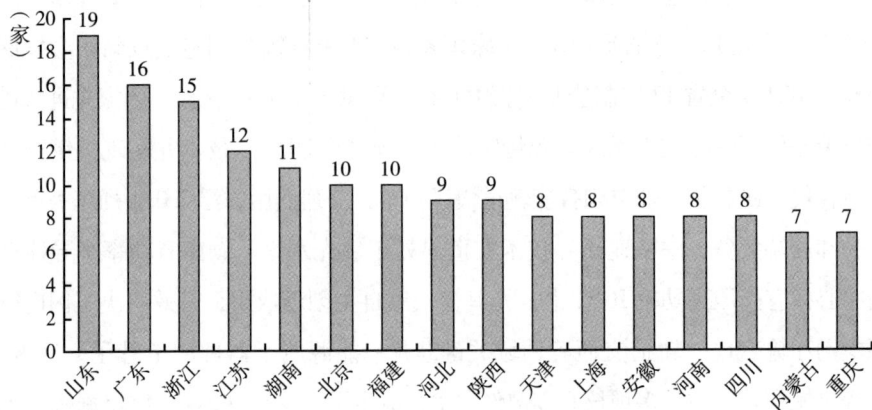

图1　智能制造试点示范工厂全国TOP 16省区市（2021~2022年）

资料来源：工业和信息化部网站。

践行"守护好一江碧水"的殷殷嘱托，湖南蹚出一条制造业绿色化高质量发展之路。2022年，全省规模工业增加值能耗同比下降7.8%；节能环保产业规模以上工业企业营收超过2650亿元，比上年增长10%。目前，湖南已累计培育国家级绿色工厂136家、绿色园区13家、绿色设计产品122个、绿色供应链管理示范企业16家，绿色制造体系建设再上新台阶。

二　先进制造业比较中的湖南差距

毋庸置疑，湖南打造国家重要先进制造业高地取得了显著成效，但高地建设仍在路上，要真正成为高地，做到名副其实并得到兄弟省份一致认可，任重而道远。调研组以全国平均水平为基准，对标制造业先进省份广东、江苏，并以中部六省作为参照，查找湖南先进制造业发展的差距弱项，为下一步湖南加快高地建设把脉问诊、寻标定向。

（一）总量规模有差距，制造业增加值不到江苏、广东的1/3，中部排名第3位，制造业占GDP比重下降过快

做大总量规模是打造国家先进制造业高地的基础，在量的基础上才能有质的突破，湖南制造业规模还需进一步提升。2022年，湖南省制造业增加值为1.37万亿元，分别为江苏的29.8%、广东的32.2%；而湖南GDP分别是江苏和广东的39.6%和37.7%，可见湖南制造业发展不够充分。同时，湖南制造业占GDP比重偏低，工业"未强先降"的趋势值得关注。2022年，湖南制造业增加值占GDP比重为28.2%，比江苏低9.1个百分点，比广东低4.7个百分点（见表2）。从近年湖南工业增加值占GDP比重变化情况来看，2011年达到最高峰41.3%后快速下降，仅8年时间下降了12个百分点，最低至2019年的29.3%（见图2）。

表2　2022年湖南与部分省份制造业发展情况

地区	GDP（万亿元）	工业	制造业	制造业增加值增速（%）	制造业增加值占GDP比重（%）	制造业法人单位数（个）
江苏	12.29	4.86	4.6	5.50	37.30	617272
广东	12.91	4.77	4.25	1.30	32.90	661037
湖南	4.87	1.50	1.37	6.50	28.20	81492
河南	6.13	1.96	1.71	4.70	28.00	187304
湖北	5.37	1.75		6.60		123718
安徽	4.50	1.38	1.19	6.10	26.50	155998
江西	3.21	1.18	1.09	7.40	33.50	101578
山西	2.56	1.28	0.41	8.70	16.02	48835

资料来源：相关省份统计局官网。

（二）经济效益待提升，制造业企业利润总额中部排名第5位，全员劳动生产率中部排名第5位

经济效益反映了制造业的质量，是先进性的核心衡量指标之一，湖南制

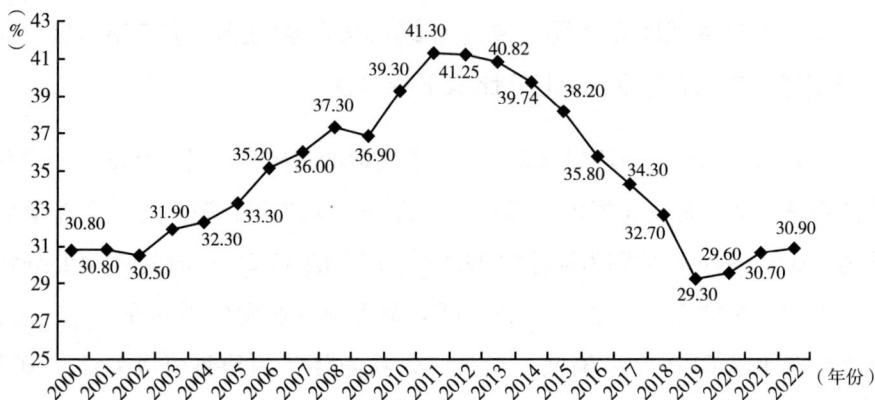

图 2 湖南工业增加值占 GDP 比重情况（2000~2022 年）

资料来源：中经网。

造业的经济效益一直是短板。2021 年，湖南制造业企业实现利润总额 2464.76 亿元，在中部六省中排名第五，仅高于山西；利润总额占全国的 3.1%，比湖北低了 2 个百分点，仅相当于湖北的六成或广东、江苏的 1/4 左右。营业收入利润率为 6.1%，比湖北低 2.3 个百分点，比全国平均水平 低 0.7 个百分点，在中部六省中居第四位；全员劳动生产率为 137.63 万元/ 人，低于全国平均水平，在中部六省中排名第五位；资产负债率为 48.5%， 为中部六省最低水平，低于全国 6.7 个百分点（见表 3）。

表 3 2021 年湖南与部分地区制造业企业效益情况

地区	利润总额（亿元）	营业收入利润率（%）	净资产利润率（%）	每百元资产实现的营业收入（元）	全员劳动生产率（万元/人）	资产负债率（%）
全国	79020.26	6.8	35.3	111.33	161.96	55.2
江苏	9290.46	6.4	33.4	112.25	164.18	53.1
广东	10371.61	6.4	47.7	115.92	121.81	56.8
湖南	2464.76	6.1	41.4	144.91	137.63	48.5
湖北	4020.52	8.4	41.1	121.92	175.21	51.7
河南	2913.21	5.7	28.0	117.83	132.28	54.1
安徽	2559.22	6.2	30.5	106.72	161.70	54.9
江西	2975.4	7.2	49.9	163.18	188.54	52.6
山西	864.71	5.2	18.0	94.31	176.15	67.2

资料来源：根据《中国工业年鉴（2022）》以及中经网数据计算。

（三）产业结构尚不优，行业集中度、高技术制造业占比低于全国平均水平，产品结构处于低端

发展先进制造业是一个从低端化向高附加值化、高技术化、高集约化转变的过程，从当前看，湖南制造业结构还不优。一是行业集中度不高。行业集中度是制造业区域竞争实力的体现。2021年，湖南制造业31个行业门类中营业收入前四位占全部制造业营业收入的32.1%，比全国平均水平低4.8个百分点，是中部唯一低于全国平均水平的省份，分别比广东、江苏低20.3个和11.6个百分点。二是高技术制造业占比低于全国平均水平。2022年，湖南规模以上工业中，高技术制造业增加值占比为13.9%，低于全国平均水平1.6个百分点，分别比广东、江苏低16个和10.1个百分点。三是产品结构偏低端。湖南优势产品类别主要集中在传统制造领域，2022年，湖南工业锅炉产量和金属冶炼设备产量占全国的比重分别为21.5%和11.7%。但在决定制造业核心实力的动力和工业母机领域优势不显，如发动机和金属切削机床产量仅分别占全国的0.02%和0.98%，不及江苏和广东的零头；在半导体领域，微型计算机设备和集成电路产量在全国占比分别为0.48%和1.69%，均不足全国平均占比水平，与江苏和广东差距巨大。

（四）市场主体仍不多，法人数中部排名第5，大企业数偏少

培育市场主体是激发制造业发展活力的关键，是打造国家先进制造业高地的重要手段。一是法人数量偏低。湖南制造业企业法人数8.15万个，远低于广东（66.1万个）和江苏（61.7万个），在中部六省中也仅高于山西，只有河南的43.5%，少了10.6万个（见表2）。二是大企业数量偏少。湖南除工程机械产业外，其他行业领域的大企业不多。2022年中国制造业企业500强榜单中湖南有8家企业上榜，远低于河南的23家和安徽的16家，数量排名全国第17位、中部第5位（见表4）。湖南百亿企业数量排名中部第3位，比河南、安徽分别少16家、6家。同时，新注册大型企业数量连续4年呈负增长趋势。

表4　2022年中国制造业企业500强中部分省区市企业数量

单位：家

地区	上榜企业数	地区	上榜企业数
浙江	78	安徽	16
山东	74	四川	12
江苏	59	天津	12
广东	45	重庆	10
河北	26	湖北	10
北京	23	广西	10
福建	23	江西	9
河南	23	湖南	8
上海	22	山西	7

资料来源：新华网：《2022年"中国制造业企业500强"榜单》，最后检索日期：2023年5月。

（五）科技创新待加强，研发投入、转化率低于全国平均水平，关键技术待突破

以科技创新引领制造业转型升级、培育新兴制造业，打造国家先进制造业高地必然要以科技创新为核心。一是研发投入有待进一步加强。湖南R&D经费支出占GDP比重长期低于全国平均水平，2006~2016年，湖南R&D经费支出占GDP比重长期低于全国0.6个百分点左右；2016~2021年加速追赶，差距由0.6个百分点缩小为0.2个百分点，但由于历史欠账较多，R&D转化到创新能力上来还需时日。R&D经费投入与先进制造业强省相比差距很大，2021年湖南R&D经费投入总量仅898.7亿元，排在全国第18位；2022年广东、江苏、浙江、山东等省R&D经费投入总量分别是湖南的3.79倍、3.55倍、2.08倍、2.04倍。二是科技转化率不足。2021年湖南省高等院校有效发明专利数为23420项，而专利所有权转让及许可数仅为395项，占比为1.69%，比全国2.7%的平均水平低1个百分点左右。三是关键技术自主化程度不高。在高端芯片制造、高端医疗器械等领域，以及工业"五基"（工业软件等）、"五个环节"（工业母机等）存在明显短板。比

如，工程机械轻量化模块化技术、高可靠液压传动技术等基础前沿技术与发达国家存在差距，高端液压件、传动件、底盘、发动机等关键核心零部件主要依赖进口。

（六）要素保障需强化，土地、人才、金融、能源等领域配套还不充分

打造国家重要先进制造业高地需要强有力的要素支撑，湖南在要素保障上还有不少需要破解的难题。一是工业用地供应量不足。2017~2021年，湖南市辖区和县城工业用地量分别为1352.42平方公里和875.45平方公里，市辖区工业用地约为广东的1/5、江苏的1/4，居中部六省倒数第二，仅高于山西省（见图3）。二是领军人才不足。湘籍院士多，在湘（工作关系在湖南）院士少。湘籍两院院士172名，数量居全国第四，仅次于江苏、浙江、山东。然而，目前在湘院士仅有42名，远低于湘籍院士人数。相较湖北和广东两省，有明显差距，鄂籍院士115人，在鄂院士81人；粤籍院士150人，在粤院士135人。三是金融支撑不足。2021年湖南孵化器企业获得

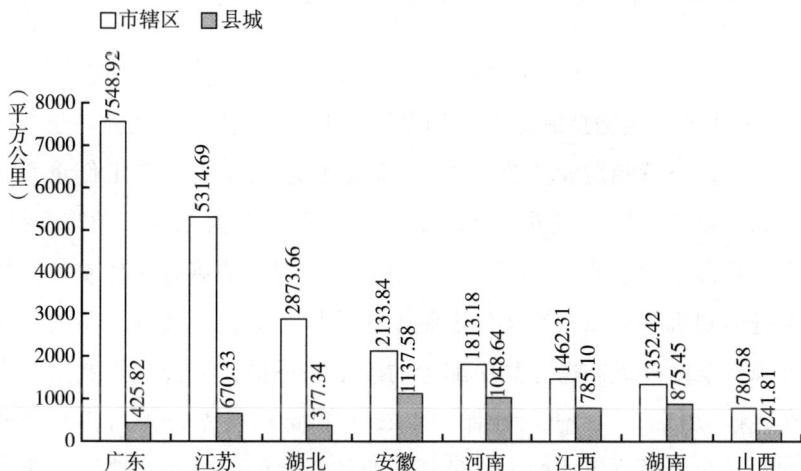

图3 部分地区五年工业用地总量（2017~2021年）

资料来源：中经网。

风险投资总额为 686.3 万亿元,不到广东、江苏的 1/10,在中部排名第四,相当于湖北的 1/3。四是能源资源较为匮乏。制造业对于能源需求巨大,而湖南整体处于全国能源流向末端,基础支撑电源占比偏低,2021 年火电装机占比仅为 45%,比全国平均水平低 10 个百分点,水电开发利用率达到 95% 以上,进一步开发潜力有限,预计"十四五"期间最大电力缺口将达 1000 万千瓦。

三 打造国家重要先进制造业高地的湖南担当

加快打造国家重要先进制造业高地,推动湖南制造业高质量发展,是深入贯彻习近平总书记对湖南工作重要指示的必答之题,是支撑湖南高质量发展的必由之路,是新时代湖南的责任与担当。全省上下应统一思想,创新理念,强化举措,在新起点上推动首要高地建设取得新进展,展现新作为,为中国式现代化新湖南建设做出更大贡献。

(一)统一思想认识,树立制造业"当家"理念

从"一化三基"到"四化两型",过去我们靠制造业"起家""发家",未来还要继续坚持制造业"当家"。湖南要借鉴广东经验,坚持以实体经济为本,坚持制造业"当家"。一是把制造业作为全省工作重心。研究制定制造业"当家"的重大方案、重大政策、重大工程、预算安排等,实施省市县推动制造业"当家""一把手"工程,明确各主体责任,构建协作推进体制机制。二是夯实先进制造业的核心地位。实施一系列推动政策、资源要素向先进制造业集中配置的改革和举措,支持先进制造业产业集群在碳排放核算、工业用地保护红线等方面开展先行先试,在产业规模、创新平台、税收等指标上凸显制造业核心地位。三是营造制造业"当家"的社会氛围。进一步出台制造业强省的政策文件,召开制造业高质量发展大会,全力营造全社会大力发展制造业、鼓励制造业企业在湘投资兴业的社会氛围。

（二）锚定核心指标，明确高地创建标准

习近平总书记勉励湖南打造国家重要先进制造业高地已近三年，三年来湖南围绕高地打造做了大量的工作，但高地建设进展情况怎样，实现程度几何？在调研中，很少有人给出确切的答案。究其原因，是因为在推进之初没有制定高地量化评价标准，无法对建设进程进行动态客观量化评价。因此，建议省委省政府安排省社科院（省政府发展研究中心）牵头制定"三个高地"创建标准，经省委省政府审定后上报党中央国务院，由党中央国务院批复后实施，使湖南"三个高地"建设有标准参照、有目标指引。评价标准要化繁为简，建议选取少数关键核心指标作为评价依据。从"高地"应有的规模、效益、辐射能力出发，筛选5项左右关键核心指标作为评判标准，如总量规模方面"先进制造业增加值占制造业比重"，市场主体方面"制造业企业入选'世界500强'企业数"，开放水平方面"核心产品占全球/全国市场份额"，智能升级方面"规上企业PDM、三维CAD/CAM/CAPP、PLM、MES采用率"，绿色发展方面"单位增加值碳排放强度"等，并对标发达国家、先进省份设置分阶段奋斗目标，做到"高地"建设进程评价简洁清晰、一目了然。

（三）构建先进制造业条块协同的产业生态，促进产业集群发展

依据行业自身特点，按照"宜链则链、宜群则群"原则，协调产业链群、区域板块、推进主体，构建"市场+政府+社会组织"的产业集群共建共享的先进制造业产业生态。一是强化"双链驱动"形成政企"筑链集群"合力。参考广东党委政府领导为"链长"、龙头企业和行业协会为"链主"的"双链式"模式，针对湖南省主要先进制造业门类，完善省市两级链长（群主）+企业链主（群主）决策机制，做好产业链（集群）图谱清单、龙头企业和重点项目表、创新体系、生产力布局、招商清单、综合公共服务平台和信息数据共享，优化科技强链（群）、招商补链（群）、服务稳链（群）和协同延链（扩群）的顶层设计工作。二是深挖行业协会功能推进区

域产业集聚。参考广佛深莞智能装备、广惠佛超高清产业集群以行业发展促进机构为核心,实现跨市域政府产业集群战略合作协议落地见效的成功经验,加强行业协会议事办事能力,确保其具备一定的行业领导力。完善促进机构组织架构,建立健全集群推进中心,推动相关市州促进机构管理人员交叉任职,管理相关市州共同出资的资金池(广东省、各市财政对中央财政支持资金给予1:0.3和1:1配套并由促进机构管理),同时联合检验检测、知识管理、技术培训、金融保险领域公共服务机构形成跨区域协作服务模式。三是推动资源要素管控部门主动配合特定产业集群战略。针对工信部门自身资源有限,而不少职能部门只强调"不能做什么",不清楚"能做什么"的现状,推动部门加强调研和政策探索,如调整优化环保部门审批权、卫健部门医药和医疗器械目录、水电价格,引导特定行业按战略方向成链集群。

(四)围绕"0到1""1到N",提升投入产出效应

习近平总书记指出:"制造业的核心就是创新。"湖南省在稳定和扩大先进制造业总量的同时,要加快突破标志性产品和关键核心技术,不断提高科技成果转化和产业化水平,推动"0到1"的创新、"1到N"的成果转化,实现制造业从"体量优势"向"质量优势"转变。一是利用好大平台大装置。充分发挥好岳麓山工业创新中心服务协同创新作用,利用好湘江实验室等创新平台的技术支撑作用,在关键基础材料、核心基础零部件等方面攻克一批关键技术,为制造业高质量发展提供重大原始创新和关键核心技术支持。二是支持企业参与建设各类创新平台。鼓励以企业为主体参与国家产业创新中心、国家技术创新中心等创新平台建设,支持有基础的企业承担国家和省级重大科技战略任务。三是实施创新"攻尖"计划。完善"企业出题、能者答题、市场阅卷"产学研协调攻关模式,通过采取定向委托、揭榜挂帅、竞争赛马等方式,实施一批科技创新攻尖计划项目,突破一批关键核心技术。四是以应用带动成果转化。在成果转化和推广应用上下大功夫,加大对"首台套""首批次""首版次""首轮次""首套件"的奖补力度,丰富和扩大应用场景。

（五）推动数字化转型、智能化升级，改造提升传统产业

坚定不移以"智能制造"为主攻方向，推进湖南省制造业产品、生产和服务的数字化智能化转型升级，不断提高产业附加值，推动湖南省制造业从中低端迈向中高端。一是实施"灯塔工厂"行动，破解"不会转"。按照《湖南省智能制造标杆示范行动实施方案》，对于获批省级智能制造标杆车间、智能制造标杆企业的给予奖励，建议将"事后奖补"变为"事中投入"，减轻企业技改资金压力，对于开设学习基地、分享改造经验的额外进行奖励。同时，鼓励总结湖南省不同类型制造业企业数字化改造的成功做法和成效，为企业转型升级提供参考。二是设立技改基金，引导"不愿转"。引导企业家算好效益账、算准长远账、算出求变欲，灌输转型不是"选择题"而是"必修课"的理念。参照广东数字化转型做法，设立技改基金，省市区按照一定比例进行奖补，引导企业进行技改投资。三是支持头部企业转型，领航"全链转"。在广东调研发现，格力电器要求上下游企业将业务财务系统进行连通，实现多主体、多核算体系的自动化核算。参考这一做法，重点支持头部企业带头实施数字化转型，进而带动全产业链转型升级。四是发挥金融租赁服务作用，形成"活水源"。推出"数字贷""智能贷"，出台风险补偿、全额贴息政策，鼓励与技术、服务、租赁等专业化公司合作，为企业提供数字化改造评估、诊断、改造、智能设备租赁、服务等一揽子解决方案，即"交钥匙工程"方式路径。

（六）激活民营和中小微主体，构建"草灌乔"体系

逐步扭转湖南省先进制造业"有高峰缺高原、主干强叶不茂"的发展格局，打造大中小企业协同发展的"草灌乔"产业生态。一是加强对民营经济的法律保护。比照浙江、山东等发达省份，编制出台促进民营经济发展的省级条例，将省委省政府关于促进民营经济发展的重大决策部署转化为法律规范。借鉴广东在12345平台开通企业专席的有益经验，畅通民营企业维权投诉通道；集中打击和通报一批侵占民营企业资产、知识产权的典型案件。二是

进一步减轻民营企业负担。鼓励对涉政府行政审批的第三方评价服务设置优惠指导价；延续和优化税费优惠政策，加快小微企业留抵退税政策实施进度。高度重视民营企业应收账款拖欠问题，摸清拖欠账款底数，突出中小微企业和困难企业群体，协同相关部门扎实做好清欠工作。三是"从无到有""从有到优"培育科技型企业、高新技术企业。按照"个转企、小升规、规改股、股上市"路径对中小微企业成长进行全周期培育。推动中小企业向"专精特新"方向发展，发挥好省级天使投资基金及各类产业投资基金作用，撬动社会资本以"一产业一基金""一园区一基金"等模式设立一批市场化运作的子基金，助力种子期、初创期科技型企业越过创新"死亡谷"，培育更多高新技术企业、专精特新企业及制造业单项冠军、隐形冠军企业。优化国有创投基金考核机制，促使其成为投小投早投硬科技的"耐心基金"。

（七）借鉴"1时代"改革，优化营商环境

借鉴广东佛山"1时代"商事制度改革，奋力打造一流营商环境。一是开办企业"一环集成、一网通办"。进一步升级一网通办平台，申请人一次填报企业设立登记等相关信息，实现银行在线预开户及预约线下开户，通过数据共享实现多部门同步办理，建立"统一认证，一表填报、一次申请，即时审批、实时反馈"的工作机制，将企业开办必需环节压缩到1个。二是开办企业"一单全免"。新办企业通过"开办企业一网通办"平台办理的，可以选择免费刻制公章，由政府免费提供一套税务U-Key。三是24小时智能自助办照"一个平台"。全方位构建自助终端机、微信、PC端、窗口"四位一体"的商事登记服务体系，依托24小时智能商事登记审批系统，实现办理营业执照"零见面""零材料""全天候""非接触"。四是产业招商"一个组团"。参照安徽、广东等做法，探索开展"省级专班+市县专班+基金公司+金融机构+协会"组团招商模式，全方位、一站式服务招引企业入驻。五是创新企业服务"一套机制"。建立"省领导联系大型企业、中小企业由信息平台沟通处理"的机制，既要避免过多打扰企业经营，又要全方位为企业服务。

（八）推进"拨改投"改革，突出政府引投作用

推动财政资金"拨改投"改革，设立引导基金，探索专业机构市场化运作方式，形成"国资领投、社会资本参与"的新型投融资模式。一是组建省级制造业引导基金。参考安徽做法，设立由一批母基金和若干子基金组成的"基金丛林"，采取股权投资方式，针对湖南省先进制造业企业在不同发展阶段的资金需求，优先支持竞争优势和业务增速明显、商业模式和盈利模式清晰的种子企业，以及对先进制造业发展具有带动作用的规模企业和重点企业。二是研究出台引导基金管理办法。借鉴合肥经验，研究出台湖南省引导基金管理细则，明确投资方式、投资范围、决策程序、退出机制、考核监督等。三是实现财政资金滚动循环使用。创建财政资金股权投资引入退出机制，通过阶段性持股、适时退出的方式，实现财政资金滚动支持、循环利用，提高财政资金使用效率。四是建立健全国有企业容错纠错机制。研究制定容错纠错机制，依规依纪依法合理划定容错边界，做到"应容尽容、当纠则纠"，为改革者撑腰，为担当者担当，坚持把严明纪律和鼓励创新有机统一起来。

（九）明确用地红线及配套机制，保障项目空间载体

要像重视耕地一样重视工业用地保障，通过保量、挖潜、提速，推进工业用地空间集聚、效率提升。一是通过划定制造业城市的工业用地红线实现分类管控。依据《城市用地分类与规划建设用地标准》，城市工业用地占比应为15%～30%。目前国内主要制造业城市工业用地占比，如广州、深圳、东莞（含工业、仓储和港口用地）、苏州分别为24%、22%、33%、29%，建议参考广东工业用地红线政策，划定湖南省制造大市工业用地底线规模和工业集聚区，一类线内工业用地禁止改变土地用途，二类线内工业用地改为非工业用途要实现"占一补一"且补偿工业用地要在工业集聚区内（可跨区调剂）。二是继续探索M0等政策推动工业用地立体混合配置。新型产业用地（M0）是"工业用地（M）"大类下新增的用地类型，借鉴了香港"无污

染工业+商务办公+服务贸易"功能的混合用地,以及新加坡"研发设计+无污染制造+商务办公"的 BP 用地概念,是融合研发、创意、设计、中试、无污染生产等新型产业功能以及相关配套服务的用地。建议配合红线划定,借鉴广州、深圳、郑州、东莞等地做法,总结马栏山、自贸区探索新型产业用地(M0)政策等经验,结合新产业新业态发展需要,探索推广实施 M0 用地,实现工业上楼。三是参考江苏"标准地+双信地+定制地"模式推进高效供地。对工业红线范围内经过区域性成片收储、统一开发建设标准的"标准地"按照"政企互信+政企守信"契约精神,在政企相互承诺的基础上,签订"出让合同+投资监管协议",实现企业"交地即开工"。

(十)引进培育各层次人才,缓解人才不足困境

对口引进培育实用型人才,吸纳各层次研发、营销、管理等紧缺人才,激活制造业引才聚才的平台载体,夯实"湖南制造"人才基础。一方面,完善产业高端人才和技能人才引培体系。参考江苏经验,打造数字经济工程师队伍,在工程系列职称中新增和试点数字经济职称评价;实施卓越博士后资助计划,推进企业博士后"即时备案制"设站改革,每年面向湖南省先进制造业产业集群,资助海内外优秀博士,重点支持产业附着能力强、科技含量高的博士后项目,引导博士后人才从"实验室"走向"经济场"。借鉴江苏和广东经验,造就更多高技能人才和大国工匠,加强企业新型学徒制培训,引导企业、行业协会深度参与"双师制"职业教育培养培训,落实"新八级工"制度。针对后疫情时代长尾效应影响下的人才回流,建立"候鸟型人才"扶持机制。另一方面,创新打造人才集聚平台和优化人才服务。参考江苏支持紫金山、苏州、太湖实验室设立"人才特区"的经验,充分授权湖南省四大实验室"自主引才、自主设岗、自主聘任、自主评价、自主定薪";建立事业编制人才"周转池",完善人才流动调配机制,打造高层次人才集聚绿色通道;支持湖南自贸区探索建立与国际接轨的人才政策制度。借鉴江苏打造"G42+"重点民营企业人才人事综合改革试验区做法,授权骨干企业自主进行职称和技能等级评价,探索开展国际职业资格比照认定。

B.27
创新开发性金融服务，支持湖南
通用航空基础设施建设

宋　征*

摘　要： 通用航空基础设施是通航产业发展的支撑和保障，加快通航基础
设施建设对湖南省通航产业发展意义重大。本文通过分析湖南省
通用航空基础设施建设现状及挑战，提出要围绕地面保障、飞行
保障、制造业和新业态配套等四个着力点提质升级，保障湖南省
通航产业高质量发展。

关键词： 通航产业　基础设施建设　开发性金融　湖南

　　习近平总书记在党的二十大报告中强调"要加快构建新发展格局，
着力推动高质量发展"。通用航空产业作为国家战略性新兴产业，是实
现经济高质量发展的重要抓手。自 2020 年 9 月获批全国首个全域低空
空域管理改革试点省以来，湖南省委省政府高度重视低空空域管理改革
工作和通用航空产业发展，明确提出"将通用航空产业打造为湖南省重
要支柱产业，使湖南省成为国内领先、国际知名的通用航空产业强
省"①。通用航空基础设施是通航产业发展的支撑和保障，加快通航基础
设施建设对湖南省通航产业发展意义重大。作为服务基础设施建设的主
力银行，国家开发银行湖南省分行将紧扣省委省政府决策部署，探索支

---

* 宋征，国家开发银行湖南省分行党委书记、行长。

① 毛伟明：《2023 年 1 月 29 日在省政府常务会议上的讲话》，http：//www.hunan. gov.cn/hnszf/szf/
zfld/mwm/mwmhd/202301/t20230129_ 29193072. html，最后检索时间：2023 年 4 月 30 日。

持湖南省通用航空基础设施建设的可行路径,服务湖南通航产业高质量发展。

一 深刻认识湖南省推动通航产业高质量发展的重要意义

加快发展通航产业,完善通航基础设施建设,对提升经济发展水平、更好地满足群众生产生活需要、应对自然灾害等具有重要意义,必须从战略高度、全局角度认识和把握。

一是为国家低空空域管理改革探索新路径。作为全国首个全域低空空域管理改革拓展试点省、"北斗三号+通用航空"发展示范省、全域无人驾驶航空发展示范省,湖南省具备先行先试的政策优势。推动试点改革拓展深化,有助于湖南省在创新产业发展模式、激活低空空域资源、释放通用航空产业发展消费潜力等方面大胆尝试,为国家全面推进低空空域管理改革探索路子、积累经验,有效发挥"试验田"作用。

二是为湖南高质量发展培育新动能。通用航空产业涉及70多个学科和工业领域,具有衍生业态多、发展空间大、服务范围广、支撑动能足等优势。国际经验表明,通用航空投入产出比为1∶10,就业带动比更是高达1∶12[①]。深入实施通用航空发展战略,可加快航空航天、先进材料、机械制造、自动控制、电子信息等产业提质升级,加速抢占通用航空产业发展的制高点,为全省经济社会高质量发展注入新动力、提供强支撑。

三是为湖南新发展格局创造新供给。与公路、铁路相比,通用航空兼具建设成本较低、用途广泛、运营形态多元等多重优势,是综合交通网的重要组成部分,也是综合交通与新基建、数字经济等产业融合发展的重要纽带,

---

① 魏红伟、袁江、谢厚亮、田杰:《湖南通用航空产业现状与发展研究》,《科技资讯》2020年第14期,第74~75页。

对于构建现代化产业体系具有特殊意义和作用。随着通用航空的进一步发展，一方面，应用范围将拓展至无人机物流、城市空中客运等新领域，为人民生产生活提供更多便利。另一方面，消费市场将拓宽至航空旅游、航空运动等种类，为满足人民群众美好生活需要创造新供给。

二　湖南省通用航空基础设施建设现状及挑战

2022 年，湖南省通航飞行时间为 2.81 万小时，同比增长 13.3%，增长率居全国前列。作为通航产业发展的支撑，湖南省通用航空基础设施建设已取得了较好的成绩，但也存在一些挑战制约产业下一步发展。

（一）通用航空基础设施建设取得较大进展

顶层规划日趋完善。改革试点以来，湖南省委省政府先后出台《湖南省通用航空条例》《湖南省通用机场布局规划（2021~2035 年）》等政策文件，针对空域使用、飞行服务、机场建设、产业培育等基础设施领域细化具体保障措施，为通用航空基础设施建设指明方向。

通用机场建设加快。在已建成 14 个通用机场、9 个运输机场实现通航功能的基础上，湖南省新增的 61 个通用机场场址获得核准。同时，省政府在已发布的第一批 1500 余个直升机规划起降点的基础上，正在抓紧规划布局第二批直升机起降点。

飞行保障水平全国领先。湖南建成长沙飞行服务站，实现低空有人驾驶航空器监视通信全覆盖，落地北斗低空综合应用示范，编制完成《湖南专项低空航图》，军地民协同运行管理信息系统实现通航飞行"一窗受理、一网通办、全域服务"，为国家低空空域管理改革打造"湖南标杆"。

产业园区建设提速。目前，全省初步形成株洲航空城，长沙航空器起降系统、航空综合维修保障基地，岳阳浮空器、航空关键零部件生产基地，郴州通航运营服务文化园区等一批航空产业园。中小型航空发动机、直升机减速传动系统、飞机起落系统和航空材料等处于国内领先地位[①]。南方航空动力机械集团、中航起落架、中南传动等国家航空工业骨干企业，以及山河科技、南方宇航等一批行业龙头企业在湘加速产业布局。

（二）通用航空基础设施建设仍存在挑战

地面保障基础设施有待加强。根据通用机场信息平台（GAAIP）公开信息，当前湖南 14 个已建成通用机场中，仅有 3 个取得《通用机场使用许可证》，剩余机场已获得正式备案但仍在等待过批。按在册机场数量排名，湖南省距第一名黑龙江省的 88 个通用机场仍有较大差距，目前尚不足以支撑全域通用航空产业发展的需求。

产业配套基础设施有待完善。目前，湖南省通用航空存在产业发展不成熟、市场机制不健全等问题。通航制造方面，省内部分航空器关键零部件、基础材料和重要元器件对外依存度较高，省内龙头企业还需通过扩建厂房、优化生产线、技改升级等方式提升自身实力。通航运营服务方面，通航物流、航空应急救援等新业态发展不充分，还需完善相关配套基础设施，加快促进新业态发展。

资金结构有待优化。通航基础设施领域的市场前景、运营模式等有待进一步研究分析和探索构建，叠加前期投资较大、后期运营成本高等因素，行业投资回报存在较大不确定性。目前，通用航空基础设施的投资主体以政府、国有企业为主，社会资本参与的积极性尚未得到充分激发。以通用机场为例，其投资规模均在亿元以上量级，投资回报周期在 25 年以上，项目投资收益率较低。因此，虽然政策频繁发力，但仍难以带动市场化资金入场。

三 准确把握湖南省通用航空基础设施建设的 四个着力点

在新背景、新机遇、新挑战面前，湖南省通用航空基础设施建设应聚焦

[①] 朱厚望：《基于 SWOT 分析法的湖南航空产业发展战略研究》，《科技和产业》2018 年第 2 期，第 53~56 页。

实现通航飞行"飞得起""看得见""落得下"的目标，围绕地面保障、飞行保障、制造业和新业态配套四个着力点提质升级，保障湖南省通航产业高质量发展。

（一）提升地面保障基础设施

一是完善机场网络体系。将通用机场布局建设放在通用航空产业发展的优先位置，适度超前建设实施，加快推进 1 个省级中心通航枢纽机场和 13 个市州中心通用机场建设，有序推进一批 A 类通用机场，合理布局 B 类通用机场，加快建设形成"1+13+N"通用机场网①，并同步规划建设固定运营基地和维修基地。

二是完善地面配套服务。需推动中航油等行业龙头企业与地方投融资公司成立合资公司，支持各通用机场根据业务量、服务类型自建或合作运营不同规模、不同种类的通用航空油料储存设施，构建覆盖全省的通用航空油料保障网络。

（二）优化飞行保障基础设施

一是完善低空空域飞行监视与服务网络。以长沙飞行服务站为中心、省内"13+N"骨干机场为依托，推动建设一批飞行服务站，实现低空空域监视全面精准覆盖。推动军民信息共享，在已有基础上建设通航有人机与无人机融合监视管理平台，实现全域通用航空飞行数字化、精准化、智慧化②。

二是构建数字化综合服务保障平台。在通用机场建设或引入信息管理系统，创建行业动态共享平台、航空业务供需平台、飞行器及航材交易平台等数据系统，为通用航空运营单位提供涵盖通用机场及起降点、飞行计划与航务情报、飞行器维修保障等一站式通用航空保障资源信息服务。

---

① 湖南省人民政府办公厅：《关于支持通用航空产业发展的若干政策》，http：//www. hunan. gov. cn/topic/sqzck2020/sjwj/202107/t20210705_ 20002725. html，最后检索时间：2023 年 4 月 30 日。

② 中国民用航空局：《"十四五"通用航空发展专项规划》，http：//www. caac. gov. cn/XXGK/XXGK/FZGH/202206/t20220613_ 213643. html，最后检索时间：2023 年 4 月 30 日。

（三）夯实通航制造业配套基础设施

一是培育通航制造优势企业。根据湖南航空工业特色，联合航空领域央企、民营头部企业、地方政府等各方力量，利用长沙、株洲等地航空工业优势和通用机场资源，通过引进消化吸收再创新、产学研深度合作，打造一批拥有核心技术、创新能力强、适应市场环境的优势企业，支撑企业创新研发成果的市场转化和推广，从而加快湖南通用航空制造业创新体系建设。

二是推进通航产业园区建设。围绕构建产业链完整可控、要素高效协同、企业集群集约的通航产业体系，对通航产业园进行统一规划，新建或改造专业厂房、企业孵化基地、生产线、研发中心等配套基础设施，吸引导入具有研发—制造—孵化—创新功能的产业链配套企业，补全补强产业链，打造更有竞争力的通航产业集群，进而继续拓展延伸产业类别、丰富产业形态，构建更加系统健康的产业生态。

（四）前瞻布局新业态基础设施

一是推动通航物流连接成网。以"1+13+N"通用机场网为基础，加强通航与其他交通方式衔接，实现通航运输网络省际互通、市县互达、城乡兼顾。大力支持无人机物流配送发展，打通航空物流"干支末"网络。探索与快递或电商龙头企业在物流园、物流供应链、电子商务物流等细分领域的合作。

二是加快建设通用航空公共服务设施。发挥政府统筹协调作用，汇集政府部门、应急部门、医疗机构、通航企业等人力资源及装备信息，搭建政府应急航空救援资源调度平台。依托交通、文旅、体育等设施，加强应急救援航站和直升机简易起降点建设，重点覆盖省内自然灾害高发地区、长株潭城市群和省域副中心城市等区域。

三是培育建设通用航空旅游设施。探索"通用航空+低空旅游"发展模式，构建冬夏互补、空陆联动、全域全季的休闲旅游产品体系，鼓励航空飞行营地与生态、住宅、文化、娱乐、美食街等一体开发建设，打造航空消费服务综合体。

四 发挥开发性金融作用，多措并举支持湖南省 通用航空基础设施高质量发展

当前，由于政策配套不足、市场机制不顺，通航产业仍处于起步阶段，需政府、金融机构、企业等多方协同、发挥合力、打通堵点，共同推动行业发展。中长期投融资机构作为要素保障中的重要一环，可依托在基础设施投融资领域的丰富经验先行先试，与相关各方共同推动湖南省通航产业高质量发展。

（一）找准自身定位，推动顶层设计

一是推动空域开放。与政府相关部门共同推动科学规划、分类划分低空空域，明确改革事项时间表和路线图，进一步释放空域资源，推进"空中修路"，构建低空飞行航路网，加快形成军民参与共建的低空管理机制，持续放大湖南省作为全国首个全域低空空域管理改革试点拓展省份的政策优势。

二是做好金融顾问。持续跟进国省关于通航产业的战略部署，密切与省发改委、民航等主管部门沟通，把准政策脉搏，主动提供通用航空发展体制机制建议。按照"全省一盘棋"的思路，参与研究省内通用航空基础设施的规划布局、建设重点、项目储备，以时间换空间，适度超前推动全省通航基础设施建设。

三是引导多元资金投入。加强规划研究，设计合理的股权架构和融资模式，协助政府引入战略投资方和通航运营管理方参与通航基础设施投资建设运营。发挥开发性金融先锋先导作用，当好综合金融协调人，引导金融资金投入，降低资金成本，满足客户多样化金融需求。

（二）培育融资主体，创新融资机制

一是探索构建通航基础设施省级统贷主体。目前，通用机场存在投资额

度大、投资周期长、投资回报较低等问题，同时在当前市县财政收支压力大和严控政府债务的形势下，地方投融资主体资本金出资和筹融资能力不足，难以承担本地通用机场投资建设重任。开行将与政府相关部门共同探索引入社会资本与省属国企成立省级统贷主体，承担全省通用机场建设的可行性及实施路径设计，研究适宜的股权结构、利益联结机制、风险分担机制及机场运营管理模式，在此基础上提出系统性融资方案。

二是培育地市通航基础设施投融资主体。通航产业园、通航物流园等产业基础设施一般可由地市国有投融资公司作为融资建设主体，开行可协助地方政府挖掘、梳理现有和未来资源，整合注入经营性优质资产，促进地市通航基础设施投融资主体形成自身稳定的经营收入。

三是创新融资模式。对于地面保障基础设施，项目可归集起降费、指挥费、油料销售收入等航空性及非航空性收入用于还款，考虑项目收入短期内无法覆盖贷款本息，前期需政府给予一定的运营补贴，待项目平稳运营后，可探索通过引入物流或电商龙头企业等战略投资者以资产转让方式实现投资（含贷款本息）回收并获得一定的溢价。对于飞行保障基础设施，统筹大数据服务、导航服务、航空情报等收入，与地方政府协同推进数字资产化进程，巩固和发展数字的生产要素职能，以此为基础，试点推广以数据资产为依托的新型投融资模式。对于制造业和新业态配套基础设施，一方面，围绕产业链相关企业做好基础设施配套，并依托企业现金流构建融资模式；另一方面，统筹规划"通航+物流""通航+旅游""通航+公共服务"等新业态配套设施建设，探索将生产、生活、流通设施建设有机整合、一体化实施，形成综合性的还款现金流。

四是做好综合金融服务。一方面，加强与国开科创、国开金融等跨产业周期的投贷协同力度，运用"投资+贷款""贷款+认股期权""投资+贷款选择权"等方式，支持湖南通航领域成长性企业创新研发和业务发展。支持通用航空优质制造业企业、省市相关投融资主体发行企业信用类债券，优化融资结构。另一方面，推动产业基金融资，与政府相关部门探索将省内通航产业投资基金适用范围扩大至基础设施建设，搭建"财政资金引导+社会资本参与+基金形式投入+市场化模式运作+长期贷款支持"的多元投融资机制，带动各类资金参与通用航空基础设施建设。

（三）统筹发展和安全，坚守风险底线

加强"区域+客户+项目"多维度分析研判，按照市场化原则支持项目建设，深入研究地方资源禀赋、项目建设规模的合理性、项目收益实现的可能性以及行业中长期发展风险因素，设计合理的融资方案并构建适宜的风险缓释措施，暂缓支持不符合地方经济发展水平、过度超前的项目，严禁以任何形式增加地方政府隐性债务，与地方政府共同防控金融风险。

B.28
发展消费品工业，促进湖南县域工业化

周 婷 刘茂松*

摘 要： 着力发展县域工业化，是湖南扬长补短、促进城乡融合、推进全省高质量协调发展、实现湖南经济质的有效提升和量的合理增长的重大战略举措。湖南是个农业资源大省，依据资源禀赋原理，县域工业化势必以消费品工业为支柱。目前湖南消费品工业门类齐全且拥有自身的产业特色，运用信息化和数字化技术实现消费品工业的改造升级，必将能成为湖南县域经济发展的重要支柱。

关键词： 县域工业化 消费品工业 城乡融合 湖南

党的二十大报告提出着力推进城乡融合和区域协调发展，对于湖南经济社会发展来说，其关键是要充分发挥长株潭都市圈增长极和市州经济中心城市的辐射带动作用，着力推进县域经济工业化，改造传统农业，大力提高县域工业、服务业产业水平和非农部门劳动力就业水平。从区域协调发展的规律看，"郡县治则天下安"，县域强则全省强。改革开放以来湖南县域经济取得重要发展，特别是广大农村消灭了绝对贫困，小康社会建设取得了显著成就。然而从投入产出率分析，县域经济效率偏低的问题仍比较突出。湖南省县域面积占全省的97%，人口占全省的71%，2021年县域GDP却只占全省的58%，地均GDP和人均GDP相对较低；全省年GDP超过200亿元的

---

* 周婷，湖南师范大学旅游学院讲师，研究方向为产业经济学与旅游产业经济；刘茂松，湖南师范大学教授、博士生导师，湖南经济学学会名誉理事长，研究方向为产业经济学与区域经济学。

县市占比只有 54.6%，在中部地区居第四位，远低于河南的 80% 和安徽的 74%；县域财政收入规模小，财政自给率低，对上依赖度平均高达 64.3%。从结构分析来看，这里的关键问题是县域产业经济结构低端化，传统农业占比高，忽视精深加工，工业化率低，2021 年湖南省县域第二次产业增加值只占全省 GDP 的 23%，制约了湖南第二次产业特别是工业发展，2021 年全省工业增加值占比只有 30%，在中部 6 省中居第 5 位，这表明湖南县域工业发展落后是最大短板。所以，着力发展县域工业化，是湖南扬长补短、促进城乡融合、推进全省高质量协调发展、实现湖南经济质的有效提升和量的合理增长的重大战略举措。

湖南是个农业资源大省，县域工业化依据资源禀赋原理，势必以消费品工业为支柱。一般来说，消费品工业具有三大基本功能：一是以生产最终产品为主体，主要是提供城乡居民生活必需的产品，具有广阔的市场需求，直接影响消费者的消费规模、水平、结构、质量以及消费行为，同时也从本源上制约着生产资料的生产；二是以相对的劳动密集型生产方式为主体，一般以适用性技术为主，单位投资所容纳的劳动力较多，消费品工业部门的劳动力绝大多数是农民工，构成县域劳动力就业的主要领域，同时也是中小微企业创新升级的主要领域；三是以农副产品加工业和食品工业为主体，其原材料的 70% 来源于农业，所以消费品工业实际上是农业生产链条在工业生产领域的延伸，是做好"三农"工作、提高县域经济效益水平、增加农民就业和农民收入的主战场，同时也是实现工业与农业结合推进城乡融合最为现实的重要抓手。当然，县域工业化以消费品工业为支柱并非一刀切，某些靠近省域经济中心的县市，如长沙县、宁乡市、浏阳市等完全可利用其优势以发展高端制造业和生产服务业为主，但这绝不意味着全省可以放弃传统消费品工业。因为从整个湖南县域经济面上的一般情况来看，无论是技术、产业、人才、资源还是企业经营湖南都还处于中低端状态，发展消费品工业是最现实可行的选择。因此，必须从这个实际出发，学习深圳企业经验，不惧怕低技术和低产业，由低向高进行创新和攻关，从成熟技术中创造出新产品。所以，湖南县域工业化基于资源禀赋规律以消费品工业为支柱是实事求是的战略安排。

湖南消费品工业门类齐全且拥有自身的产业特色，如食品工业类，目前湖南省已形成了农副产品加工业、食品制造业、饮料制造业和烟草制品业等4大门类、23个中类、56个小类的工业体系，而且木材和中药材资源也非常丰富，全省拥有中药材品种达2384种，这些为县域消费品工业发展奠定了极好的资源条件。而且消费品工业带动力强，据有关部门计算，湖南主要工业消费品行业如纺织业、服装业、家具业、木材制品业和农产品加工业的产业关联度都在1以上。这说明消费品工业产业是农业最重要的后续产业，它一方面对农业原材料等中间产品需用量大，农林产品加工增值场景广，我国目前可增值1倍左右；另一方面可带动农业劳动力转移就业，我国农产品加工工业与农业的产值之比每增加0.1个点，就能带动230万农民就业，人均增加收入190元，湖南省有两千多万农民从中直接受益。同时，农副产品加工业集聚式生产，又促进了农村城镇化发展，推进了商品流通服务业发展。因此，发展以消费品工业为支柱的县域工业化，对工农结合缩减城乡差距，实现城乡融合和省内区域协调发展意义重大。

根据以上分析，湖南按照新型工业化发展规律，全面推进以消费品工业为主导的县域工业化。其总体构思是：县域工业化不只是工业强县，而是用现代工业化的生产组织方式改造传统的小农业经济、粗放的县域工业和作坊式的服务业，立足于工业化反梯度推移主轴，实现资源深度开发与需求有效创造两个车轮同步运行，走规模化、产业化、信息化和低碳化的高质量发展路子，其重点指标是全省消费品工业总产值占规模以上工业总产值的40%以上。

一 以反梯度推移方式组织消费品工业的跨越发展

所谓工业化反梯度推移，是后发地区发挥后发优势的一种"起飞"战略，即在社会自觉影响与控制下，利用全球化和信息化的外部性条件，培植基于竞争优势的后发优势产业，实行主导产业的非连续性转换，快速进入现代工业化阶段，其本质是以区域倾斜转向产业倾斜为主，通过跨时空的技术和资本引进以及自主性技术更新与创造，对具有自身优势的产业进行大规模高端开发，快速形成具有高新技术水平的支柱性产业，并着力做大做强产业集群，进而实现对发达地区的赶超。历史上，美国超英国、日本超英德，都是实行的这种工业化反梯度推移战略。总之，对于湖南县域消费品工业的赶超发展而言，工业化反梯度推移有三大好处：一是挖掘"半边缘区"（即紧挨沿海）的区位优势并以其为载体，以湖南的劳动力、土地、运输等相对成本优势，实行强势开放，承接和吸纳发达国家和地区产业、技术和资本的差位性转移，尽快把消费品工业规模做大；二是以食品工业、医药生物等优势产业来聚集生产要素，打造百亿级规模的产业园区，形成强大的极化效应和反极化效应（指抗御沿海发达地区的极化）的县域经济增长极；三是通过学习、引进、借鉴，能够用比较短的时间和比较低的成本，推动消费品工业结构全面升级，实现由传统技术向先进技术的跨越。

二 实现资源深度开发与需求有效创造的有机结合

湖南农林资源丰富。按国家统计局的产业分类目录，除家用电器、家用交通工具、日用塑料制品和生活小五金之外，60%~80%的消费品工业都是以农林产品为原料的，是农林业的后续产业。目前湖南县域消费品工业发展面临的主要问题是初级产品生产粗放，基本上处于原料的初次加工阶段。这样一来，产业链条很短，产品附加值极低且吸纳的劳动力也十分有限。所以，消费品工业的转型升级，实现大发展和快发展，首要问题就是要解决资源深度开发利用。农林产品作为消费品工业的生产原料，在物理生化性质上具有多元素性、多组合性、多层次性的特点。随着社会成员收入、知识、心理的变化，以及技术和工艺的发展，对这些原料的再加工可以形成多样化的、能够满足不同层次需求的产品和产业，获得最大化的企业效益和社会福利效应。比如1吨米，卖原粮的产品收入不超过1000元；加工成淀粉卖出可收入1800元，增值近1倍；淀粉加工成糖类卖出，每吨果糖可卖3600

元、葡萄糖可卖 4000 元，可增值 2~3 倍；糖类进一步加工成抗生素和维生素 C，那就会有更大幅度的增值。

消费品工业对农林产品资源的深度开发，其实质就是实现一般农林产品加工向工业制造提升，实现农产品向工业制成品的转化，这个提升成功的关键是新产品的开发以及相关工艺技术的开发。按照马克思关于"产品只有在消费中才能成为社会需要的产品"的理论，新产品的开发实际上就是进行消费需求创造。因为产品生产出来是要由消费者购买和消费的，只有这样其使用价值和价值才能得到完全实现。从社会再生产角度分析，这个新产品就是为满足新的消费需求而生产的，是在原有基础上的扩大再生产。在这里需求也是一个动态的、发展的、多元的概念，社会越发展生产力水平越提高，社会成员的需求就越是多样、越是扩展、越是高质化。而这种发展着的需求又促进社会再生产不断扩大，生产结构不断调整升级，使新增需求不断得到满足。可见，资源深度开发的方向，就是把消费者随着收入增加、生活水平提高而产生的新的消费需求欲望，通过一定的工艺和技术创新，制造成相应的物质产品或服务，以满足和实现这个新的消费需求。同时这也是根据对市场需求趋势的预测，生产出能够激发和满足消费者潜在消费需求和欲望的新产品即"需要的手段"，使消费者有支付能力的购买力转化为现实的买卖行为，最终消除消费品工业发展的"需求瓶颈"。总之，消费品工业对资源的深度开发不能盲目，要适销对路，消费需求创造就是为资源深度开发提出方向，开拓潜在的市场需求，以生产满足消费者新"需求的手段"。

三 建立产业化、信息化和低碳化的消费品工业生产方式

如前所述，目前湖南省县域消费品工业发展过程中，存在小生产、低技术和高消耗（污染）的困境和矛盾。这意味着要达到资源深度开发与消费需求创造的结合，实现消费品工业的跨越发展，就必须改变这种落后的"小、低、高"的生产方式，全面进行专业化、信息化和低碳化的技术创新

和制度创新，建立现代的大生产、高技术、低消耗（低污染）的生产方式。这里，首先要做到产业化与信息化的融合。产业化的内涵是工业化和产、供、销一体化经营。工业化具有两层含义或要求，一层含义是工业制造业的发展，对于消费品工业来说就是要在相当高的程度上实现资源一般加工向工业制造的转化。目前，在发达国家转化的比例已高达80%以上，而湖南省只有30%左右。按照工业化的要求，这个比例至少要突破50%；另一层含义是产业组织化程度提高，通过深化分工和协作，并进行企业的兼并重组，改造小企业和作坊式的生产方式，组织专业化的大生产，以提高规模经济水平。这里的要害问题是，在专业化生产的基础上，组织大、中、小企业分工协作配套生产，以产业链为联结形成企业集团，实现园区产业集群。目前在发达国家的产业组织形式中，中小企业的数量一般也占企业总数的90%多，但他们是专业化的配套生产，是小而专。而我们的中小企业则是小而全、小而散，各自作战，分散生产，抗风险能力差，市场竞争力低，这是目前湖南省消费品工业生产在产业组织方面的一个最大问题。以往湖南省农林产品原料精深加工所占的比例低，从内源性原因上看就是受制于小企业小生产。所以，只有从根本上改变小生产方式，组织大企业集团进行现代化的大生产，才能真正实现社会分散资本的集中，以强大的知识和资本的实力进行技术和产品的开发创新，推动资源的一般加工向工业制造快速而有效地提升。

在全球化和信息化加快发展的时代，应大幅度提高消费品工业产业化发展的专业化、自动化、网络化和柔性化的水平，充分挖掘和发挥企业内由于资源不可无限分割性和资源间永不平衡性所形成的"未利用资源"的作用，全面获得规模经济、范围经济和成长经济效益。而这一切在当今能源资源日趋短缺、温室气体效应越来越严重的情况下，又势必立足可持续发展，走低碳化的发展路子。县域消费品工业低碳化，要运用绿色技术改造传统产业和传统企业，淘汰一部分高耗能的过剩产能，发展绿色消费工业产品，使产品从设计、制造、包装、运输、使用到报废处理的整个生命周期中二氧化碳和其他废弃物达标排放或为零。此外，还要从集约化的角度，通过扩大产品生产规模和范围的方式降耗减排，形成绿色消费品工业体系的长效组织体制。

四 打造以农业产业化龙头企业为主体的消费品工业产业集群

目前湖南省以农副产品为主要原料的食品工业，占湖南消费品工业的半壁江山。因此，无论是从充分利用湖南这个农业大省丰富的农业资源，发展农业工业化，增加农民就业，全面解决"三农问题"的角度，还是从消费品工业自身提质升级的角度，食品工业特别是实现一般农副产品加工向农产品工业制造升级都是重中之重。目前，湖南省食品工业的2/3是一般性的农副产品加工，长期处于低技术小生产的粗放式生产状态，制约了整个湖南县域消费品工业的发展。另外，农副产品加工的龙头企业，虽然有了一定的产能规模，但产品层次仍不高，如金健米业主要还是由稻谷到大米的一般加工，真正属于工业制造的米制品即以大米为原料的米类工业制成品并不多；唐人神也主要是由生猪到腊肉的一般加工和饲料加工，以猪肉为原料的肉类精深工业制品占比不高，猪副产品综合利用率更是很低。可见，改造农副产品加工业首先应该是现有农副产品加工龙头企业加快升级为农副产品工业再制造的超级企业，像长春的大成集团和河南的双汇集团那样形成大产业集群，由它再带动整个食品工业的提质升级。所以，湖南省要把改造农副产品加工业作为消费品工业产业升级的突破口，以大项目为导向，大企业为主体，用市场经济的办法切实办好县级产业园区，通过一系列大项目的招商选资和兼并重组以及技术和产品的创新，实现产业的园区集聚，打造产业链集群，推动一般加工向工业制造的提升。

做大湖南县域消费品工业的企业规模，关键是要抓产业链或生产环节的分工协作，组织系统的配套生产，而绝不是"归大堆"，搞"拉郎配"。这里的现实途径就是大力发展工业外包，建设工业园区或产业基地。所谓工业外包又叫工业分包，是指一些大型产品制造商将部分中间产品（如半成品生产环节、零部件生产环节等）的生产任务分派给具备认可能力的中小企业加工完成，并在此基础上形成最终产品的过程。包括旨在扩大产品生产规模的产量导向型分包和旨在延伸产业链条的专业导向型分包。在这里，工业外包的实质是更好地发挥和提高企业的竞争优势，核心企业即大企业将产品价值链中增值率相对较低的生产环节分包出去，自己集中力量从事产品的设计、营销和质量监控，以促进技术和产品的研发，提升质量和效益。而这也有利于中小企业发挥专业化生产的优势，实现小而专和小而精。这样，大中小企业分工配套，实现本来意义上的产业集群，把产业做大做强。就湖南省消费品工业来说，通过产业链的分工协作来实现产业集群，提高产业的聚集度，主要应做好两件事：一是以股份制或战略联盟的形式，进行企业重组兼并，根据平等互利的原则，进行产权交易，签订权责利关系对等和明确的契约，建立规范而有效的治理结构，以确保产业链分工的高效链接与规模化运行；二是以工业园或产业基地的形式进行产业链分工的空间布局，避免过于分散而增加物流成本。目前湖南省消费品工业的许多行业正在大力创办产业园或产业基地，这个势头很好，但要避免"归大堆"的做法，进园的主要企业应该是就某一个或几个大的产品进行生产环节的分工协作，形成系统化的产品生产链集群。如长沙粮油乳茶和株洲湘潭肉食等食品工业产业集群，尤其要在企业规模上进行突破，力争打造出一两个年主营业务收入达到 500 亿元左右的超级企业集团。又如在纺织工业上要突出发展终端产品，依托环洞庭湖的棉、麻原料优势，培育壮大常德棉纺织、益阳棉麻纺织产业集群，以株洲服饰市场群为中心发展现代服饰产业，创建长株潭城市群 100 公里服饰产业圈。再如生物医药是湖南医药工业的特色，应抓住新一轮技术革命机遇顺势而上，以自主技术创新和制度创新为动力，加快突破新药创制重大关键技术和工艺；以企业整合重组为重点，加快培育知名品牌和大企业。一方面，挖掘湖南中药资源优势，加快现代中药产业发展，以中药保护品种和国家级新药为重点，以重大疾病治疗药物为突破口，依托九芝堂、康普制药、哈药慈航、天赐生物、千金药业、安邦制药、紫光古汉、汉森制药、泰尔制药等企业，做大品牌中药产品。另一方面，发挥生物技术研发优势和国家基地平台优势，依托湖南省生物医药集团、斯奇制药、景达生物、南岳制药、新

303

康生物、宏灏生物、有色凯铂生物和华纳大制药等企业，做大做好新型生物药制品。同时，要发挥湖南省技术研发优势和国家基地平台优势，辐射带动县域专业产业园区和企业发展。

五 建设"企业+基地+农户"组织形式的消费品工业生产基地

目前湖南省县域经济已进入以非必需品消费为主要动因的小康型经济阶段。一方面非必需品消费水平提高，农村消费品市场扩大；另一方面农业进入小部门化时期，农业过剩劳动力大量增加。上述两个因素为发展县域消费品工业提供了市场条件和相对充裕的劳动力条件，这也正是湖南消费品工业发展的落脚点和比较优势。实践一再证明，县域消费品工业的发展是完全可以有为、大为和好为的。湖南省湘阴县在现代农业发展过程中，大力发展农产品加工业，全县共有湘阴县农产品加工企业300多家，其中省、市级农业产业化龙头企业30多家，年产值在50万元以上的企业有200多家。在这些加工企业中有福湘、长康、义丰祥3个商标被认定为中国驰名商标，8个商标被认定为湖南省著名商标。以上这些企业的40多种主导产品远销日本、美国、加拿大、韩国等20多个国家。目前全县形成了蔬菜、茶叶、植物油、调味品等8大类农产品加工的强势产业链，带动农户14万多户。该县农产品加工业总产值占全县工业总产值的70%以上，全县有80%多的初级农产品通过工业加工转化实现了增值。湘阴县发展农产品加工业的基本经验是依据本县资源条件建设标准化专业化农产品生产基地，依托龙头企业打造优质原料车间，以品质优势赢得市场竞争力，以品牌的市场势力带动农产品精深加工。

参照湘阴县的经验，各县区根据当地所拥有的农副产品资源，以专业化和标准化生产方式，以"企业+基地+农户"组织形式，建设有特色的优质原料基地，发展农副产品加工业。在发展中要集中资源，其理想的发展模式是"一县一大品""一品一特色"，提高产业集聚的专业化特色水平。重点建设米制品、肉制品、油制品和果制品等四大有地方资源优势的县级食品工业产业集群，加快大型企业集团的发展，提高自动化水平，扩大生产规模，用数字技术做大做强食品工业园，着力打造百亿级和中远期跨 500 亿级的县域食品工业基地。

B.29
深耕宠物食品领域　开拓宠物经济蓝海
——以宁乡高新区佩达生物为例

长沙市人民政府研究室课题组*

摘　要： 近年来，宠物产业方兴未艾，宠物消费市场日趋扩大、快速增长，宠物食品领域作为宠物消费市场占比最大的细分市场，成为宠物经济新增长赛道，具有极大发展潜力。本文通过对长沙市宁乡高新区湖南佩达生物科技有限公司进行"解剖麻雀"式的调研，深入了解长沙市宠物食品产业发展情况，对长沙市发展宠物经济提出对策建议。

关键词： 宠物经济　食品产业　佩达生物　湖南

　　近年来，吸猫撸狗成为席卷各年龄段的时尚潮流，宠物产业方兴未艾，宠物消费市场日趋扩大、快速增长，"它经济"成为值得培育的产业新动能、发展新赛道。宠物食品领域作为宠物消费市场占比最大的细分市场，是宠物经济发展的"基石"。近期，长沙市人民政府研究室就宁乡高新区湖南佩达生物科技有限公司（以下简称"佩达生物"）进行"解剖麻雀"式的调研，深入了解长沙市宠物食品产业发展情况。

---

*　彭文滋，长沙市人民政府研究室党组成员、副主任、二级调研员；王启贤，长沙市人民政府研究室党组成员、副主任；周颖，长沙市人民政府研究室综合二处副处长；谭玲，长沙市人民政府研究室综合二处干部。

一　佩达生物如何成为"黑马"

佩达生物总部位于宁乡高新技术产业园，是一家集宠物食品研发、生产和销售于一体的综合服务型企业，致力于打造"技术创新+产业转化+消费升级"的宠物食品产业发展模式。企业创立三年就成为湖南首家全品类宠物食品制造商、华中地区综合规模最大的宠物食品公司，被认定为"国家级高新技术企业"。

（一）精准定位，从无到有

2018年，国内掀起养宠热潮。佩达生物创始人敏锐察觉到，随着独居年轻人增多和银发经济时代的到来，越来越多的宠物如同家庭成员一般走进千家万户，宠物行业迎来黄金发展期。在长达9个月的全国各地调研后，2019年佩达生物正式创立，专营宠物食品行业，从投入最多、最能掌握核心技术的生产端做起，聚焦研发、制造宠粮。成立初期，自持厂区200亩、厂房面积超5万平方米，建立高标准物流仓储库、1.7万平方米办公及研发检测中心，设立冻干、湿粮、膨化粮、低温烘焙粮、风干粮、肉制品零食6大工艺产线，提供一站式综合服务，助力国产宠粮替代进口宠粮。仅2019年10月试产以来，当年月均销售额近百万元。

（二）稳打稳扎，从小到大

站稳脚跟后，佩达生物聚焦主业、聚力重点，致力走出一条供应链、产品、渠道、品牌建设等全方位发展之路。进一步做强特色主粮，着力培养生产排他性及核心风味特征的粮食，开创性地提出主食冻干、低温烘焙粮等引领行业潮流的品类概念，成为少数符合生产全价主食生骨肉冻干资质的企业和行业内最早投产低温烘焙粮的企业之一；强化自动化生产，优化生产线布局，逐步建立前处理、低温烘焙粮、鲜肉粮等一体式、自动化产线19条，年产能可达4万吨，智能智造自动化水平居全国前列，2021年被评为长沙市智能制造试点企业；坚持多条腿走路，国内外市场同时发力、线上线下多渠道布局，积极参加国际国内宠物用品展览会，创立线下自有品牌"咪哈友"、线上电商品牌"爪爪印记""喵德里安"等，不断提升用户覆盖率和辐射面。2021年营业额近亿元，增速达153.7%（见图1）。

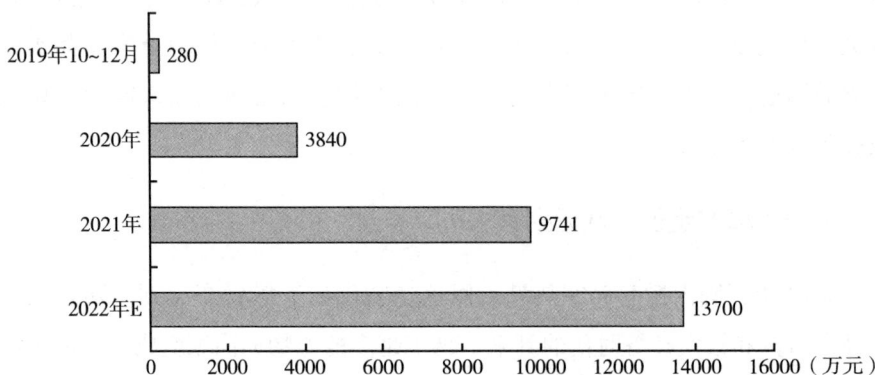

图1 佩达生物自成立以来销售情况

资料来源：佩达生物。

（三）追求卓越，从优到强

为避免价值链"卡脖子"，佩达生物坚持"数据驱动、研发领先"的经营原则，从需求端出发，凝练排他性工艺技术，奠定差异化优势。重视研发投入，配备专业的多功能理化检测实验室、微生物检测实验室和动物营养研究中心，逐步形成了拥有20余人的研发团队，团队规模与研发实力在行业内名列前茅。目前，已获授权发明专利5项，在申专利7项，在研专利10项，多次参与编制宠物食品团体标准及行业标准；开创了宠物食品企业与国家级科研机构开展深度战略合作的先河，与中国农业科学院饲料研究所联合创立宠物营养研究中心，与中国饲料工业标准委员会宠物分会秘书长王金全博士带领的中国宠物营养与食品科学创新团队展开深度合作，研发有利于宠物全生命周期健康的食品。

二　宠物经济为何大有可为

　　2021 年 6 月，《长沙市创建区域性国际消费中心城市暨长沙市消费升级三年行动方案（2021～2023 年）》出台，明确鼓励消费升级。长沙完全可以发挥本地消费优势，凝聚特色文化，挖掘宠物食品领域潜力，做大做强做优宠物经济，打造宠物新消费之都。

（一）宠物经济是生物产业的关联领域

　　宠物主的养宠需求从简单喂养到科学喂养，并延伸到情感关注，加速了宠物食品领域的深入研究。宠物食品领域上游与乡村振兴结合发展原料，下游与健康产业结合涉及社交等，可以带动宠物交易、食品、用品、医疗、美容、训练、殡葬等全生命周期服务，推动相关生物基础研究，产生联动效应。宠物经济涉及生物医药、生物制造、生物环保等众多领域，成为生物产业的重要领域。中国"十四五"规划和 2035 年远景目标纲要提出，"加快发展生物医药、生物育种、生物材料、生物能源等产业，做大做强生物经济"，这些都涵盖了生物食品、营养等领域。目前黑龙江、四川、湖北、云南、南京等多地出台支持生物经济发展的相关政策，促进生物经济成为产业发展核心支撑，乘着政策东风，宠物经济也将扬帆起航。

（二）宠物经济是新兴消费的潮流选择

　　养宠成为社会发达的一种标志，发达国家宠物行业起步早，市场发展较为成熟。全球宠物食品规模从 2011 年的 621 亿美元增长到 2020 年的 1026 亿美元，复合年均增速 5.7%；2020 年宠物食品行业占宠物行业规模比重达 71.8%；2020 年、2021 年全球宠物行业规模分别达 1429 亿美元、1536 亿美元，处在稳健增长期。国内宠物市场起步较晚，2011 年才迎来黄金发展期。2015～2021 年，中国宠物行业消费规模从 978 亿元提升至 2490 亿元，复合年均增速 16.8%；2021 年，国内单只宠物平均消费 2216 元，复合年均增速

5.9%（见图2）。2021年上半年，一线、新一线和二线城市宠物渗透率为39.1%，三到五线城市宠物渗透率达12.3%，而美国城市的宠物渗透率已达70%。可以预见，随着国民收入的增长，未来中国家庭养宠渗透率有很大提升空间，更多有孩家庭、空巢青年和银发老人将加入养宠队伍。

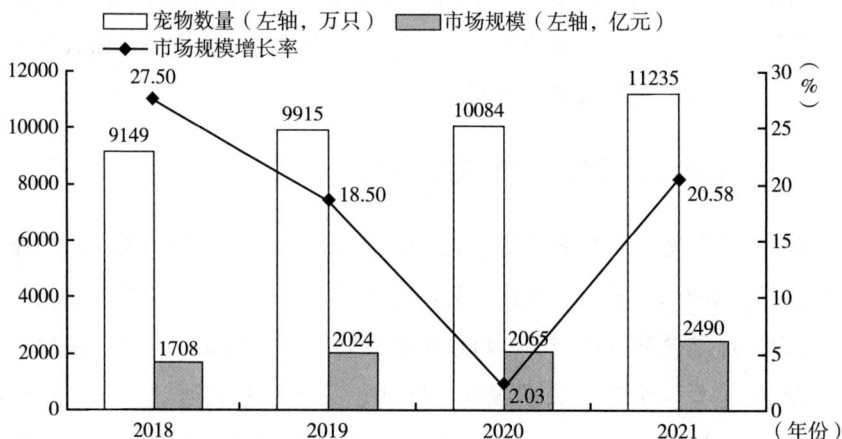

图2 全国宠物数量及市场规模情况（2018~2021年）

资料来源：佩达生物。

（三）宠物经济是口罩时代的全新赛道

《中国宠物消费趋势白皮书》数据显示，新冠肺炎疫情期间，人与宠物的感情更加亲情化。从其他成熟市场发展看，宠物经济具有逆经济周期性，2020年美国GDP增速受疫情影响呈负值，但宠物经济增速为5%。疫情发生这几年，中国宠物食品企业快速发展，上市企业3家，准上市企业4家。在经济增速放缓、消费低迷的情况下，具有治愈属性的"它经济"是一条值得深掘的黄金赛道。当前，美国、英国、日本的宠物食品行业前五大企业市场份额分别为71%、62%、64%，而中国行业集中度较低，仅为17.4%，且排名第一占比7%的为国外品牌，国内宠物行业格局呈现"市场较大而企业不强"的特点，亟待诞生具有话语权的龙头企业引领市场。

三　对长沙发展宠物经济的几点建议

作为朝阳行业、新兴产业，宠物经济一定程度上还存在"远看盘子大、近看散乱差"的局面，比如，尚未形成统一规范的法律法规和行业标准，准入门槛低，市场鱼龙混杂，产品良莠不齐，上下游企业不强，品牌知名度不够，缺乏有力引导和有效监管，等等。为进一步推动长沙宠物经济高质量发展，提出如下建议。

（一）强化行业规划

全面掌握长沙宠物行业情况，探索制定相关管理办法，适时将宠物产业纳入全市产业规划，引导宠物产业健康有序发展。加大宠物市场规划、建设和改造力度，大力推进宠物友好设施和场所建设，着力打造宠物友好型城市。支持有关区县（市）、园区因地制宜、科学规划、合理布局宠物产业园，建立现代化仓储物流集散中心，探索成立功能分区，比如以主粮等为主的宠物食品区，以药品等为主的宠物药品区，以智能喂食盆等为主的宠物用品制造区，等等。积极构建支撑宠物行业快速发展的人才体系，推进校企共建，加大动物食品工程、动物营养、动物医学等专业人才的培育、引进力度，不断提高宠物行业从业人员专业素质。

（二）强化龙头培育

积极开展骨干龙头链主企业领航计划，明确总体思路、工作目标、重点任务和主要措施等，建议以佩达生物为链主，加快培育一批牵引力强、产出规模大、创新水平高、核心竞争力突出、市场前景广阔的宠物经济产业链龙头企业。借鉴其他城市先进做法，通过设立发展扶持资金和基金，给予税收返还、贷款贴息、大型设备产线采购补助等优惠，建立公共服务平台等方式，加大对宠物行业的支持投入，真心实意、真金白银支持链主企业不断壮

311

大。针对佩达生物、海昆农业、伟达科技等一批崭露头角的优势企业，优先给予产业基金、政策补贴、品牌宣传等全方位支持，为优势企业发展营造良好营商环境，扶持打造市级、省级科研平台，推动优势企业强研发、优品类、提品质、创品牌，持续提升产品和服务质量，助力企业做大做强，成长为具有话语权和核心竞争力的龙头企业。

（三）强化延链路径

坚持以宠物食品为主，全产业链条融合发展。实施延链补链强链工程，聚焦本土龙头企业的上下游供应商，强力招引一批宠物用品、宠物医疗、宠物驯养、智能制造等方面的优势企业和重大项目。针对宠物经济涉及的不同产业、细分领域，市、区县（市）及园区共同构建"总链长+分链长+专班"的工作推进体系，延伸产业链、提升价值链、融通供应链。建立重大项目领导包保机制，提供最优产业链服务。推进宠物产业与农业旅游、教育文化、健康养生等多业态融合发展，探索"云养宠"模式，支持举办宠物会展、赛事、创意设计、网红打卡、视频直播等主题活动。开拓跨境电商销售渠道，支持宠物行业企业参加国际性展会活动，打造全国高端的宠物研发生产基地、时尚展销窗口、主题旅游目的地。

（四）强化市场监管

尽快制定宠物经济涉及的各行业标准，出台相关监管政策，加强行业监管，明确准入门槛，规范行业自律。组建长沙市宠物行业协会，支持佩达生物等重点企业成为协会理事单位，充分发挥民间组织积极作用。定期对宠物经济全产业链产品进行质量安全监督、抽查，并及时通报。严厉打击不合规、不合法行为，推动企业规范化经营，维护宠物行业声誉。大力完善保障动物权益、明晰饲养人责任和义务等方面相关法律法规，广泛普及科学养宠知识和方法，引导规范养宠行为，做到科学、文明、安全、友爱养宠。正确引导宠物消费趋势，培育积极的宠物消费文化，维护消费者合法权益，引导宠物行业健康发展。

参考文献

[1] 毛伟明：《2023 年 1 月 29 日在省政府常务会议上的讲话》，http：//www.hunan. gov. cn/hnszf/szf/zfld/mwm/mwmhd/202301/t20230129_ 29193072. html。

[2] 习近平：《2022 年 4 月 26 日在中央财经委员会第十一次会议上的讲话》，http：//www. gov. cn/xinwen/2022-04/26/content_ 5687372. htm。

[3] 许达哲、毛伟明：《积极探索新时代通用航空高质量发展的湖南路径》，《湖南日报》2021 年 7 月 16 日第 1 版。

[4] 朱厚望：《基于 SWOT 分析法的湖南航空产业发展战略研究》，《科技和产业》2018 年第 2 期。

[5] 湖南省人民政府办公厅：《关于支持通用航空产业发展的若干政策》，http：//www. hunan. gov. cn/topic/sqzck2020/sjwj/202107/t20210705_ 20002725. html。

[6] 中国民用航空局：《"十四五"通用航空发展专项规划》，http：//www.caac. gov. cn/XXGK/XXGK/FZGH/202206/t20220613_ 213643. html。

[7] 湖南省工业和信息化厅：《湖南：加快打造国家级电子信息产业集群》，《中国电子报》2021 年 7 月 16 日。

[8] 赵霞：《加快苏州数字经济核心产业发展的思考》，《江南论坛》2022 年 11 月 15 口。

[9] 公静、祁麟、王子帅、黄贞静：《我国电子信息产业集群转型发展面临的挑战和对策》，《新型工业化》2020 年第 5 期。

[10] 赵霞：《加快苏州数字经济核心产业发展的对策建议》，《中小企业管理与科技》2022 年第 16 期。

[11] 文昱、冯金强：《江西省电子信息产业技能人才供需现状分析与对策

研究》,《科技广场》2022年第4期。

[12] 傅向升:《石化产业高质量发展若干思考》,化学工业出版社,2020。

[13] 《工业和信息化部 发展改革委 科技部 生态环境部 应急部 能源局关于"十四五"推动石化化工行业高质量发展的指导意见》,《中华人民共和国国务院公报》2022年第17期。

[14] 孟凡君:《前瞻布局 石化关键技术规模化应用加快》,《中国工业报》2022年4月14日。

[15] 傅向升:《石化产业高质量发展与转型升级的思考——在2023(第十一届)亚洲炼油和化工科技大会上的报告》,《中国石油和化工》2023年第6期。

[16] 赵凤莉:《多维度筑牢化工园区可持续发展之路——来自2023中国化工园区可持续发展大会的报道》,《中国石油和化工》2023年第5期。

[17] 谈文胜主编《2020年湖南经济发展报告》,社会科学文献出版社,2020。

[18] 刘聪:《加快推动广州新材料产业高质量发展的建议》,《广东经济》2022年11月20日。

[19] 谢曼、干勇、王慧:《面向2035的新材料强国战略研究》,《中国工程科学》2020年第5期。

[20] 王亮:《湖南钢铁集团再度入围世界500强》,《湖南日报》2023年8月3日。

[21] 湖南省人民政府办公厅:《湖南省"十四五"战略性新兴产业发展规划》,《湖南省人民政府公报》2021年第17期。

[22] 湖南省工业和信息化厅:《湖南省新材料产业"十四五"发展规划(2021—2025)》,2022年2月18日。

[23] 赵玲:《2022年中国钢铁行业市场回顾及2023年发展前景预测分析》,https://www.163.com/dy/article/HSM2F40D05198SOQ.html。

[24] 《湖南华菱钢铁股份有限公司2022年年度报告》。

[25] 《预见2023·中国钢铁行业政策、发展历程、行业产量、进入壁垒分析》,https://www.sohu.com/a/651667954_120950203。

[26] 河南省人民政府办公厅:《河南省加快钢铁产业高质量发展实施方案(2023~2025年)》,2023年3月13日。

权威报告·连续出版·独家资源

皮书数据库
ANNUAL REPORT(YEARBOOK)
DATABASE

分析解读当下中国发展变迁的高端智库平台

所获荣誉

- 2020年，入选全国新闻出版深度融合发展创新案例
- 2019年，入选国家新闻出版署数字出版精品遴选推荐计划
- 2016年，入选"十三五"国家重点电子出版物出版规划骨干工程
- 2013年，荣获"中国出版政府奖·网络出版物奖"提名奖
- 连续多年荣获中国数字出版博览会"数字出版·优秀品牌"奖

皮书数据库　　　"社科数托邦"
微信公众号

成为用户

　　登录网址www.pishu.com.cn访问皮书数据库网站或下载皮书数据库APP，通过手机号码验证或邮箱验证即可成为皮书数据库用户。

用户福利

- 已注册用户购书后可免费获赠100元皮书数据库充值卡。刮开充值卡涂层获取充值密码，登录并进入"会员中心"—"在线充值"—"充值卡充值"，充值成功即可购买和查看数据库内容。
- 用户福利最终解释权归社会科学文献出版社所有。

数据库服务热线：400-008-6695
数据库服务QQ：2475522410
数据库服务邮箱：database@ssap.cn
图书销售热线：010-59367070/7028
图书服务QQ：1265056568
图书服务邮箱：duzhe@ssap.cn

社会科学文献出版社　皮书系列
SOCIAL SCIENCES ACADEMIC PRESS (CHINA)

卡号：313495853436
密码：

S 基本子库
SUB DATABASE

中国社会发展数据库（下设 12 个专题子库）

紧扣人口、政治、外交、法律、教育、医疗卫生、资源环境等 12 个社会发展领域的前沿和热点，全面整合专业著作、智库报告、学术资讯、调研数据等类型资源，帮助用户追踪中国社会发展动态、研究社会发展战略与政策、了解社会热点问题、分析社会发展趋势。

中国经济发展数据库（下设 12 专题子库）

内容涵盖宏观经济、产业经济、工业经济、农业经济、财政金融、房地产经济、城市经济、商业贸易等 12 个重点经济领域，为把握经济运行态势、洞察经济发展规律、研判经济发展趋势、进行经济调控决策提供参考和依据。

中国行业发展数据库（下设 17 个专题子库）

以中国国民经济行业分类为依据，覆盖金融业、旅游业、交通运输业、能源矿产业、制造业等 100 多个行业，跟踪分析国民经济相关行业市场运行状况和政策导向，汇集行业发展前沿资讯，为投资、从业及各种经济决策提供理论支撑和实践指导。

中国区域发展数据库（下设 4 个专题子库）

对中国特定区域内的经济、社会、文化等领域现状与发展情况进行深度分析和预测，涉及省级行政区、城市群、城市、农村等不同维度，研究层级至县及县以下行政区，为学者研究地方经济社会宏观态势、经验模式、发展案例提供支撑，为地方政府决策提供参考。

中国文化传媒数据库（下设 18 个专题子库）

内容覆盖文化产业、新闻传播、电影娱乐、文学艺术、群众文化、图书情报等 18 个重点研究领域，聚焦文化传媒领域发展前沿、热点话题、行业实践，服务用户的教学科研、文化投资、企业规划等需要。

世界经济与国际关系数据库（下设 6 个专题子库）

整合世界经济、国际政治、世界文化与科技、全球性问题、国际组织与国际法、区域研究 6 大领域研究成果，对世界经济形势、国际形势进行连续性深度分析，对年度热点问题进行专题解读，为研判全球发展趋势提供事实和数据支持。

法律声明

"皮书系列"（含蓝皮书、绿皮书、黄皮书）之品牌由社会科学文献出版社最早使用并持续至今，现已被中国图书行业所熟知。"皮书系列"的相关商标已在国家商标管理部门商标局注册，包括但不限于 LOGO（▮）、皮书、Pishu、经济蓝皮书、社会蓝皮书等。"皮书系列"图书的注册商标专用权及封面设计、版式设计的著作权均为社会科学文献出版社所有。未经社会科学文献出版社书面授权许可，任何使用与"皮书系列"图书注册商标、封面设计、版式设计相同或者近似的文字、图形或其组合的行为均系侵权行为。

经作者授权，本书的专有出版权及信息网络传播权等为社会科学文献出版社享有。未经社会科学文献出版社书面授权许可，任何就本书内容的复制、发行或以数字形式进行网络传播的行为均系侵权行为。

社会科学文献出版社将通过法律途径追究上述侵权行为的法律责任，维护自身合法权益。

欢迎社会各界人士对侵犯社会科学文献出版社上述权利的侵权行为进行举报。电话：010-59367121，电子邮箱：fawubu@ssap.cn。

社会科学文献出版社

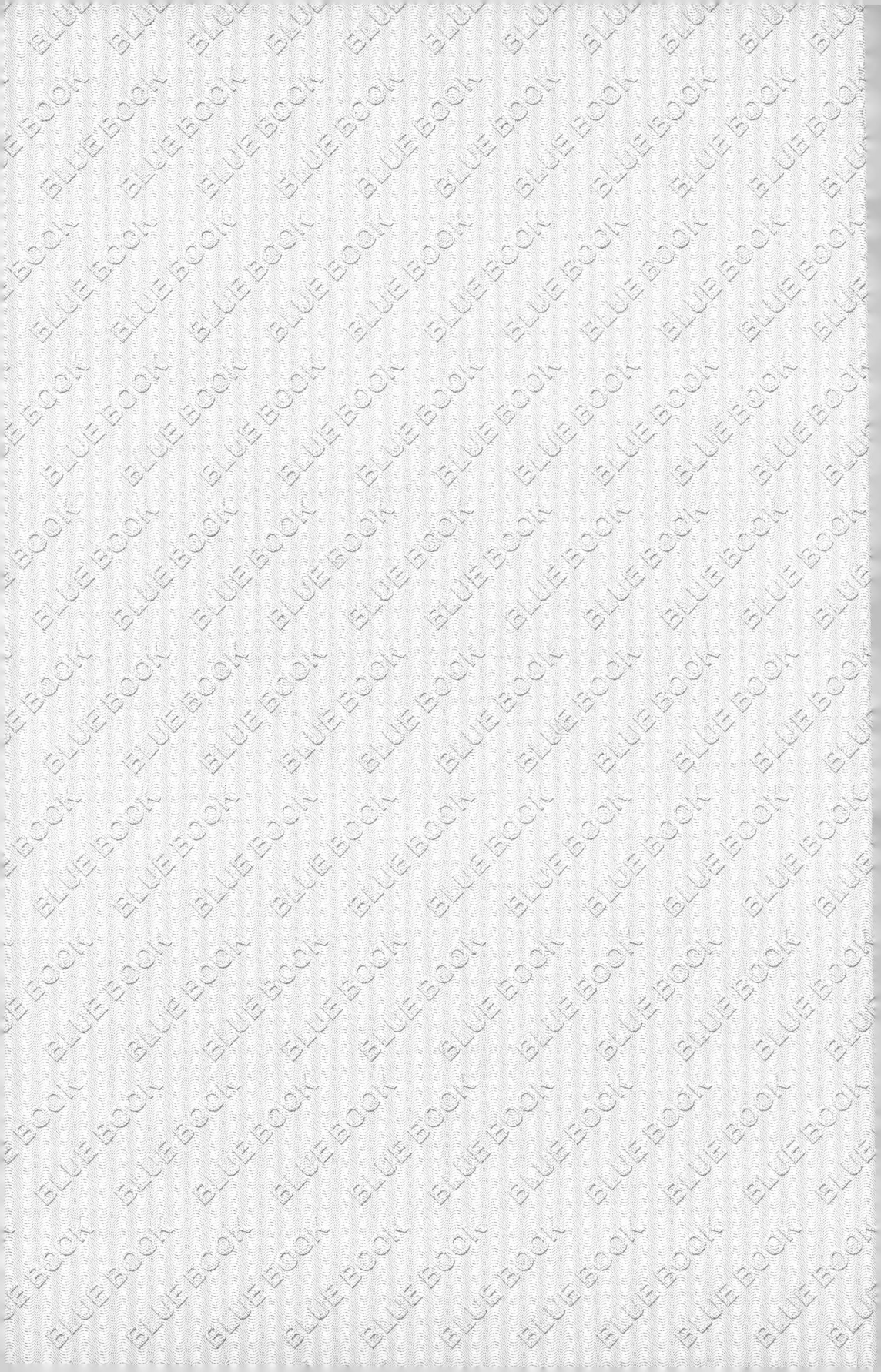